社会保障工程研究系列丛书

Report of China Social Security
Development Index
2016-2018

中国社会保障
发展指数报告
2016—2018

褚福灵 / 著
Chu Fuling

天津出版传媒集团
天津人民出版社

图书在版编目(CIP)数据

中国社会保障发展指数报告. 2016—2018 / 褚福灵
著. -- 天津：天津人民出版社，2019.11
（社会保障工程研究系列丛书）
ISBN 978-7-201-15582-1

Ⅰ.①中… Ⅱ.①褚… Ⅲ.①社会保障-研究报告-
中国-2016-2018 Ⅳ.①D632.1

中国版本图书馆 CIP 数据核字(2019)第 250592 号

中国社会保障发展指数报告. 2016—2018

ZHONGGUO SHEHUI BAOZHANG FAZHAN ZHISHU BAOGAO. 2016–2018

出　　版	天津人民出版社
出 版 人	刘　庆
地　　址	天津市和平区西康路 35 号康岳大厦
邮政编码	300051
邮购电话	(022)23332469
网　　址	http://www.tjrmcbs.com
电子信箱	reader@tjrmcbs.com

责任编辑	张　璐
装帧设计	汤　磊

印　　刷	高教社(天津)印务有限公司
经　　销	新华书店
开　　本	787 毫米×1092 毫米　1/16
印　　张	14.75
插　　页	1
字　　数	360 千字
版次印次	2019 年 11 月第 1 版　2019 年 11 月第 1 次印刷
定　　价	60.00 元

前　言

　　"中国社会保障发展指数报告"是有关中国社会保障基础数据、发展指标、发展指数的系统性量化研究成果。《中国社会保障发展指数报告 2010》首发以来,《中国社会保障发展指数报告 2011》《中国社会保障发展指数报告 2012》《中国社会保障发展指数报告 2013—2015》《中国社会保障发展指数报告 2016—2018》相继出版发布。

　　本报告由五部分组成,涵括有关养老、医疗、就业、贫困的 210 个指标指数序列。包括:1.全国社会保障发展概要;2.各省份发展指标分析;3.各省份社会保障发展指数排名;4.各省份社会保障发展指数分析;5.综合评价与主要结论。

　　本研究报告的原始数据来自历年的《中国统计年鉴》《中国劳动统计年鉴》《中国人口和就业统计年鉴》《中国卫生统计年鉴》《中国民政统计年鉴》《中国财政年鉴》《中国社会统计年鉴》《中国农村统计年鉴》《中国人力资源和社会保障年鉴》《人力资源和社会保障事业发展统计公报》《社会服务发展统计公报》,以及全国人口普查数据、国家数据库数据等。本报告的数据不包括台湾、香港和澳门的数据。

　　本报告根据统计数据、计算公式和软件程序测算指标值,根据理论标准与实际数据的正态分布情况确定指标的目标参数值。以指标值为基础,根据无量纲化方法,产生数值在[0,1]的指数值。根据加权方法,由单一的指数值计算出综合指数值,并以此作为社会保障发展指数排名的基础。

　　本报告以"社会保障、养老保障、医疗保障、就业保障、贫困保障"等部分为研究对象,通过"覆盖面、保障度、持续性、高效性"等维度对各个部分进行"水平分析、趋势分析和结构分析",利用"优良度、向好度、正常度、均衡度"等参数进行综合评价。

　　研究认为:2015—2017 年,我国社会保障总体上在中位运行,发展面临严峻挑战;社会保障覆盖面在高位运行,保障水平有所提升;可持续性在中位运行,有下降态势;高效性在低位运行,呈下滑态势;养老保障和贫困保障在中位运行,呈向好态势;医疗保障与就业保障在中位运行,呈向差态势。(见图 a 和图 b)

　　由于改革进程不同,部分社会保障项目的统计数据不够齐全,难以充分评价。由于社会保障指标指数体系极其庞杂,所提出的社会保障核心指标与关键指数可能难以反映事物全貌。加之时间仓促等原因,可能存在一些疏漏之处,今后将进一步完善。

　　本报告由中央财经大学教授、博士生导师,中国社会保障研究中心主任褚福灵撰写,中心研究人员李诗晴、张瑾、李阳、李亦轩、侯佳昕、高天一、李洲、韩璐、陈雪雯等在文献搜集整理等方面做了大量工作。

　　本报告的有关资讯将在"社会保障发展指数报告微信公众号"和中央财经大学中国社会保

障研究中心网站(www.cssc.cufe.edu.cn)上发布。

本报告由国家社科基金重点项目(14AZD117)和"高等学校学科创新引智计划(B17050)"资助,校领导、科研处、保险学院等给予了大力支持,天津人民出版社的编辑付出了辛勤劳动,在此一并表示感谢。

褚福灵

2019 年 7 月 10 日于北京

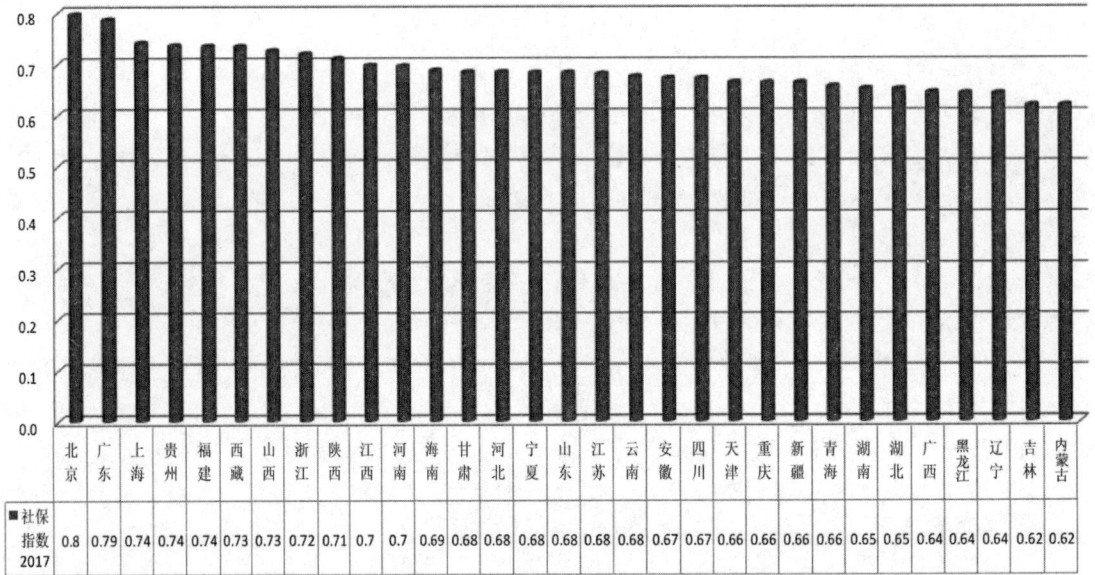

	北京	广东	上海	贵州	福建	西藏	山西	浙江	陕西	江西	河南	海南	甘肃	河北	宁夏	山东	江苏	云南	安徽	四川	天津	重庆	新疆	青海	湖南	湖北	广西	黑龙江	辽宁	吉林	内蒙古
社保指数 2017	0.8	0.79	0.74	0.74	0.74	0.73	0.73	0.72	0.71	0.7	0.7	0.69	0.68	0.68	0.68	0.68	0.68	0.68	0.67	0.67	0.66	0.66	0.66	0.66	0.65	0.65	0.64	0.64	0.64	0.62	0.62

图 a   2017 年各省份社会保障发展总指数排名示意

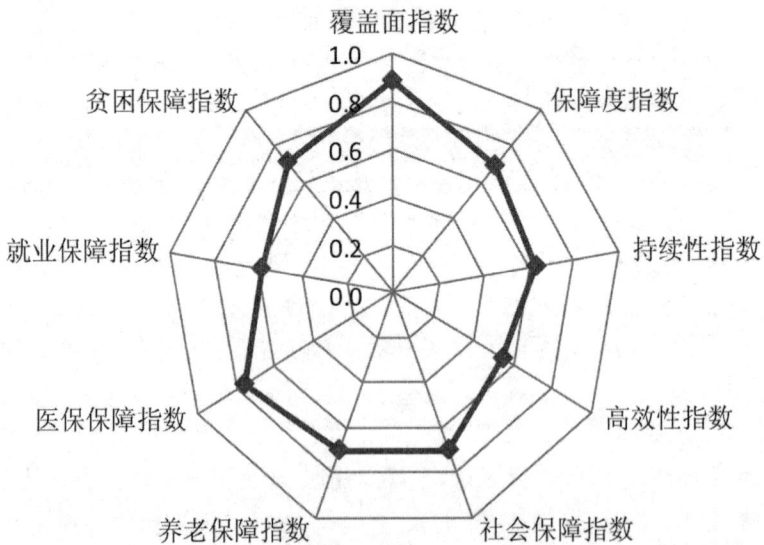

图 b   2017 年全国社会保障项目与要素指数均值分布示意

目　　录

第4章 各省份社会保障发展指数分析

第5章 综合评价与主要结论

CONTENTS

表目录

图目录

第1章 全国社会保障发展概要

本章分析介绍 2015—2017 年全国养老保障、医疗保障、就业保障、贫困保障发展的基础数据和指标情况。

1.1 社会保障发展基础数据

1.1.1 养老保障基础数据

表 1-1　　　　　　　　　　**2015—2017 年参加职工基本养老保险人数**　　　　　　　单位:万人

项目 年份 地区	职工基本养老保险参保人数 *			职工基本养老保险待遇领取人数		
	2017 年	2016 年	2015 年	2017 年	2016 年	2015 年
全　国	29 250.22	27 808.89	26 201.68	11 018.05	10 095.77	9 134.75
北　京	1 321.36	1 271.25	1 187.51	283.13	275.39	236.74
天　津	441.23	430.42	384.25	213.78	208.61	180.93
河　北	1 102.00	1 011.84	952.03	433.81	391.30	368.45
山　西	555.68	543.60	512.88	243.04	216.61	201.39
内蒙古	437.23	418.57	370.83	257.08	236.45	208.12
辽　宁	1 195.46	1 120.55	1 139.71	754.35	679.75	640.45
吉　林	482.30	420.14	419.95	332.24	286.69	273.68
黑龙江	682.19	655.60	646.87	523.90	488.54	471.13
上　海	1 059.04	1 050.86	1 028.44	489.19	476.28	465.37
江　苏	2 238.47	2 137.31	2 098.80	796.06	724.23	681.10
浙　江	1 964.87	1 843.04	1 933.99	747.50	663.90	570.29
安　徽	754.12	634.31	610.85	322.86	257.93	246.66
福　建	840.05	805.72	736.58	182.02	174.05	147.09
江　西	697.57	672.74	587.86	307.67	284.56	235.24
山　东	2 022.16	1 968.99	1 923.08	638.78	607.40	554.38
河　南	1 437.62	1 398.08	1 148.95	459.97	450.34	359.75
湖　北	1 020.48	897.06	874.91	526.14	457.98	440.60

续表

项目 地区 \ 年份	职工基本养老保险参保人数 *			职工基本养老保险待遇领取人数		
	2017 年	2016 年	2015 年	2017 年	2016 年	2015 年
湖　南	856.62	823.78	791.08	422.71	362.88	368.99
广　东	4 718.03	4 867.85	4 613.27	569.05	524.58	473.25
广　西	525.93	511.24	389.76	251.87	240.67	186.87
海　南	172.01	158.46	187.87	68.88	66.47	61.98
重　庆	628.33	605.92	544.41	360.84	346.33	304.88
四　川	1 519.03	1 379.77	1 250.06	816.04	777.83	688.92
贵　州	446.91	323.94	297.26	141.26	99.64	94.83
云　南	420.12	413.78	291.15	171.34	168.02	121.80
西　藏	33.70	15.08	12.38	9.17	5.98	3.85
陕　西	706.86	577.27	544.22	246.45	213.56	207.49
甘　肃	288.23	200.91	197.01	141.61	114.05	109.20
青　海	95.57	90.87	69.94	42.77	41.44	30.13
宁　夏	144.97	131.47	111.12	60.24	57.80	46.40
新　疆	442.08	428.47	344.66	204.30	196.51	154.79

* 参保人数,是指有参保缴费记录的人数,下同。

表 1–2　　　　　　　　**2015—2017 年参加城乡居民基本养老保险人数**　　　　　　单位:万人

项目 地区 \ 年份	城乡居民基本养老保险参保人数			城乡居民基本养老保险待遇领取人数		
	2017 年	2016 年	2015 年	2017 年	2016 年	2015 年
全　国	35 656.80	35 576.76	35 671.60	15 597.90	15 270.34	14 800.60
北　京	126.50	130.35	148.10	86.60	85.38	39.50
天　津	77.00	56.98	46.20	79.50	77.48	74.90
河　北	2 477.60	2 476.52	2 513.00	996.50	969.43	927.30
山　西	1 151.10	1 161.81	1 169.30	403.10	387.76	371.00
内蒙古	529.70	524.48	529.20	213.70	211.66	204.90
辽　宁	642.70	654.48	660.40	393.50	385.15	374.30
吉　林	422.70	422.49	444.70	245.70	244.67	218.00
黑龙江	572.60	567.24	569.70	266.70	270.35	258.10
上　海	28.50	30.23	30.80	50.30	49.31	48.70
江　苏	1 268.40	1 289.56	1 316.00	1 069.80	1 045.79	1 023.00

续表

项目	城乡居民基本养老保险参保人数			城乡居民基本养老保险待遇领取人数		
年份 地区	2017 年	2016 年	2015 年	2017 年	2016 年	2015 年
浙 江	667.60	696.73	735.10	533.10	536.39	550.80
安 徽	2 514.50	2 519.10	2 501.50	915.00	912.78	895.10
福 建	1 047.40	1 062.25	1 076.30	446.30	426.86	404.10
江 西	1 402.50	1 386.94	1 388.60	467.50	457.19	441.30
山 东	3 054.00	3 107.71	3 133.20	1 476.60	1 430.93	1 401.10
河 南	3 646.20	3 549.96	3 550.00	1 364.00	1 343.78	1 305.20
湖 北	1 517.20	1 545.39	1 561.10	697.40	674.34	653.90
湖 南	2 376.90	2 404.94	2 380.50	945.10	915.52	899.60
广 东	1 739.20	1 726.50	1 723.40	847.60	816.73	776.30
广 西	1 235.70	1 215.63	1 203.40	570.20	555.28	538.10
海 南	213.10	213.07	211.80	72.80	70.91	69.30
重 庆	746.40	746.56	744.40	362.60	369.26	366.70
四 川	1 948.70	1 938.01	1 925.40	1 126.20	1 114.36	1 095.00
贵 州	1 299.60	1 259.94	1 216.00	448.90	442.30	433.00
云 南	1 742.30	1 757.26	1 772.60	516.60	500.28	480.70
西 藏	158.00	135.32	133.20	25.10	23.16	24.50
陕 西	1 254.60	1 260.41	1 273.10	479.20	460.06	441.40
甘 肃	953.70	949.22	936.60	308.70	304.51	300.10
青 海	193.80	190.54	190.40	45.30	44.67	43.30
宁 夏	145.90	147.80	145.60	39.60	38.42	37.50
新 疆	502.70	449.31	442.20	104.70	105.63	103.90

表1–3　　　　　　　　**2015—2017 年职工基本养老保险基金收支**　　　　　　单位:万元

项目	职工基本养老保险基金收入			职工基本养老保险基金支出			职工基本养老保险基金累计结余		
年份 地区	2017 年	2016 年	2015 年	2017 年	2016 年	2015 年	2017 年	2016 年	2015 年
全 国	432 401 334	350 456 052	293 316 840	379 986 565	318 446 461	258 047 991	438 486 294	385 629 908	353 304 851
北 京	22 229 584	22 490 081	16 012 122	13 943 120	14 793 502	9 654 564	43 948 777	35 662 313	27 965 733
天 津	8 943 027	7 513 730	5 942 640	8 361 198	7 500 697	5 595 140	4 631 564	3 977 270	3 964 237
河 北	14 391 546	12 212 784	10 739 377	14 116 278	12 694 440	11 369 635	7 351 571	7 076 302	7 557 957
山 西	12 346 224	7 880 278	6 885 863	10 823 398	7 468 782	6 569 682	14 577 065	13 055 518	12 644 021
内蒙古	8 535 156	6 125 092	5 676 476	7 072 037	6 278 011	5 650 434	6 051 966	4 588 846	4 741 763

续表

项目 年份 地区	职工基本养老保险基金收入			职工基本养老保险基金支出			职工基本养老保险基金累计结余		
	2017 年	2016 年	2015 年	2017 年	2016 年	2015 年	2017 年	2016 年	2015 年
辽　宁	18 632 047	16 761 193	16 301 887	22 070 331	19 302 853	17 432 390	5 727 788	9 166 241	11 707 903
吉　林	7 641 236	6 360 398	5 691 615	7 669 529	6 763 465	6 099 433	3 400 019	3 428 312	3 831 378
黑龙江*	12 405 273	10 057 415	10 307 301	15 341 735	13 327 405	12 231 575	-4 862 122	-1 960 859	1 309 130
上　海	27 673 955	25 797 193	22 261 357	25 711 378	21 581 945	20 351 608	20 687 546	18 724 971	14 509 724
江　苏	28 855 622	23 245 155	21 539 073	25 553 210	20 855 719	18 446 891	37 307 911	34 026 510	31 637 074
浙　江	30 526 229	23 584 219	19 585 416	26 367 422	21 574 175	15 837 295	37 098 489	32 934 694	30 703 856
安　徽	9 933 075	8 159 208	7 658 760	7 846 378	6 730 841	6 054 987	13 938 994	11 852 299	10 423 933
福　建	7 853 350	6 896 994	5 199 459	6 664 733	5 860 360	4 339 616	8 200 005	7 011 389	5 762 420
江　西	9 740 693	6 959 394	6 055 765	8 626 246	6 681 839	5 370 946	6 381 334	5 266 884	4 989 327
山　东	22 892 901	22 425 388	21 055 722	23 586 720	20 902 553	18 451 561	23 156 815	23 856 771	22 333 935
河　南	15 215 398	11 451 727	10 270 727	14 717 982	10 921 863	9 610 137	11 040 011	10 504 823	9 974 958
湖　北	17 935 688	11 968 883	11 324 066	18 641 978	12 250 549	11 035 705	7 515 813	8 223 068	8 504 357
湖　南	14 481 178	10 866 682	9 101 115	13 490 983	10 189 638	8 494 232	11 041 215	10 069 753	9 392 707
广　东	34 570 408	28 187 145	25 636 280	18 980 432	16 786 678	14 754 831	92 450 988	76 525 595	65 327 542
广　西	9 770 349	8 528 352	4 791 203	8 818 547	8 489 952	4 708 900	5 566 611	4 603 839	4 565 440
海　南	2 711 223	1 980 124	1 679 503	2 319 659	1 778 449	1 574 501	1 735 014	1 343 451	1 141 776
重　庆	14 347 277	8 198 560	7 580 575	13 724 280	7 404 600	6 646 210	8 971 117	8 348 121	7 554 160
四　川	32 958 865	27 399 020	16 806 498	22 764 386	26 799 491	15 275 756	32 457 590	22 263 112	21 663 582
贵　州	6 671 009	3 312 941	3 153 805	5 756 916	2 838 769	2 421 634	6 192 424	5 278 331	4 804 159
云　南	10 960 131	6 642 813	4 064 844	9 588 964	5 011 201	3 290 209	9 507 871	8 136 704	6 505 092
西　藏	1 307 815	795 189	281 579	846 828	517 607	187 897	1 236 299	775 315	497 732
陕　西	10 492 160	6 910 583	6 049 202	9 618 148	6 783 399	6 129 684	5 661 289	4 744 847	4 533 289
甘　肃	3 912 788	3 418 499	3 122 292	3 635 249	3 316 501	3 076 069	4 037 444	3 759 905	3 657 908
青　海	1 975 663	1 744 613	1 033 005	2 054 798	1 878 418	1 111 941	557 939	630 314	764 130
宁　夏	2 430 240	2 057 916	1 439 319	2 214 083	1 819 202	1 370 770	2 176 884	1 960 728	1 722 013
新　疆	10 061 224	10 524 483	6 069 994	9 059 619	9 343 557	4 903 758	10 740 063	9 794 541	8 613 615

* 黑龙江 2016 年和 2017 年职工基本养老保险基金累计结余为负数。

表 1-4 　　　　　　2015—2017 年城乡居民基本养老保险基金收支 　　　　　　单位:万元

项目 年份 地区	城乡居民基本养老保险基金收入			城乡居民基本养老保险基金支出			城乡居民基本养老保险基金累计结余		
	2017 年	2016 年	2015 年	2017 年	2016 年	2015 年	2017 年	2016 年	2015 年
全　　国	33 046 000	29 332 896	28 547 000	23 720 000	21 504 778	21 166 000	63 176 000	53 852 047	45 921 000
北　京	459 000	417 085	373 000	376 000	302 309	265 000	1 473 000	1 390 126	1 275 000
天　津	785 000	724 737	465 000	362 000	307 173	269 000	2 443 000	2 020 313	1 473 000
河　北	1 627 000	1 415 577	1 403 000	1 207 000	1 035 728	985 000	2 911 000	2 491 560	2 112 000
山　西	752 000	669 310	679 000	459 000	431 564	448 000	1 756 000	1 463 444	1 226 000
内蒙古	569 000	456 462	414 000	438 000	376 748	368 000	884 000	753 042	673 000
辽　宁	612 000	590 011	631 000	542 000	535 241	563 000	696 000	627 903	573 000
吉　林	383 000	296 858	296 000	268 000	264 171	250 000	548 000	433 672	401 000
黑龙江	480 000	244 449	308 000	304 000	261 877	270 000	700 000	524 692	542 000
上　海	625 000	575 330	481 000	633 000	541 833	484 000	765 000	773 118	740 000
江　苏	3 126 000	2 880 939	2 748 000	2 520 000	2 248 166	2 135 000	5 655 000	5 044 429	4 412 000
浙　江	1 586 000	1 499 273	1 483 000	1 575 000	1 434 144	1 433 000	1 519 000	1 508 608	1 443 000
安　徽	1 502 000	1 406 184	1 396 000	965 000	932 063	957 000	3 217 000	2 680 238	2 206 000
福　建	858 000	789 783	738 000	658 000	578 644	536 000	1 439 000	1 239 280	1 028 000
江　西	863 000	738 052	693 000	488 000	461 619	493 000	1 748 000	1 373 346	1 097·000
山　东	3 698 000	3 244 079	2 896 000	2 309 000	2 047 856	1 898 000	8 225 000	6 836 002	5 682 000
河　南	2 082 000	2 000 579	2 047 000	1 557 000	1 446 131	1 540 000	4 033 000	3 506 619	2 939 000
湖　北	1 372 000	1 124 858	1 036 000	907 000	762 144	734 000	2 485 000	2 020 207	1 657 000
湖　南	1 598 000	1 348 725	1 364 000	1 103 000	971 700	959 000	2 713 000	2 217 851	1 841 000
广　东	1 882 000	1 847 977	2 067 000	1 706 000	1 570 525	1 469 000	4 027 000	3 851 618	3 573 000
广　西	939 000	850 813	876 000	656 000	634 213	664 000	1 388 000	1 105 461	889 000
海　南	279 000	290 478	218 000	137 000	130 277	132 000	652 000	509 575	349 000
重　庆	668 000	570 170	538 000	509 000	500 392	524 000	1 169 000	1 010 584	941 000
四　川	2 502 000	1 904 157	1 920 000	1 598 000	1 416 413	1 441 000	4 422 000	3 518 157	3 030 000
贵　州	633 000	585 755	622 000	444 000	430 416	461 000	1 103 000	913 565	758 000
云　南	920 000	836 041	835 000	517 000	491 542	511 000	2 318 000	1 915 686	1 571 000
西　藏	123 000	77 019	65 000	46 000	47 284	41 000	222 000	145 043	115 000
陕　西	920 000	877 456	917 000	699 000	651 317	653 000	1 932 000	1 710 524	1 485 000
甘　肃	619 000	548 260	543 000	374 000	365 555	367 000	1 386 000	1 141 598	959 000
青　海	170 000	136 895	128 000	107 000	85 191	76 000	331 000	268 166	216 000
宁　夏	122 000	112 881	100 000	83 000	71 819	69 000	273 000	233 946	193 000
新　疆	292 000	272 703	267 000	173 000	170 723	171 000	743 000	623 674	522 000

表 1–5 2015—2017 年全国养老机构床位数、入住人数与千人老年人养老床位数

单位:张、人、张/千人老年人

项目 年份 地区	全国养老机构床位数(张)			全国养老机构入住人数(人)			千人老年人养老床位数(张/千人老年人)		
	2017 年	2016 年	2015 年	2017 年	2016 年	2015 年	2017 年	2016 年	2015 年
全 国	4 196 000	4 140 000	3 930 000	2 111 343	2 198 087	2 147 272	30.92	31.62	30.31
北 京	156 000	144 000	140 000	87 699	77 275	75 538	39.58	38.22	28.95
天 津	54 000	55 000	55 000	27 910	28 131	27 273	22.44	23.06	23.73
河 北	176 000	169 000	169 000	77 316	73 516	73 862	32.64	34.98	40.94
山 西	57 000	58 000	69 000	26 271	27 525	33 437	23.02	22.21	16.31
内蒙古	95 000	93 000	91 000	43 881	42 788	43 488	52.17	58.32	56.66
辽 宁	174 000	181 000	178 000	98 861	100 792	103 524	21.43	22.90	21.14
吉 林	131 000	134 000	75 000	68 419	68 507	40 597	22.86	25.60	14.35
黑龙江	147 000	135 000	126 000	83 468	78 182	79 277	27.37	27.33	27.04
上 海	134 000	126 000	119 000	80 766	77 734	73 946	27.84	28.89	27.20
江 苏	433 000	428 000	405 000	206 997	209 694	210 185	40.23	40.33	41.02
浙 江	280 000	257 000	229 000	117 548	107 293	98 966	57.06	56.29	51.74
安 徽	198 000	164 000	156 000	93 009	81 012	80 517	32.04	35.17	36.06
福 建	58 000	57 000	57 000	20 786	19 873	19 279	26.69	23.24	24.88
江 西	154 000	163 000	156 000	120 382	13 0338	102 172	29.20	30.15	30.94
山 东	305 000	335 000	331 000	143 930	187 411	189 661	33.76	38.50	37.14
河 南	133 000	134 000	132 000	68 494	79 572	81 246	22.40	23.48	24.19
湖 北	254 000	257 000	243 000	132 841	146 962	148 403	31.83	33.02	30.12
湖 南	150 000	158 000	144 000	86 024	95 003	93 109	23.62	21.75	19.21
广 东	226 000	212 000	184 000	85 032	82 707	78 905	33.62	28.22	19.87
广 西	55 000	52 000	49 000	23 690	24 683	22 459	25.14	25.59	25.78
海 南	10 000	11 000	12 000	5 712	5 625	6 062	18.26	18.02	17.65
重 庆	89 000	93 000	91 000	44 448	53 634	52 397	25.46	29.34	33.18
四 川	352 000	360 000	341 000	201 819	225 115	227 203	31.50	31.43	30.65
贵 州	80 000	87 000	74 000	37 785	41 163	36 444	36.73	36.80	35.30
云 南	61 000	63 000	62 000	27 428	31 101	31 675	19.05	21.62	19.90
西 藏	14 000	10 000	28 000	1 680	866	11 633	17.32	14.24	61.95
陕 西	99 000	93 000	93 000	49 656	54 197	56 372	25.52	25.47	23.60
甘 肃	31 000	33 000	45 000	12 507	12 292	15 438	32.41	34.40	33.75
青 海	9 000	8 000	8 000	2 409	1 866	1 809	32.57	38.37	31.64
宁 夏	18 000	16 000	16 000	7 048	7 745	8 342	29.05	40.72	30.41
新 疆	62 000	54 000	52 000	27 527	25 485	24 053	23.70	26.62	24.78

1.1.2　医疗保障基础数据

表 1-6　　　　　　　　　2015—2017 年参加职工基本医疗保险人数　　　　　　　　　单位:万人

项目 年份 地区	职工参加基本医疗保险人数			退休人员参加基本医疗保险人数		
	2017 年	2016 年	2015 年	2017 年	2016 年	2015 年
全　国	22 288.20	21 720.10	21 362.00	8 034.20	7 811.60	7 531.20
北　京	1 282.90	1 239.90	1 206.10	286.20	277.80	269.50
天　津	353.10	340.30	331.60	201.00	195.40	190.40
河　北	674.50	667.50	656.80	312.40	306.20	300.30
山　西	474.90	474.80	471.10	189.20	185.40	179.40
内蒙古	346.60	342.70	336.10	148.40	146.10	141.40
辽　宁	967.50	1 022.70	1 053.70	608.40	612.90	597.70
吉　林	368.30	371.10	376.20	207.60	204.80	199.70
黑龙江	493.20	525.50	543.60	350.60	354.00	330.10
上　海	1 005.40	991.60	980.50	489.70	477.00	465.80
江　苏	1 921.40	1 849.40	1 818.20	679.80	641.20	610.80
浙　江	1 702.90	1 634.30	1 639.00	414.50	383.20	353.70
安　徽	571.50	550.90	542.20	237.70	231.10	221.10
福　建	664.30	641.90	612.60	155.10	150.20	146.80
江　西	366.90	388.80	383.70	191.80	202.80	201.30
山　东	1 526.80	1 494.40	1 464.50	486.30	465.60	439.90
河　南	883.90	882.70	864.10	344.40	344.60	336.60
湖　北	702.70	660.50	653.10	316.20	300.50	296.30
湖　南	581.80	557.10	551.70	285.40	272.50	267.10
广　东	3 483.50	3 353.50	3 272.20	479.10	460.60	439.70
广　西	396.60	375.70	356.70	160.20	155.00	148.80
海　南	149.10	143.90	140.70	60.40	57.10	55.60
重　庆	455.30	425.30	414.50	184.90	179.50	174.00
四　川	1 068.00	1 001.30	959.80	458.40	439.40	418.80
贵　州	298.90	281.50	267.50	111.50	108.30	105.20
云　南	344.00	334.70	327.60	147.30	144.50	140.70
西　藏	30.90	28.30	26.20	9.10	8.60	8.10
陕　西	429.20	411.10	392.90	190.50	188.50	187.40
甘　肃	212.20	208.50	208.10	108.00	106.00	99.80
青　海	61.20	66.00	65.10	32.80	31.80	30.40
宁　夏	88.90	84.50	82.60	34.60	33.00	32.20
新　疆	381.80	369.70	363.30	152.70	148.00	142.60

表 1-7　　　　　　　2015—2017 年参加城乡居民基本医疗保险人数 *　　　　　单位:万人

项目 　　　　　年份 地区	城镇(乡)居民基本医疗保险参保人数			新型农村合作医疗参保人数		
	2017 年	2016 年 *	2015 年	2017 年	2016 年 *	2015 年
全　国	87 358.70	44 860.10	37 688.60	13 311	27 516	67 027
北　京	202.20	191.20	181.00	0	0	224
天　津	534.30	531.10	532.10	0	0	0
河　北	5 896.20	5 698.40	706.70	0	0	5 104
山　西	2 551.30	461.00	463.30	0	0	2 167
内蒙古	1 666.40	531.00	530.60	0	0	1 285
辽　宁	701.60	740.40	744.80	1 795	1 847	1 949
吉　林	804.90	804.90	804.70	1 241	1 281	1 327
黑龙江	2 048.90	720.30	721.10	0	1 404	1 495
上　海	344.60	338.00	272.90	0	0	96
江　苏	5 018.00	1 493.90	1 585.30	0	3 395	3 997
浙　江	3 134.20	2 975.80	2 971.40	0	0	0
安　徽	1 298.90	839.60	974.30	4 654	5 121	5 191
福　建	2 949.30	505.80	541.90	0	0	2 552
江　西	4 203.70	1 215.40	945.50	0	3 226	3 451
山　东	7 282.60	7 228.80	7 331.40	0	0	0
河　南	9 182.50	1 133.40	1 144.20	0	0	8 295
湖　北	4 603.30	1 020.80	1 022.70	0	0	3 909
湖　南	6 039.10	1 816.60	1 843.60	0	0	4 418
广　东	6 402.40	6 336.10	6 424.20	0	0	0
广　西	4 616.50	565.70	572.10	0	0	4 167
海　南	209.90	186.20	193.40	0	475	501
重　庆	2 608.20	2 654.50	2 677.80	0	0	0
四　川	6 188.40	3 616.20	1 272.10	0	0	4439
贵　州	590.90	583.80	582.70	3 068	3 025	3 292
云　南	3 972.50	684.50	672.50	0	3 266	3 284
西　藏	29.90	28.50	27.50	0	0	254
陕　西	631.20	648.40	667.00	2 553	2 578	2 582
甘　肃	2 192.00	328.90	327.00	0	1 898	1 910
青　海	455.00	98.80	99.60	0	0	0
宁　夏	494.80	476.60	470.00	0	0	0
新　疆	505.00	405.50	385.20	0	0	1 138

*2016 年由于机构整合等原因,城乡居民参保人数出现波动。

表 1-8　　　　　　　　**2015—2017 年职工基本医疗保险基金收支**　　　　　单位:万元

项目 年份 地区	职工基本医疗保险基金收入			职工基本医疗保险基金支出			职工基本医疗保险基金累计结余		
	2017 年	2016 年	2015 年	2017 年	2016 年	2015 年	2017 年	2016 年	2015 年
全　国	122 782 824	102 737 061	90 835 283	94 668 534	82 866 790	75 315 108	158 510 036	129 716 678	109 971 017
北　京	10 401 263	9 120 993	7 862 675	8 979 974	7 765 895	7 193 515	5 716 161	4 294 873	2 939 774
天　津	3 035 478	2 634 826	2 352 433	2 401 314	2 258 200	2 039 308	2 126 684	1 492 522	1 115 895
河　北	3 876 825	3 515 712	3 046 721	3 054 100	2 723 850	2 370 213	6 054 804	5 127 011	4 412 468
山　西	2 137 477	1 869 799	1 784 577	1 865 243	1 700 627	1 540 309	2 887 572	2 604 347	2 435 172
内蒙古	1 988 903	1 799 283	1 541 154	1 625 621	1 479 861	1 291 882	2 405 744	2 011 949	1 692 527
辽　宁	4 564 760	4 050 105	3 836 476	4 302 715	3 834 325	3 696 308	4 066 958	3 797 744	3 581 964
吉　林	1 617 027	1 636 670	1 354 645	1 433 999	1 231 163	1 171 047	2 380 331	2 197 307	1 791 796
黑龙江	2 854 902	2 582 426	2 297 651	2 597 342	2 377 300	2 130 294	3 205 830	2 948 270	2 735 285
上　海	13 403 774	8 497 012	7 330 656	6 637 342	5 540 245	5 018 563	20 796 275	14 029 844	11 073 079
江　苏	9 786 216	8 680 244	7 819 077	8 100 151	7 338 929	6 657 290	12 829 463	11 117 937	9 795 949
浙　江	8 950 116	7 549 876	6 870 241	6 631 712	5 652 884	5 034 580	14 811 353	12 492 949	10 595 957
安　徽	2 595 794	2 184 383	1 936 564	2 029 815	1 773 061	1 687 528	3 238 799	2 672 821	2 261 499
福　建	2 906 681	2 588 086	2 435 116	2 201 171	2 066 105	1 838 173	5 346 840	4 641 332	4 119 351
江　西	1 779 877	1 491 740	1 266 590	1 315 323	1 204 326	1 006 865	2 304 060	1 839 506	1 552 094
山　东	7 395 959	6 585 149	5 632 294	6 315 870	5 691 213	5 071 173	7 803 954	6 713 906	5 819 689
河　南	3 607 712	2 961 112	2 680 009	2 652 150	2 396 076	2 274 502	4 947 160	3 978 528	3 378 171
湖　北	3 719 419	2 990 689	2 658 137	3 185 023	2 596 273	2 363 761	3 384 548	2 622 319	2 220 606
湖　南	3 136 141	2 757 798	2 307 194	2 433 046	2 137 530	1 870 064	3 893 467	3 175 369	2 555 099
广　东	11 525 299	9 757 897	8 593 485	8 672 061	7 173 993	6 533 335	21 074 200	18 013 068	15 429 163
广　西	1 943 564	1 739 851	1 478 794	1 474 301	1 376 309	1 272 311	2 785 329	2 315 438	1 957 573
海　南	697 658	574 154	488 774	494 740	428 775	398 054	980 993	778 074	632 696
重　庆	2 502 527	2 219 618	2 040 974	2 411 046	2 030 621	1 854 047	2 175 179	2 062 955	1 873 959
四　川	6 496 827	4 930 612	4 347 526	4 495 323	3 865 540	3 561 131	8 899 859	6 897 567	5 832 218
贵　州	1 539 040	1 313 168	1 119 800	1 205 332	1 110 345	971 642	1 416 078	1 082 368	879 543
云　南	2 503 117	2 042 535	1 792 340	1 921 900	1 676 338	1 568 261	2 990 571	2 409 353	2 043 157
西　藏	348 034	266 656	202 701	183 484	158 776	142 839	632 513	467 962	360 081
陕　西	2 465 195	1 907 321	1 841 925	2 040 902	1 598 825	1 495 651	3 050 388	2 621 442	2 386 278
甘　肃	1 141 998	1 032 660	910 246	945 798	880 028	806 209	1 170 297	973 839	821 204
青　海	623 690	509 321	466 591	445 707	424 404	389 172	878 666	700 682	615 768
宁　夏	580 907	536 390	404 244	492 643	480 568	356 106	648 929	560 664	504 841
新　疆	2 656 644	2 410 975	2 135 673	2 123 386	1 894 405	1 710 975	3 607 031	3 074 732	2 558 161

表 1-9 　　　　　　　2015—2017 年城镇(乡)居民基本医疗保险基金收支 *　　　　　单位:万元

项目 / 年份 地区	城镇(乡)居民基本医疗保险基金收入			城镇(乡)居民基本医疗保险基金支出			城镇(乡)居民基本医疗保险基金累计结余		
	2017 年	2016 年	2015 年	2017 年	2016 年	2015 年	2017 年	2016 年	2015 年
全 国	56 532 942	28 105 487	21 093 861	49 548 090	24 804 138	17 805 977	35 346 373	19 926 326	15 457 044
北 京	256 270	258 144	250 221	220 706	169 768	145 773	379 017	343 452	255 078
天 津	539 742	473 641	427 744	340 824	294 031	294 086	698 377	499 459	319 848
河 北	3 619 147	3 265 754	327 656	3 111 380	3 152 322	247 619	1 850 003	1 330 708	489 360
山 西	1 579 054	241 721	211 498	1 363 355	203 004	171 261	1 326 374	285 343	246 627
内蒙古	1 130 508	255 962	249 364	1 054 849	220 440	192 527	613 380	299 030	263 245
辽 宁	404 211	355 215	312 227	337 234	273 833	245 960	525 473	458 495	376 961
吉 林	339 111	304 132	265 043	311 254	276 826	246 626	447 088	419 230	391 924
黑龙江	1 481 130	546 299	368 332	1 277 345	493660	306 083	1 065 882	597 521	474 106
上 海	639 754	537 897	240 253	656 686	555 085	266 123	60 747	77 679	41 387
江 苏	3 901 280	1 224 441	938 430	3 393 495	1 096 617	858 174	1 806 780	753 797	598 007
浙 江	3 390 467	2 768 169	2 555 433	3 263 126	2 673 152	2 424 057	874 270	706 272	591 274
安 徽	802 482	473 303	451 101	664 496	370 683	370 513	794 527	592 066	519 989
福 建	1 879 521	717 520	225 037	1 623 194	669 102	210 065	963 085	338 364	148 560
江 西	2 969 225	610 085	410 661	2 100 799	414 656	264 896	2 140 595	921 080	684 309
山 东	4 552 244	4 228 033	3 793 664	4 626 301	3 873 292	3 131 268	1 988 089	2 062 146	1 704 756
河 南	5 334 775	576 035	491 388	4 886 609	453 635	411 026	3 148 713	749 706	627 306
湖 北	3 254 980	560 360	507 323	2 601 340	423 118	364 191	2 310 448	887 829	748 955
湖 南	3 627 503	922 579	836 207	3 177 980	825 430	718 877	1 941 512	724 751	627 603
广 东	4 124 291	4 000 469	3 451 494	3 777 594	3 425 887	2 781 364	3 674 206	3 439 902	2 887 286
广 西	1 803 569	284 619	233 732	1 171 768	162 262	150 545	1 987 761	556 045	433 689
海 南	135 104	104 571	93 896	110 250	89 766	77 268	156 444	131 591	116 786
重 庆	1 603 496	1 459 310	1 286 212	1 511 121	1 353 662	1 165 342	941 245	847 814	732 066
四 川	3 734 766	2 142 570	1 526 117	3 131 741	1 806 298	1 345 633	2 361 436	1 344 221	881 974
贵 州	325 332	265 062	238 268	227 722	186 559	170 773	468 918	371 308	292 805
云 南	2 528 612	393 205	348 448	2 146 173	334 171	317 580	1 323 957	221 473	162 376
西 藏*	47 318	13 405	11 583	35 179	28 266	27 784	-18 922	-31 061	-16 200
陕 西	412 121	355 533	354 774	419 566	307 518	300 473	380 339	378 520	330 502
甘 肃	1 342 295	157 853	144 645	1 300 675	125 631	121 461	614 599	179 160	146 937
青 海*	67 096	63 386	60 899	70 787	70 809	63 607	-5 435	-1 746	5 680
宁 夏	349 913	297 119	277 623	365 152	281 922	257 891	164 892	180 131	165 359
新 疆	357 625	249 095	204 588	269 389	192 733	157 131	362 573	262 040	208 489

　　* 由于新型农村合作医疗没有公开的分地区的基金支出与结余数据,因此,只统计城镇(乡)居民基本医疗保险基金收支数据。

　　* 西藏与青海的城乡居民基本医疗保险基金累计结余为负数。

表 1-10　　　　　　　**2015—2017 年每万人卫生技术人员数与医疗机构床位数**　　　单位：人、张

项目 年份 地区	每万人卫生技术人员数（人）			每万人医疗机构床位数（张）		
	2017 年	2016 年	2015 年	2017 年	2016 年	2015 年
全　国	65	61	58	57.22	53.68	51.10
北　京	113	108	104	55.58	53.86	51.40
天　津	65	61	59	43.94	42.15	41.17
河　北	57	53	50	52.53	48.26	46.07
山　西	63	61	58	53.36	51.52	50.00
内蒙古	71	68	65	59.44	55.25	53.32
辽　宁	67	63	60	68.35	64.96	60.92
吉　林	62	61	58	56.55	55.32	52.48
黑龙江	61	58	56	63.80	57.92	55.77
上　海	77	74	70	55.67	53.37	50.85
江　苏	68	65	61	58.43	55.39	51.86
浙　江	81	77	73	55.42	51.86	49.20
安　徽	50	47	46	48.88	45.47	43.53
福　建	59	57	55	46.63	45.11	45.07
江　西	51	48	46	50.64	45.54	43.33
山　东	69	65	63	58.45	54.39	52.74
河　南	61	57	55	58.48	54.72	51.65
湖　北	68	65	63	63.74	61.27	58.64
湖　南	61	58	55	65.94	62.41	58.52
广　东	63	60	57	44.06	42.29	40.16
广　西	62	60	57	49.36	46.40	44.72
海　南	65	63	60	45.31	43.97	42.49
重　庆	62	59	55	67.11	62.61	58.53
四　川	64	60	58	67.87	62.84	59.58
贵　州	63	58	53	65.08	59.15	55.65
云　南	59	52	48	57.24	53.15	50.11
西　藏	49	45	44	47.78	43.67	43.25
陕　西	81	76	70	62.91	59.11	55.86
甘　肃	56	52	50	55.83	51.47	49.14
青　海	70	62	60	64.08	58.60	58.71
宁　夏	73	66	62	58.39	53.80	50.61
新　疆	71	71	69	68.54	65.43	63.68

1.1.3 就业保障基础数据

表 1-11　　　　　　　　　　　2015—2017 年城乡就业人数 *　　　　　　　单位:万人

项目 地区	城镇就业人数			农村就业人数			城乡非农业就业人数		
年份	2017 年	2016 年	2015 年	2017 年	2016 年	2015 年	2017 年	2016 年	2015 年
全　国	45 173.83	44 553.08	43 629.49	38 067.94	38 684.69	39 163.25	51 750.81	48 747.28	46 139.63
北　京	1 166.20	1 141.10	1 107.10	80.60	79.00	79.00	1 954.24	1 838.25	1 729.07
天　津	710.11	717.30	710.67	184.72	185.12	186.13	506.88	495.70	478.91
河　北	2 839.76	2 843.62	2 824.67	1 366.90	1 380.33	1 387.83	1 655.42	1 621.34	1 448.88
山　西	762.25	747.65	712.56	1 151.88	1 160.56	1 160.20	1 020.70	983.95	937.58
内蒙古	678.60	720.70	725.70	746.30	753.30	738.10	869.25	818.51	810.27
辽　宁	1 071.25	1 082.59	1 195.07	1 213.41	1 218.57	1 214.82	1 434.09	1 387.82	1 508.76
吉　林	746.69	749.47	720.38	741.86	752.26	760.22	1 033.92	937.31	905.41
黑龙江	1 065.60	1 072.90	1 037.70	945.50	955.30	976.00	815.99	787.40	736.89
上　海	1 315.50	1 319.79	1 330.21	46.01	45.45	42.44	1 976.63	1 821.99	1 720.90
江　苏	3 958.49	3 914.37	3 882.94	799.31	841.85	875.56	4 878.67	4 611.43	4 343.15
浙　江	3 348.10	3 293.76	3 240.96	447.90	466.24	492.69	3 750.32	3 626.66	3 501.02
安　徽	1 378.50	1 327.50	1 292.10	2 999.40	3 034.10	3 050.00	1 748.89	1 573.23	1 433.14
福　建	1 370.02	1 360.55	1 329.58	1 435.72	1 436.48	1 438.83	1 970.96	1 818.12	1 576.50
江　西	1 892.55	1 864.20	1 829.80	753.09	773.40	786.00	1 394.37	1 370.09	1 345.29
山　东	3 231.40	3 278.30	3 255.90	3 329.20	3 371.40	3 376.60	3 912.14	3 588.14	3 279.17
河　南	1 960.00	1 924.00	1 839.00	4 807.00	4 802.00	4 797.00	2 550.69	2 319.80	2 120.92
湖　北	2 086.00	2 074.00	1 935.00	1 524.00	1 559.00	1 723.00	2 388.24	2 284.52	2 241.99
湖　南	1 793.23	1 733.55	1 691.33	2 023.99	2 186.86	2 288.97	1 365.61	1 303.39	1 642.49
广　东	4 981.67	4 913.79	4 844.16	1 359.12	1 365.43	1 375.15	6 142.69	5 595.37	4 968.49
广　西	1 247.00	1 236.00	1 198.00	1 595.00	1 605.00	1 622.00	1 185.39	1 104.79	1 051.84
海　南	256.81	240.45	243.96	327.07	317.69	311.81	292.42	279.02	275.99
重　庆	1 045.29	1 021.76	986.87	669.26	695.76	720.50	1 575.01	1 472.35	1 346.66
四　川	1 642.00	1 603.00	1 566.01	3 230.00	3 257.00	3 281.00	1 758.01	2 193.43	2 140.46
贵　州	854.23	793.16	739.41	1 168.97	1 190.56	1 207.24	984.64	894.74	822.22
云　南	824.08	795.79	750.74	2 168.57	2 203.10	2 191.75	1 218.69	1 167.65	1 086.72
西　藏	166.25	158.40	137.97	99.11	95.96	96.76	133.47	122.76	105.25
陕　西	1 061.00	1 005.00	960.00	1 011.00	1 068.00	1 111.00	1 077.47	1 029.73	995.38
甘　肃	617.36	591.01	567.46	936.48	957.73	968.23	789.99	676.40	632.11
青　海	165.70	160.90	154.50	161.30	163.40	166.90	161.78	144.84	133.52
宁　夏	165.20	154.50	151.50	210.70	214.70	210.70	243.22	223.41	209.12
新　疆	772.99	713.97	668.24	534.57	549.14	526.82	961.02	655.14	611.53

* 城乡就业人数根据各个省份统计数据测算,非农就业人数根据中国统计年鉴测算。

表 1–12　　　　　　2015—2017 年参加失业保险人数与领取失业保险待遇人数　　　　单位:万人

项目 地区	参加失业保险人数			领取失业保险待遇人数		
年份	2017 年	2016 年	2015 年	2017 年	2016 年	2015 年
全　国	18 784.21	18 088.86	17 326.00	220.2120	230.3930	226.7490
北　京	1 170.93	1 114.99	1 082.29	3.9100	3.7100	3.3700
天　津	311.30	302.47	295.32	8.3600	7.3500	7.1000
河　北	529.72	515.89	510.98	7.2300	7.9000	8.0200
山　西	420.56	415.15	411.29	2.9600	3.0000	3.0800
内蒙古	247.08	241.13	242.06	2.5400	3.0000	2.9300
辽　宁	679.93	665.36	665.32	10.5200	10.6900	9.7000
吉　林	263.66	262.01	261.24	2.7700	2.7200	2.2200
黑龙江	315.13	313.24	312.84	4.1400	3.9500	3.7100
上　海	961.84	947.32	641.77	11.1300	10.5400	9.5400
江　苏	1 582.95	1 538.12	1 490.91	32.1400	33.9800	34.2300
浙　江	1 380.87	1 317.00	1 260.25	8.9100	9.0400	9.0100
安　徽	472.41	448.49	436.64	8.1000	8.8000	7.7300
福　建	612.33	575.52	546.27	4.9300	5.1800	5.0200
江　西	286.25	282.64	281.49	1.6600	1.6200	1.4300
山　东	1 268.34	1 222.88	1 203.78	20.1000	21.9700	21.6000
河　南	805.57	788.07	783.34	7.4600	7.5700	8.2900
湖　北	561.31	541.88	528.39	6.3800	6.8600	6.0200
湖　南	563.72	537.54	521.16	6.7800	7.0100	6.7100
广　东	3 163.67	3 020.10	2 930.13	14.6400	15.4200	13.8900
广　西	302.13	283.71	273.18	5.3800	5.9300	6.1900
海　南	168.15	170.20	164.77	2.2200	2.1600	2.0000
重　庆	466.28	447.10	439.52	3.8900	4.2300	3.4900
四　川	776.68	701.95	660.95	27.4100	29.7700	33.2000
贵　州	235.71	218.10	205.31	2.2400	2.3700	1.7300
云　南	259.82	251.17	243.34	5.0800	5.5800	5.9500
西　藏*	15.19	15.19	11.36	0.0020	0.0030	0.0090
陕　西	356.50	352.23	347.74	2.8900	2.7800	3.0000
甘　肃	165.38	164.33	162.76	0.9300	1.0800	1.0100
青　海	41.47	40.77	40.11	0.3200	0.3700	0.3700
宁　夏	88.55	95.57	76.61	1.2000	1.2900	1.3400
新　疆	310.78	298.74	294.88	3.9900	4.5200	4.8600

* 西藏自治区的失业保险待遇领取人数缺失,根据基金支出等参数推算。

表 1-13 　　　　　　　　　　　2015—2017 年失业保险基金收支　　　　　　　　　单位:万元

项目 地区	失业保险基金收入			失业保险基金支出			失业保险基金累计结余		
年份	2017 年	2016 年	2015 年	2017 年	2016 年	2015 年	2017 年	2016 年	2015 年
全　国	11 126 278	12 289 111	13 677 915	8 937 565	9 761 173	7 363 943	55 523 721	53 333 323	50 829 692
北　京	821 650	806 682	816 742	658 507	616 936	427 812	2 378 613	2 215 470	2 025 724
天　津	379 042	287 642	301 026	506 958	278 091	316 477	914 440	1 042 355	1 032 804
河　北	277 073	384 466	428 625	271 130	496 086	279 098	1 584 960	1 579 017	1 690 637
山　西	251 781	275 095	306 145	123 064	118 714	137 882	1 785 168	1 656 451	1 500 070
内蒙古	169 571	241 052	262 292	73 443	138 133	97 723	1 289 328	1 188 374	1 085 454
辽　宁	388 577	468 486	491 867	266 325	350 073	181 964	2 825 006	2 702 754	2 584 341
吉　林	214 107	225 387	270 736	120 549	117 288	78 986	1 257 239	1 163 681	1 055 582
黑龙江	197 485	246 594	298 140	171 869	182 840	167 273	1 677 673	1 652 057	1 588 303
上　海	871 726	1 044 652	987 029	984 806	933 779	856 433	1 698 692	1 811 772	1 700 900
江　苏	880 255	1 124 389	1 300 741	999 508	1 097 737	761 268	4 280 468	4 399 721	4 373 069
浙　江	742 269	898 211	981 407	633 129	686 959	613 986	4 119 295	4 010 156	3 798 904
安　徽	260 926	360 450	366 833	252 111	266 820	229 116	1 164 398	1 155 583	1 061 953
福　建	242 650	292 284	345 421	165 748	168 218	110 604	1 715 941	1 639 039	1 514 973
江　西	95 574	106 586	135 813	37 948	37 415	42 418	771 588	713 961	644 790
山　东	675 844	923 997	716 173	652 144	699 619	572 739	3 001 474	2 977 774	2 753 396
河　南	325 458	385 793	436 735	197 552	225 646	186 170	1 883 826	1 750 146	1 590 349
湖　北	261 927	309 713	405 482	209 759	238 872	137 141	1 785 083	1 732 915	1 662 073
湖　南	232 421	276 365	290 436	164 734	167 506	127 353	1 328 594	1 260 908	1 152 049
广　东	1 135 192	1 019 792	1 551 683	714 748	953 036	363 175	6 832 806	6 412 362	6 345 616
广　西	194 391	223 582	288 754	151 643	192 455	127 819	1 338 707	1 295 960	1 264 833
海　南	58 966	64 915	65 438	52 500	44 960	40 302	351 065	344 599	324 651
重　庆	171 633	200 184	280 949	155 187	157 997	149 203	1 138 458	1 122 012	1 079 826
四　川	1 359 510	953 397	1 026 884	622 158	756 089	594 746	4 153 064	3 415 712	3 218 405
贵　州	138 047	170 318	177 089	113 110	139 061	84 620	801 912	776 975	745 718
云　南	170 156	221 970	239 457	113 753	130 661	136 144	1 333 562	1 277 158	1 185 849
西　藏	20 125	26 926	25 599	2 763	1 378	656	181 613	164 250	138 702
陕　西	204 141	231 506	257 751	142 975	117 536	104 692	1 596 368	1 544 115	1 454 086
甘　肃	105 450	145 984	155 599	59 318	82 224	49 579	831 168	785 036	721 275
青　海	32 929	35 614	60 526	15 754	32 860	39 610	291 900	274 725	271 972
宁　夏	48 306	67 940	93 674	32 414	35 626	51 286	363 487	347 594	315 281
新　疆	199 093	269 140	312 869	271 960	296 557	297 668	847 822	920 689	948 106

表 1-14　　　2015—2017 年参加工伤保险人数与领取工伤保险待遇人数　　　单位:万人

项目 年份 地区	参加工伤保险人数			领取工伤保险待遇人数		
	2017 年	2016 年	2015 年	2017 年	2016 年	2015 年
全　国	22 723.73	21 889.31	21 432.5	192.84	195.98	201.83
北　京	1 117.92	1 060.18	1 020.06	4.41	4.57	4.67
天　津	395.33	388.11	385.61	3.55	3.44	3.37
河　北	860.66	840.04	809.72	9.97	9.83	9.64
山　西	582.57	576.00	573.09	6.26	11.39	10.13
内蒙古	307.76	303.19	297.08	2.41	2.66	2.36
辽　宁	862.09	886.57	918.64	13.85	13.77	13.75
吉　林	441.40	440.73	435.63	5.13	4.87	11.34
黑龙江	519.11	522.22	512.02	6.21	6.51	6.46
上　海	958.06	943.55	932.87	6.40	6.53	7.02
江　苏	1 690.19	1 633.93	1 594.14	14.33	15.08	14.66
浙　江	1 977.17	1 880.72	1 930.12	19.42	18.68	20.44
安　徽	565.51	544.59	528.88	10.55	8.74	8.35
福　建	798.72	733.77	691.03	4.33	4.17	3.89
江　西	517.09	502.11	500.63	5.13	4.47	4.63
山　东	1 569.13	1 510.88	1 473.52	11.08	11.06	11.10
河　南	900.88	876.97	856.70	5.40	4.78	4.97
湖　北	656.62	651.08	640.09	6.53	7.86	4.95
湖　南	782.82	773.26	777.98	11.88	11.08	9.27
广　东	3 402.03	3 246.17	3 122.72	14.53	14.51	16.83
广　西	388.79	374.07	360.48	1.62	1.77	1.90
海　南	141.41	137.38	131.47	0.36	0.34	0.34
重　庆	504.61	454.89	428.47	6.73	7.02	7.49
四　川	876.04	799.11	753.22	7.62	7.61	7.89
贵　州	332.48	305.02	290.22	2.41	2.52	2.79
云　南	383.67	372.75	368.07	4.39	3.71	4.32
西　藏	33.44	26.87	26.91	0.08	0.06	0.06
陕　西	459.35	441.6	427.33	2.78	3.05	2.96
甘　肃	198.58	188.35	182.61	1.94	2.47	2.33
青　海	64.85	59.75	58.00	0.51	0.49	0.49
宁　夏	90.35	83.54	80.83	0.53	0.52	0.58
新　疆	345.10	331.91	324.36	2.50	2.42	2.85

表 1-15　　　　　　　　　　2015—2017 年工伤保险基金收支　　　　　　　　　　单位:万元

项目 地区 年份	工伤保险基金收入			工伤保险基金支出			工伤保险基金累计结余		
	2017 年	2016 年	2015 年	2017 年	2016 年	2015 年	2017 年	2016 年	2015 年
全　国	8 537 695	7 368 505	7 542 023	6 622 803	6 102 902	5 987 225	16 069 241	14 108 823	12 852 769
北　京	379 093	304 927	328 515	330 149	292 717	265 081	482 768	433 824	421 615
天　津	110 415	98 513	112 887	113 340	113 072	105 569	147 183	150 109	164 668
河　北	463 987	406 306	378 358	395 700	360 259	341 245	353 252	284 963	238 917
山　西	351 359	308 374	328 749	324 615	283 862	276 635	610 156	583 413	558 900
内蒙古	141 006	129 146	139 205	109 032	102 291	86 031	424 466	389 749	362 894
辽　宁	373 521	329 768	278 289	315 970	307 021	300 926	401 455	343 904	321 158
吉　林	158 255	182 031	186 281	110 736	118 763	103 622	381 785	334 267	271 000
黑龙江	237 014	232 014	222 779	240 097	233 628	212 577	320 081	323 165	324 776
上　海	387 640	327 812	363 354	307 174	297 945	312 157	682 279	601 814	571 946
江　苏	853 097	781 322	790 602	588 743	552 360	610 777	1 369 258	1 104 904	875 942
浙　江	582 314	527 994	568 057	510 087	451 154	431 241	936 259	864 031	787 191
安　徽	244 742	206 878	216 014	175 864	164 092	162 048	486 563	417 686	374 900
福　建	200 214	176 257	193 893	158 614	135 404	130 128	622 963	581 363	540 509
江　西	198 444	163 146	184 730	139 287	121 913	108 434	430 152	370 995	329 759
山　东	589 329	501 747	509 725	422 265	394 279	384 307	1 005 943	838 879	731 413
河　南	311 487	265 898	229 463	222 302	196 185	206 910	659 468	569 157	500 532
湖　北	230 873	168 255	176 676	152 154	125 134	133 234	471 064	359 736	316 615
湖　南	419 608	365 284	340 358	312 142	277 199	280 487	693 539	586 073	497 990
广　东	739 429	589 428	689 122	512 382	476 976	447 170	2 752 757	2 525 711	2 413 260
广　西	126 101	102 206	93 065	54 693	51 725	47 378	415 332	343 924	294 025
海　南	50 974	38 322	28 234	16 125	14 376	13 684	164 254	129 405	105 457
重　庆	226 646	179 496	175 896	187 076	192 387	198 466	67 088	27 518	40 409
四　川	326 869	292 583	306 221	261 806	237 809	233 110	673 703	608 639	553 866
贵　州	151 480	124 523	142 139	126 499	118 913	115 240	225 301	200 319	194 708
云　南	166 005	126 848	135 041	127 154	118 140	121 325	277 713	238 862	230 153
西　藏	15 249	13 373	13 742	6 196	4 938	5 958	47 331	38 277	29 842
陕　西	172 523	132 515	118 634	141 968	119 256	118 492	350 826	311 219	305 844
甘　肃	92 040	82 279	78 147	70 882	67 531	64 291	155 867	134 710	119 960
青　海	39 938	33 483	34 276	28 006	25 804	22 970	82 625	70 694	63 015
宁　夏	54 326	41 300	40 292	44 024	38 518	33 887	106 489	96 188	93 406
新　疆	143 717	136 477	139 279	117 721	109 251	113 845	271 321	245 325	218 099

表 1-16　　　　2015—2017 年参加生育保险人数与领取生育保险待遇人数　　　　单位:万人

项目 地区　　年份	参加生育保险人数			领取生育保险待遇人数		
	2017 年	2016 年	2015 年	2017 年	2016 年	2015 年
全　国	19 300.22	18 450.98	17 771.03	1 112.75	913.70	641.93
北　京	1 035.21	980.99	941.65	68.57	51.89	52.79
天　津	296.95	284.96	269.73	27.44	28.10	19.37
河　北	737.82	710.34	712.96	36.29	33.79	18.45
山　西	464.22	458.49	456.52	14.22	8.89	7.97
内蒙古	307.57	305.28	302.57	11.48	8.46	7.77
辽　宁	782.40	790.10	789.25	44.21	31.73	29.56
吉　林	370.13	367.82	367.53	17.06	17.11	13.99
黑龙江	355.07	358.01	357.07	8.94	9.45	6.41
上　海	972.04	956.09	735.41	36.38	28.20	22.92
江　苏	1 582.01	1 510.32	1 471.68	167.13	170.30	95.28
浙　江	1 392.97	1 294.36	1 285.18	77.24	62.10	51.00
安　徽	554.12	517.60	499.27	23.51	21.84	15.93
福　建	634.49	625.79	598.32	27.54	20.90	13.97
江　西	279.31	258.91	251.29	13.51	7.82	4.70
山　东	1 186.55	1 139.12	1 111.31	90.89	73.36	48.06
河　南	692.73	646.80	609.46	30.47	24.46	16.54
湖　北	522.13	511.85	500.21	35.18	30.24	22.32
湖　南	561.91	542.94	544.04	33.99	27.37	20.54
广　东	3 300.89	3 161.89	3 081.80	169.64	117.76	66.95
广　西	338.58	319.59	307.86	20.37	13.00	9.56
海　南	140.27	136.48	127.07	8.77	5.95	4.67
重　庆	411.33	365.74	354.33	26.55	24.25	18.31
四　川	776.34	713.07	670.29	34.34	31.78	24.84
贵　州	304.03	286.27	263.64	20.49	10.85	7.48
云　南	307.92	295.91	289.83	22.22	16.21	12.02
西　藏	29.12	24.87	23.79	1.43	0.91	0.65
陕　西	328.65	283.45	265.29	12.59	9.15	6.44
甘　肃	175.31	162.75	154.10	7.66	6.79	3.54
青　海	50.04	49.65	47.97	3.84	3.67	4.98
宁　夏	81.73	76.54	73.67	6.25	4.41	2.57
新　疆	328.38	315.00	307.94	14.55	12.96	12.35

表 1-17　　　　　　　　　　　2015—2017 年生育保险基金收支　　　　　　　　　单位:万元

项目 地区	生育保险基金收入			生育保险基金支出			生育保险基金累计结余		
年份	2017 年	2016 年	2015 年	2017 年	2016 年	2015 年	2017 年	2016 年	2015 年
全　国	6 504 266	5 219 097	5 017 462	7 553 092	5 306 379	4 114 714	5 691 585	6 759 498	6 843 756
北　京	806 629	567 256	509 990	883 277	527 431	526 816	291 006	367 653	327 828
天　津	126 930	90 709	111 082	197 086	114 079	103 765	106 387	176 543	199 913
河　北	149 823	128 171	144 619	187 299	142 200	99 608	162 414	220 304	241 675
山　西	83 059	76 118	86 184	93 589	56 270	61 703	196 203	216 159	196 310
内蒙古	92 529	83 540	80 295	81 297	53 650	51 718	182 557	171 323	141 433
辽　宁	175 531	203 013	188 565	169 875	200 106	185 235	144 907	146 421	142 538
吉　林	75 854	74 091	65 203	86 828	57 622	47 528	127 830	138 802	122 332
黑龙江	67 577	62 824	70 927	63 694	68 651	45 401	153 489	149 606	155 432
上　海	785 679	650 747	487 142	681 425	506 320	382 237	420 561	316 306	171 879
江　苏	566 691	389 481	348 076	723 145	601 335	430 156	274 228	456 141	667 995
浙　江	454 345	378 245	386 954	501 318	367 376	297 518	366 611	413 583	402 714
安　徽	116 040	119 996	107 984	130 765	128 821	88 911	125 629	140 353	149 175
福　建	141 616	130 807	165 277	201 366	154 244	138 314	170 980	230 729	254 167
江　西	60 179	47 434	50 106	89 822	44 216	26 880	75 637	105 281	102 064
山　东	526 837	358 353	359 632	622 359	458 572	300 734	232 394	337 874	438 079
河　南	198 381	148 231	155 529	230 757	145 841	122 294	273 298	304 763	292 644
湖　北	143 719	115 550	116 991	171 495	106 123	79 693	235 313	247 999	238 573
湖　南	140 833	126 158	118 089	151 509	94 720	86 891	244 450	269 195	237 758
广　东	871 095	733 393	711 083	1105 589	608 395	396 239	930 681	1 177 637	1 052 638
广　西	91 845	85 867	90 300	136 035	80 694	54 818	136 231	180 422	175 608
海　南	34 628	25 952	25 434	39 526	24 134	20 140	48 642	53 541	51 722
重　庆*	79 734.5	83 022	76 447	117 997.5	135 579	100 416	47 022	20 744	73 300
四　川	208 682	161 853	175 302	263 872	227 357	166 699	134 214	190 191	255 695
贵　州	78 560	54 793	45 586	91 621	49 032	34 096	78 336	91 397	85 636
云　南	125 988	86 090	91 881	174 762	122 839	87 188	44 078	92 850	129 600
西　藏	18 512	17 161	8 326	12 309	9 886	7 430	26 460	20 257	12 983
陕　西	60 790	43 631	51 489	80 539	46 024	36 992	130 462	150 106	152 499
甘　肃	47 715	40 096	43 040	71 107	36 139	26 605	63 646	87 038	83 080
青　海	20 311	16 011	23 213	26 615	19 948	10 008	33 239	39 542	43 479
宁　夏	43 793	23 951	22 530	48 471	28 445	17 129	19 376	24 053	28 547
新　疆	110 360	96 553	100 186	117 742	90 330	81 552	215 304	222 685	216 460

* 注:重庆 2017 年的生育保险基金收支统计数据无法获取,表中为估计数据。

表 1-18　　　　　　　　2015—2017 年城镇登记失业人数与城镇登记失业率　　　　　　单位:万人

项目 地区	城镇登记失业人数(万人)			城镇登记失业率(%)		
年份	2017 年	2016 年	2015 年	2017 年	2016 年	2015 年
全　国	790.15	799.22	786.23	3.90	4.00	4.10
北　京	8.10	7.99	7.85	1.40	1.40	1.40
天　津	26.00	25.77	25.08	3.50	3.50	3.50
河　北	39.92	39.73	39.41	3.70	3.70	3.60
山　西	26.53	26.07	25.57	3.40	3.50	3.50
内蒙古	27.08	26.71	25.87	3.60	3.70	3.70
辽　宁	42.72	47.33	46.15	3.80	3.80	3.40
吉　林	26.27	25.72	23.88	3.50	3.50	3.50
黑龙江	39.74	39.58	40.98	4.20	4.20	4.50
上　海	22.06	24.26	24.81	3.90	4.10	4.00
江　苏	34.69	35.21	36.01	3.00	3.00	3.00
浙　江	33.78	33.85	33.69	2.70	2.90	2.90
安　徽	28.99	30.45	30.91	2.90	3.20	3.10
福　建	17.15	16.26	15.41	3.90	3.90	3.70
江　西	32.33	31.33	29.95	3.30	3.40	3.40
山　东	45.75	45.84	43.69	3.40	3.50	3.40
河　南	40.67	43.58	42.46	2.80	3.00	3.00
湖　北	37.07	32.91	33.43	2.60	2.40	2.60
湖　南	44.46	44.94	45.10	4.00	4.20	4.10
广　东	37.13	37.99	36.97	2.50	2.50	2.50
广　西	14.72	18.13	18.13	2.20	2.90	2.90
海　南	5.47	5.06	4.76	2.30	2.40	2.30
重　庆	14.26	15.68	14.26	3.40	3.70	3.60
四　川	55.78	56.26	54.64	4.00	4.20	4.10
贵　州	14.90	14.78	14.49	3.20	3.20	3.30
云　南	19.81	20.10	19.47	3.20	3.60	4.00
西　藏	1.95	1.84	1.77	2.70	2.60	2.50
陕　西	23.44	22.74	22.35	3.30	3.30	3.40
甘　肃	9.65	9.77	9.48	2.70	2.20	2.10
青　海	4.67	4.58	4.44	3.10	3.10	3.20
宁　夏	5.07	5.10	4.94	3.90	3.90	4.00
新　疆	9.99	9.66	10.28	2.60	2.50	2.90

1.1.4 贫困保障基础数据

表 1-19 2015—2017 年城乡最低生活保障人数 单位:万人

项目 \ 年份 \ 地区	城市最低生活保障人数			农村最低生活保障人数		
	2017 年	2016 年	2015 年	2017 年	2016 年	2015 年
全 国	1 261.10	1 480.30	1 700.90	4 045.10	4 586.50	4 903.80
北 京	7.80	8.20	8.49	4.40	4.70	4.90
天 津	10.70	12.20	13.07	9.10	10.20	10.40
河 北	35.50	47.60	55.05	160.20	189.50	205.80
山 西	46.00	53.10	59.93	111.20	118.50	122.50
内蒙古	43.00	49.10	60.27	119.90	112.80	116.40
辽 宁	53.80	62.00	71.81	73.00	77.90	79.50
吉 林	59.20	67.80	72.53	70.30	78.70	82.20
黑龙江	95.40	111.10	120.00	105.20	120.90	118.20
上 海	15.70	16.80	17.57	3.50	3.40	3.10
江 苏	20.50	24.80	27.98	97.20	109.90	114.80
浙 江	22.20	10.90	7.32	59.20	71.40	56.80
安 徽	47.90	54.40	64.67	155.50	149.80	196.30
福 建	6.80	8.60	12.95	39.10	46.10	71.70
江 西	83.30	89.60	92.41	175.70	180.10	169.30
山 东	23.80	30.90	37.23	181.60	217.70	237.40
河 南	67.80	82.10	107.91	288.10	328.00	392.90
湖 北	45.90	55.30	84.64	137.90	138.20	159.50
湖 南	76.70	111.80	127.20	124.90	290.20	317.90
广 东	22.80	25.50	29.69	146.80	145.10	153.60
广 西	19.10	22.60	38.53	253.90	290.60	292.10
海 南	6.30	7.50	8.39	18.10	18.30	18.80
重 庆	34.00	34.80	37.52	60.20	59.00	50.30
四 川	118.40	134.50	156.35	366.30	356.70	405.50
贵 州	31.50	35.80	40.20	260.00	304.80	332.70
云 南	70.90	89.70	98.11	329.90	422.90	455.30
西 藏	3.30	3.60	4.65	22.70	25.70	32.00
陕 西	30.60	42.10	50.87	87.60	130.40	161.70
甘 肃	65.10	70.00	76.21	299.30	324.70	336.90
青 海	13.40	16.30	17.63	42.60	51.60	31.80
宁 夏	10.80	14.60	15.43	38.10	42.20	41.70
新 疆	72.90	87.00	86.51	203.60	166.50	131.80

表 1-20　　　　　　　　　　2015—2017 年城乡特困救助供养人数　　　　　　　　单位：万人

项目 年份 地区	城市特困人员救助供养人数			农村特困人员救助供养人数		
	2017 年	2016 年	2015 年	2017 年	2016 年	2015 年
全　国	25.36	9.06	6.80	466.89	496.88	516.77
北　京	0.10	0.07	0.06	0.45	0.45	0.45
天　津	0.17	0.00	0.00	1.11	1.16	1.21
河　北	0.24	0.03	0.01	23.19	23.45	22.80
山　西	0.09	0.03	0.01	14.65	15.05	15.36
内蒙古	1.19	1.27	1.24	8.38	8.63	8.76
辽　宁	0.41	0.20	0.17	13.07	13.56	13.86
吉　林	0.23	0.37	0.11	10.77	11.16	11.48
黑龙江	0.89	0.52	0.11	11.26	12.22	13.29
上　海	0.07	0.00	0.00	0.23	0.25	0.26
江　苏	0.85	0.30	0.27	20.02	19.80	19.78
浙　江	0.35	0.20	0.13	2.78	3.25	3.45
安　徽	0.09	0.11	0.13	39.77	40.98	42.25
福　建	0.43	0.13	0.08	6.71	7.56	8.01
江　西	0.94	1.14	0.82	21.09	22.14	22.01
山　东	0.20	0.18	0.20	21.05	21.06	21.22
河　南	0.37	0.04	0.02	48.86	47.95	48.62
湖　北	0.86	0.60	0.77	24.57	24.85	25.30
湖　南	1.36	0.32	0.24	37.87	42.51	48.39
广　东	0.59	0.46	0.40	22.61	23.20	24.01
广　西	0.48	0.05	0.19	25.04	26.91	28.05
海　南	0.09	0.06	0.00	2.63	2.84	2.88
重　庆	7.21	1.14	1.07	11.15	16.88	16.71
四　川	4.95	0.33	0.00	45.91	48.58	49.47
贵　州	0.46	0.17	0.14	8.38	10.45	11.11
云　南	1.06	0.70	0.01	13.80	17.35	20.72
西　藏	0.00	0.00	0.03	1.47	1.42	1.44
陕　西	0.30	0.26	0.28	11.97	12.51	13.08
甘　肃	0.32	0.00	0.15	11.12	11.68	12.07
青　海	0.17	0.00	0.01	2.06	2.39	2.35
宁　夏	0.07	0.01	0.00	1.00	1.19	1.29
新　疆	0.82	0.39	0.14	3.93	5.44	7.11

表 1-21　　　　　2015—2017 年城乡贫困保障财政支出*　　　　单位:万元

项目	城市贫困保障财政支出			农村贫困保障财政支出		
地区　年份	2017 年	2016 年	2015 年	2017 年	2016 年	2015 年
全　国	6 616 223.20	6 963 154.40	7 242 820.70	13 212 088.10	12 434 543.50	11 414 563.30
北　京	91 118.30	82 463.70	73 106.80	48 621.60	44 218.20	40 036.60
天　津	129 713.30	122 687.70	113 697.10	99 389.30	81 990.40	61 072.30
河　北	172 574.70	181 942.40	208 459.20	539 516.40	488 639.00	389 185.30
山　西	203 403.60	222 058.60	228 434.70	382 738.30	348 278.50	310 123.00
内蒙古	269 826.40	293 161.80	342 906.60	420 118.20	363 047.40	351 676.10
辽　宁	346 168.10	355 753.20	395 551.80	282 941.60	247 985.00	237 424.90
吉　林	341 034.80	328 399.20	366 878.60	183 846.10	180 903.00	188 548.30
黑龙江	496 523.00	526 549.70	601 197.30	310 126.40	327 907.90	336 858.60
上　海	160 324.00	149 860.40	138 790.20	27 157.30	23 112.60	19 451.90
江　苏	127 951.70	145 043.30	138 334.90	541 978.10	524 506.30	487 729.40
浙　江	138 267.50	64 783.90	45 705.00	313 236.20	316 679.70	248 065.80
安　徽	258 078.80	266 639.90	282 999.60	658 162.40	563 097.70	523 601.20
福　建	44 040.80	47 016.00	54 040.40	194 521.40	180 509.70	205 604.90
江　西	372 750.10	377 239.50	357 261.00	581 714.20	506 909.60	425 003.60
山　东	128 501.80	147 168.80	165 872.40	631 753.70	655 769.20	619 070.70
河　南	243 677.50	293 072.70	331 196.70	769 078.10	768 609.30	728 305.90
湖　北	247 036.30	300 101.30	395 093.70	644 112.50	576 856.70	499 842.80
湖　南	389 181.20	427 373.70	432 884.20	603 423.50	672 542.80	604 997.30
广　东	172 541.70	183 766.10	163 853.50	685 142.30	621 029.40	566 072.60
广　西	95 097.40	100 198.20	144 463.80	691 428.40	514 875.10	523 243.80
海　南	26 477.30	31 263.50	34 181.00	64 538.90	56 266.90	56 982.20
重　庆	231 735.80	179 323.90	155 605.90	312 596.20	253 368.40	185 630.90
四　川	453 032.50	491 498.10	491 589.90	928 579.60	912 687.20	776 014.80
贵　州	162 047.00	165 545.60	169 326.70	762 568.00	689 345.70	643 587.60
云　南	337 501.20	432 857.40	386 980.90	812 410.70	811 898.20	798 843.20
西　藏	26 492.20	30 136.10	26 143.30	59 589.60	40 450.40	45 080.80
陕　西	214 489.70	223 640.70	247 472.40	404 088.60	442 023.30	467 561.60
甘　肃	290 127.60	323 073.10	251 628.30	587 432.60	657 617.50	601 423.70
青　海	81 218.90	78 105.90	96 383.50	129 718.10	93 702.60	87 850.20
宁　夏	70 955.90	62 333.50	62 484.00	135 628.60	129 565.10	100 852.60
新　疆	294 344.10	330 096.50	340 297.30	404 331.20	340 150.70	284 820.70

* 城市贫困保障财政支出=城市最低生活保障支出+城市特困救助供养支出,农村贫困保障财政支出=农村最低生活保障支出+农村特困救助供养支出

表 1-22　　　　　　　2015—2017 年城乡最低生活保障平均标准　　　单位：元/月、人

项目 地区 \ 年份	城市最低生活保障平均标准			农村最低生活保障平均标准		
	2017 年	2016 年	2015 年	2017 年	2016 年	2015 年
全　国	540.60	494.60	451.10	358.39	312.00	264.80
北　京	900.00	800.00	710.00	900.00	800.00	710.00
天　津	860.00	780.00	705.00	860.00	755.00	599.50
河　北	544.00	501.20	441.40	319.09	279.92	222.56
山　西	467.50	441.10	413.20	303.91	270.55	229.82
内蒙古	591.60	540.20	508.00	410.02	351.00	324.27
辽　宁	561.60	522.80	493.50	362.58	326.24	295.71
吉　林	483.40	446.90	401.60	311.24	287.08	226.77
黑龙江	550.70	535.90	506.40	321.46	315.59	297.83
上　海	970.00	880.00	790.00	970.00	870.00	790.00
江　苏	645.60	610.80	581.70	595.59	540.08	502.48
浙　江	706.20	673.70	640.50	670.05	607.70	556.99
安　徽	531.20	497.10	455.00	368.96	320.03	260.09
福　建	589.80	514.80	478.10	421.17	320.12	283.83
江　西	531.70	480.80	452.00	311.94	276.24	247.14
山　东	513.60	494.90	470.10	346.91	314.82	278.33
河　南	459.60	425.10	374.10	279.70	257.03	186.03
湖　北	563.60	487.90	447.10	392.20	319.07	269.60
湖　南	444.10	431.30	359.80	307.42	256.83	203.87
广　东	674.80	576.20	513.80	528.40	445.23	374.16
广　西	518.00	457.60	404.40	278.20	248.78	213.01
海　南	484.40	467.00	466.80	358.40	346.96	347.37
重　庆	500.00	459.60	419.10	357.31	307.91	236.75
四　川	485.10	419.50	367.00	313.98	262.88	200.76
贵　州	557.00	507.30	453.40	305.00	266.82	218.33
云　南	516.00	442.20	395.90	278.50	225.89	195.16
西　藏	751.50	693.50	591.30	279.63	218.46	194.79
陕　西	532.20	479.50	460.70	311.14	266.94	221.18
甘　肃	458.60	410.90	378.10	313.78	244.41	218.14
青　海	450.50	400.80	370.40	277.92	247.50	207.85
宁　夏	473.20	416.40	361.80	289.00	282.41	217.18
新　疆	409.00	383.90	349.20	296.78	249.52	190.62

表 1-23 　　　　　　2015—2017 年城乡最低生活保障平均补助水平　　　　　　单位:元/月、人

项目　年份　地区	城市最低生活保障平均补助水平			农村最低生活保障平均补助水平		
	2017 年	2016 年	2015 年	2017 年	2016 年	2015 年
全　国	407.98	371.68	333.02	210.80	178.10	151.84
北　京	937.51	808.19	678.59	764.72	684.10	585.67
天　津	823.48	807.89	652.75	648.75	515.83	362.80
河　北	392.44	310.31	303.45	210.37	164.53	119.02
山　西	361.43	334.35	311.25	229.90	194.81	171.70
内蒙古	479.27	467.23	449.34	247.48	231.58	216.75
辽　宁	499.65	445.03	420.99	239.44	184.18	175.32
吉　林	453.73	373.48	395.34	178.78	159.82	148.59
黑龙江	405.61	359.45	352.98	190.86	171.33	164.26
上　海	817.87	716.23	634.48	548.78	499.57	453.39
江　苏	464.63	434.51	376.14	327.32	278.31	248.28
浙　江	487.38	450.53	438.66	393.33	318.65	302.88
安　徽	442.39	397.16	351.92	244.08	225.52	160.03
福　建	470.82	430.98	324.98	277.43	226.13	168.47
江　西	361.53	337.22	307.90	225.03	198.16	166.77
山　东	403.79	367.75	340.11	228.81	201.78	171.67
河　南	290.93	290.17	249.88	160.64	150.19	119.13
湖　北	396.34	393.96	354.31	228.65	202.95	176.06
湖　南	393.94	310.24	276.80	258.77	140.04	112.59
广　东	577.30	532.26	415.22	264.79	241.83	203.96
广　西	379.32	367.94	311.37	188.66	120.81	125.11
海　南	321.48	327.44	334.42	205.04	195.93	185.50
重　庆	423.73	375.30	312.00	283.30	198.66	151.65
四　川	301.38	300.16	259.75	163.83	164.95	119.99
贵　州	404.09	366.82	332.59	219.92	176.36	147.54
云　南	382.80	395.41	326.08	185.38	147.11	138.40
西　藏	666.15	696.68	444.32	172.83	114.28	102.37
陕　西	520.09	405.50	363.02	268.23	212.57	183.13
甘　肃	369.54	383.36	272.75	148.48	153.40	136.00
青　海	440.55	383.11	389.71	189.20	132.11	166.72
宁　夏	509.24	346.00	298.17	258.36	233.11	172.44
新　疆	319.94	303.66	298.02	155.60	157.23	155.04

表 1-24　　　　　　　　　　　　2015—2017 年城乡特困救助供养补助水平　　　　　　　单位:元/月、人

项目 地区	城市特困人员救助供养补助水平			农村特困人员救助供养补助水平		
年份	2017 年	2016 年	2015 年 *	2017 年	2016 年	2015 年 *
全　国	695.38	771.64		480.78	383.97	
北　京	2 746.70	2 746.70		1 443.73	1 055.86	
天　津	1 335.77	0.00		1 483.31	1 092.12	
河　北	431.72	619.72		455.86	380.67	
山　西	370.15	1 122.27		385.06	312.59	
内蒙古	1 294.08	789.07		564.83	400.19	
辽　宁	700.28	1 423.93		379.16	344.46	
吉　林	644.93	573.42		176.38	155.10	
黑龙江	1 033.54	609.18		486.03	467.93	
上　海	718.09	0.00		1 277.13	806.16	
江　苏	506.98	1 398.05		600.51	564.92	
浙　江	804.24	519.13		804.04	747.29	
安　徽	373.76	1 291.67		415.18	301.26	
福　建	664.98	278.57		729.48	544.64	
江　西	740.62	753.52		411.80	280.02	
山　东	767.88	518.53		438.97	424.89	
河　南	407.66	123.09		354.92	288.22	
湖　北	869.70	766.73		781.33	627.66	
湖　南	1 079.10	903.85		451.68	341.67	
广　东	871.01	1 103.90		768.28	652.48	
广　西	1 373.51	316.87		382.66	284.84	
海　南	1 590.56	2 293.13		604.31	382.02	
重　庆	598.36	988.84		729.04	489.95	
四　川	359.38	67.11		362.47	323.42	
贵　州	525.70	334.88		528.90	194.98	
云　南	889.04	513.88		465.63	298.29	
西　藏	0.00	0.00		710.69	290.76	
陕　西	856.78	731.63		675.77	588.18	
甘　肃	397.93	0.00		405.50	421.68	
青　海	2 331.58	0.00		891.48	280.38	
宁　夏	1 557.12	1 286.78		495.45	536.83	
新　疆	466.73	304.01		315.35	254.83	

*2015 年没有相应的统计数据。

1.2 社会保障发展指标

指标是反映事物基本属性的参数,是衡量事物运行的量化标准。社会保障发展指标是反映社会保障发展水平及其趋势的基本参数与量化标准。根据社会保障体系由养老保障、医疗保障、就业保障和贫困保障等项目构成的原理,分别对养老保障、医疗保障、就业保障、贫困保障发展指标进行分析。

1.2.1 养老保障发展指标

养老保障发展指标是反映养老保障发展水平及其趋势的基本参数与量化标准。根据覆盖面、保障度、持续性、高效性、公平性等维度,对 20 个养老保障发展指标进行分析。

表 1–25　　　　　　　　2015—2017 年全国养老保障发展指标分析

指标类型	指标名称	指标值			发展趋势评价
		2017 年	2016 年	2015 年	2015—2017 年
覆盖面指标	1.城乡基本养老保险参保率	77.97%	76.15%	74.73%	向好
	2.城乡基本养老保险待遇享有率	93.92%	90.34%	86.09%	向好
	3.城乡基本养老保险覆盖率	82.02%	79.73%	77.59%	向好
	4.城乡养老保障覆盖率	85.07%	83.73%	82.91%	向好
保障度指标	5.职工基本养老保险替代率	46.41%	46.68%	45.54%	波动
	6.城乡居民基本养老保险替代率	2.05%	2.08%	2.31%	向差
	7.城乡千人老年人养老床位数(张)	30.92	31.62	30.31	波动
持续性指标	8.职工基本养老保险负担系数(人)	0.38	0.36	0.35	向差
	9.职工基本养老保险基金累计结余系数(年)	1.15	1.21	1.37	向差
	10.职工基本养老保险基金当期收支率	113.79%	110.05%	113.67%	波动
	11.城乡居民基本养老保险负担系数(人)	0.44	0.43	0.41	向差
	12.城乡居民基本养老保险基金累计结余系数(年)	2.66	2.50	2.17	向好
	13.城乡居民基本养老保险基金当期收支率	139.32%	136.40%	134.87%	向好
高效性指标	14.职工基本养老保险缴费率对替代率的弹性	2.33	2.50	2.52	向差
	15.城乡居民基本养老保险缴费率对替代率的弹性	1.49	1.57	1.62	向差
	16.城乡养老服务机构床位利用率	50.32%	53.09%	54.64%	向差

续表

指标类型	指标名称	指标值			发展趋势评价
		2017 年	2016 年	2015 年	2015—2017 年
公平性指标	17.职工基本养老保险基金累计结存系数的基尼系数	0.38	0.33	0.30	向差
	18.职工基本养老保险替代率对缴费率弹性的基尼系数	0.16	0.16	0.16	波动
	19.居民基本养老保险基金累计结存系数的基尼系数	0.21	0.20	0.19	向差
	20.居民基本养老保险替代率对缴费率弹性的基尼系数	0.18	0.19	0.16	波动

1.2.2　医疗保障发展指标

医疗保障发展指标是反映医疗保障发展水平及其趋势的基本参数与量化标准。根据覆盖面、保障度、持续性、高效性、公平性等维度,对 20 个医疗保障发展指标进行分析。

表 1-26　　　　　　　**2015—2017 年全国医疗保障发展指标分析**

指标类型	指标名称	指标值			发展趋势评价
		2017 年	2016 年	2015 年	2015—2017 年
覆盖面指标	1.城乡基本医疗保险参保率	94.12%	73.53%	97.10%	波动
保障度指标	2.职工基本医疗保险报销率	63.72%	63.24%	64.36%	波动
	3.城乡居民基本医疗保险报销率	34.88%	37.31%	35.83%	波动
	4.城镇居民家庭灾难性医疗支出风险度	10.19%	9.99%	9.60%	向差
	5.农村居民家庭灾难性医疗支出风险度	14.04%	13.54%	13.70%	波动
	6.城乡每万人卫生技术人员数(人)	6500.00%	6100.00%	5800.00%	向好
	7.城乡每万人医疗卫生机构病床数(张)	57.22	53.68	51.10	向好
持续性指标	8.职工基本医疗保险基金累计结余系数	1.67	1.57	1.46	向好
	9.职工基本医疗保险基金当期收支率	129.70%	123.98%	120.61%	向好
	10.职工基本医疗保险负担系数(人)	0.36	0.36	0.35	向差
	11.城乡居民基本医疗保险基金累计结余系数(年)	0.71	0.80	0.87	向差
	12.城乡居民基本医疗保险基金当期收支率	114.10%	113.31%	118.47%	波动

续表

指标类型	指标名称	指标值			发展趋势评价
		2017 年	2016 年	2015 年	2015—2017 年
高效性指标	13.职工基本医疗保险报销率对缴费率的弹性	7.82	8.29	8.53	向差
	14.城乡居民基本医疗保险报销率对缴费率的弹性	36.42	36.94	36.08	波动
	15.医院病床使用率	85.00%	85.30%	85.40%	向差
	16.卫生技术人员每日人均承担诊疗人次	2.49	2.57	2.63	向差
公平性指标	17.职工基本医疗保险基金累计结余系数的基尼系数	0.19	0.19	0.19	向差
	18.居民基本医疗保险基金累计结余系数的基尼系数	0.37	0.37	0.34	波动
	19.职工基本医疗保险报销率均值对缴费率弹性的基尼系数	0.11	0.11	0.10	向差
	20.居民基本医疗保险报销率均值对缴费率弹性的基尼系数	0.12	0.21	0.17	波动

1.2.3 就业保障发展指标

就业保障发展指标是反映就业保障发展水平及其趋势的基本参数与量化标准。根据覆盖面、保障度、持续性、高效性、公平性等维度,对 16 个就业保障发展指标进行分析。

表 1—27　　　　　　　　2015—2017 年全国就业保障发展指标分析

指标类型	指标名称	指标值			发展趋势评价
		2017 年	2016 年	2015 年	2015—2017 年
覆盖面指标	1.失业保险参保率	60.65%	60.35%	59.25%	向好
	2.工伤保险参保率	48.48%	49.18%	50.72%	向差
	3.生育保险参保率	62.32%	61.56%	60.77%	向好
保障度指标	4.城乡非农业就业率	56.59%	53.63%	51.10%	向好
	5.城镇登记失业率	2.55%	2.67%	2.69%	向好
	6.失业保险待遇替代率	60.07%	68.30%	57.62%	波动
	7.工伤保险待遇替代率	50.83%	50.20%	52.63%	波动
	8.生育保险待遇替代率	30.14%	28.09%	34.12%	波动

指标类型	指标名称	指标值			发展趋势评价
		2017 年	2016 年	2015 年	2015—2017 年
持续性指标	9.地区人均生产总值增长率	10.29%	7.30%	5.98%	向好
	10.失业保险基金累计结余系数(年)	6.21	5.46	6.90	波动
	11.失业保险负担系数(人)	0.01	0.01	0.01	向好
高效性指标	12.失业保险待遇替代率对缴费率的弹性	68.52	62.36	41.14	向好
	13.工伤保险待遇替代率对缴费率的弹性	91.41	92.51	84.30	波动
	14.生育保险待遇替代率对缴费率的弹性	60.42	61.59	68.11	向差
公平性指标	15.失业保险基金累计结余系数的基尼系数	0.39	0.48	0.55	向好
	16.失业保险待遇替代率对缴费率弹性的基尼系数	0.46	0.33	0.26	向差

1.2.4　贫困保障发展指标

贫困保障发展指标是反映贫困保障发展水平及其趋势的基本参数与量化标准。根据覆盖面、保障度、持续性、高效性、公平性等维度,对 15 个贫困保障发展指标进行分析。

表 1-28　　　　　　　　**2015—2017 年全国贫困保障发展指标分析**

指标类型	指标名称	指标值			发展趋势评价
		2017 年	2016 年	2015 年	2015—2017 年
覆盖面指标	1.城市贫困保障率	98.20%	97.90%	97.49%	向好
	2.农村贫困保障率	93.36%	92.55%	92.28%	向好
	3.城乡贫困保障率	95.84%	95.28%	94.84%	向好
保障度指标	4.城市平均最低生活保障标准替代率	17.82%	17.66%	17.35%	向好
	5.农村平均最低生活保障标准替代率	20.67%	19.69%	18.10%	向好
	6.城乡平均最低生活保障标准替代率	18.59%	18.20%	17.55%	向好

续表

指标类型	指标名称	指标值			发展趋势评价
		2017 年	2016 年	2015 年	2015—2017 年
持续性指标	7.城市贫困人口收入缺口率	75.47%	75.15%	73.82%	向差
	8.农村贫困人口收入缺口率	58.82%	57.08%	57.34%	波动
	9.城市贫困保障财政投入率	0.38%	0.43%	0.48%	向差
	10.农村贫困保障财政投入率	0.76%	0.78%	0.76%	波动
	11.城乡贫困保障财政投入率	1.14%	1.21%	1.24%	向差
高效性指标	12.城乡最低生活保障标准替代率对财政投入率的弹性	18.91	17.40	16.24	向好
公平性指标	13.城市最低生活保障月平均标准的基尼系数	0.07	0.07	0.10	向好
	14.农村最低生活保障月平均标准的基尼系数	0.10	0.10	0.11	向好
	15.城乡最低生活保障标准替代率对财政投入率弹性的基尼系数	0.39	0.42	0.43	向好

第 2 章　各省份社会保障发展指标分析

社会保障发展指标是直接反映社会保障发展态势的有关参数，是反映社会保障目标实现程度的量化体系。指标分析包括发展水平分析、发展趋势分析与发展进度分析等情形。根据社会保障体系由养老保障、医疗保障、就业保障、贫困保障等四个项目组成，以及对社会保障体系通过"发展水平、发展趋势、发展进度"三个维度和"覆盖面、保障度、持续性、高效性"四个要素进行评价的基本思路，设计各省份社会保障发展指标分析与评价体系。

2.1　指标水平与趋势分析

指标水平分析将判别各省份社会保障发展指标水平的高低程度。指标值高于设定的参数值时评价为"优"，反之评价为"中"或"差"。

指标趋势分析将判别社会保障指标发展势头的向好程度。如果发展势头良好，评价为"向好"，否则，评价为"波动"或"向差"。

由于社会保障体系由养老保障、医疗保障、就业保障、贫困保障等项目组成，本章选择若干监测指标，分别对养老保障、医疗保障、就业保障、贫困保障指标的发展水平及其趋势进行分析评价。

2.1.1　养老保障发展指标水平与趋势分析（6个指标）

表 2-1　　　　　　　　　2015—2017 年城乡养老保障覆盖率水平与趋势分析

地区 项目	指标值			发展水平评价			发展趋势评价
	2017 年	2016 年	2015 年	2017 年	2016 年	2015 年	2015—2017 年
全　国	85.07%	83.73%	82.91%	中	中	中	向好
北　京*	110.30%	108.02%	100.25%	优	优	优	向好
天　津	65.51%	61.73%	57.42%	差	差	差	向好
河　北	91.31%	90.39%	90.57%	中	中	中	向好
山　西	97.03%	96.61%	97.91%	优	优	优	向好
内蒙古	77.70%	74.75%	74.58%	中	中	中	向好
辽　宁	92.73%	92.05%	87.18%	中	中	中	向好

续表

项目 地区	指标值			发展水平评价			发展趋势评价
	2017 年	2016 年	2015 年	2017 年	2016 年	2015 年	2015—2017 年
吉 林	74.25%	72.20%	73.03%	中	差	中	向好
黑龙江	76.46%	75.79%	76.27%	中	中	中	向好
上 海	84.80%	84.02%	83.80%	中	中	中	向好
江 苏	82.87%	81.91%	80.90%	中	中	中	向好
浙 江	84.38%	83.09%	80.51%	中	中	中	波动
安 徽	81.97%	81.67%	81.98%	中	中	中	向好
福 建	72.37%	72.02%	70.84%	中	差	差	向好
江 西	86.42%	85.65%	84.33%	中	中	中	向好
山 东	85.74%	85.04%	83.91%	中	中	中	向好
河 南	81.03%	80.21%	80.13%	中	中	中	向好
湖 北	79.45%	78.20%	78.22%	中	中	中	向好
湖 南	92.01%	90.96%	90.48%	中	中	中	向好
广 东*	100.06%	92.59%	91.71%	优	中	中	波动
广 西	72.59%	71.89%	70.34%	中	差	差	向好
海 南	77.00%	78.57%	76.73%	中	中	中	向差
重 庆	86.76%	85.44%	83.76%	中	中	中	向好
四 川	80.79%	80.12%	79.44%	中	中	中	向好
贵 州	89.09%	87.75%	87.06%	中	中	中	向好
云 南	80.04%	81.35%	81.68%	中	中	中	向好
西 藏	72.76%	65.82%	70.50%	中	差	差	波动
陕 西	95.10%	93.91%	93.62%	优	中	中	向好
甘 肃	87.17%	86.28%	87.10%	中	中	中	向好
青 海	90.01%	90.04%	86.56%	中	中	中	向好
宁 夏	81.12%	81.77%	77.89%	中	中	中	向好
新 疆	78.71%	76.47%	75.61%	中	中	中	向好

* 由于流动人口参保等原因,北京、广东部分年份的养老保障覆盖率大于 100%。

表 2-2　　　　　　　2015—2017 年职工基本养老保险替代率水平与趋势分析

项目 地区	指标值			发展水平评价			发展趋势评价
	2017 年	2016 年	2015 年	2017 年	2016 年	2015 年	2015—2017 年
全 国	46.41%	46.68%	45.54%	中	中	中	波动
北 京	37.39%	44.79%	36.61%	差	中	差	波动
天 津	41.37%	41.66%	38.61%	差	差	差	波动
河 北	51.62%	58.63%	60.60%	中	中	中	向差
山 西	74.15%	64.20%	62.97%	优	优	中	向好
内 蒙 古	41.26%	43.48%	47.52%	差	中	中	向差
辽 宁	47.84%	50.70%	52.01%	中	中	中	向差
吉 林	37.57%	42.05%	43.23%	差	差	中	向差
黑 龙 江	52.23%	52.03%	53.11%	中	中	中	波动
上 海	40.49%	37.78%	40.06%	差	差	差	波动
江 苏	41.01%	40.23%	40.91%	差	差	差	波动
浙 江	43.68%	44.32%	41.66%	中	中	差	波动
安 徽	37.30%	44.15%	44.52%	差	中	中	向差
福 建	54.31%	54.33%	51.20%	中	中	中	波动
江 西	45.64%	41.83%	44.83%	中	差	中	波动
山 东	54.24%	55.03%	58.12%	中	中	中	向差
河 南	57.66%	48.99%	58.84%	中	中	中	波动
湖 北	53.76%	44.71%	46.07%	中	中	中	波动
湖 南	50.11%	48.21%	43.97%	中	中	中	向好
广 东	42.12%	44.24%	47.39%	差	中	中	向差
广 西	54.86%	60.95%	47.56%	中	中	中	波动
海 南	49.72%	43.39%	44.10%	中	中	中	波动
重 庆	53.65%	32.62%	36.01%	中	差	差	波动
四 川	40.19%	53.90%	37.64%	差	中	差	波动
贵 州	56.76%	42.99%	42.77%	中	中	中	向好
云 南	80.98%	49.34%	51.39%	优	中	中	波动
西 藏	84.87%	83.85%	49.88%	优	优	中	向好
陕 西	59.87%	53.26%	53.72%	中	中	中	波动
甘 肃	40.51%	50.51%	53.21%	差	中	中	向差
青 海	63.46%	68.07%	60.41%	中	优	中	波动
宁 夏	52.28%	48.00%	48.93%	中	中	中	波动
新 疆	65.28%	74.60%	52.70%	优	优	中	波动

表 2-3　　　　　2015—2017 年职工基本养老保险负担系数水平与趋势分析

项目 地区	指标值(人)			发展水平评价			发展趋势评价
	2017 年	2016 年	2015 年	2017 年	2016 年	2015 年	2015—2017 年
全　国	0.3767	0.3630	0.3486	中	中	中	向差
北　京	0.2143	0.2166	0.1994	优	优	优	波动
天　津	0.4845	0.4847	0.4709	中	中	中	波动
河　北	0.3937	0.3867	0.3870	中	中	中	波动
山　西	0.4374	0.3985	0.3927	中	中	中	向差
内蒙古	0.5880	0.5649	0.5612	差	中	中	向差
辽　宁	0.6310	0.6066	0.5619	差	差	中	向差
吉　林	0.6889	0.6824	0.6517	差	差	差	向差
黑龙江	0.7680	0.7452	0.7283	差	差	差	向差
上　海	0.4619	0.4532	0.4525	中	中	中	向差
江　苏	0.3556	0.3389	0.3245	中	中	中	向差
浙　江	0.3804	0.3602	0.2949	中	优	中	向差
安　徽	0.4281	0.4066	0.4038	中	中	中	向差
福　建	0.2167	0.2160	0.1997	优	优	优	向差
江　西	0.4411	0.4230	0.4002	中	中	中	向差
山　东	0.3159	0.3085	0.2883	中	中	中	向差
河　南	0.3200	0.3221	0.3131	中	中	中	波动
湖　北	0.5156	0.5105	0.5036	中	中	中	向差
湖　南	0.4935	0.4405	0.4664	中	中	中	波动
广　东	0.1206	0.1078	0.1026	优	优	优	向差
广　西	0.4789	0.4708	0.4794	中	中	中	波动
海　南	0.4004	0.4195	0.3299	中	中	中	波动
重　庆	0.5743	0.5716	0.5600	中	中	中	向差
四　川	0.5372	0.5637	0.5511	中	中	中	波动
贵　州	0.3161	0.3076	0.3190	中	中	中	波动
云　南	0.4078	0.4061	0.4183	中	中	中	波动
西　藏	0.2721	0.3966	0.3110	中	中	中	波动
陕　西	0.3487	0.3699	0.3813	中	中	中	向好
甘　肃	0.4913	0.5677	0.5543	中	中	中	波动
青　海	0.4475	0.4560	0.4308	中	中	中	波动
宁　夏	0.4155	0.4396	0.4176	中	中	中	波动
新　疆	0.4621	0.4586	0.4491	中	中	中	向差

说明:职工基本养老保险负担系数为负向指标,越小越好。

表 2-4　　　　2015—2017 年职工基本养老保险基金累计结余系数水平与趋势分析

项目 地区	指标值（年）			发展水平评价			发展趋势评价
	2017 年	2016 年	2015 年	2017 年	2016 年	2015 年	2015—2017 年
全　国	1.1540	1.2110	1.3691	中	中	中	向差
北　京	3.1520	2.4107	2.8966	优	中	中	波动
天　津	0.5539	0.5303	0.7085	中	差	中	波动
河　北	0.5208	0.5574	0.6647	差	中	中	向差
山　西	1.3468	1.7480	1.9246	中	中	中	向差
内蒙古	0.8558	0.7309	0.8392	中	中	中	波动
辽　宁	0.2595	0.4749	0.6716	差	差	中	向差
吉　林	0.4433	0.5069	0.6282	差	差	中	向差
黑龙江*	−0.3169	−0.1471	0.1070	差	差	差	向差
上　海	0.8046	0.8676	0.7130	中	中	中	波动
江　苏	1.4600	1.6315	1.7150	中	中	中	向差
浙　江	1.4070	1.5266	1.9387	中	中	中	向差
安　徽	1.7765	1.7609	1.7215	中	中	中	向好
福　建	1.2304	1.1964	1.3279	中	中	中	波动
江　西	0.7398	0.7882	0.9289	中	中	中	向差
山　东	0.9818	1.1413	1.2104	中	中	中	向差
河　南	0.7501	0.9618	1.0380	中	中	中	向差
湖　北	0.4032	0.6712	0.7706	差	中	中	向差
湖　南	0.8184	0.9882	1.1058	中	中	中	向差
广　东	4.8709	4.5587	4.4275	优	优	优	向好
广　西	0.6312	0.5423	0.9695	中	中	中	波动
海　南	0.7480	0.7554	0.7252	中	中	中	波动
重　庆	0.6537	1.1274	1.1366	中	中	中	向差
四　川	1.4258	0.8307	1.4182	中	中	中	波动
贵　州	1.0756	1.8594	1.9839	中	中	中	向差
云　南	0.9915	1.6237	1.9771	中	中	中	向差
西　藏	1.4599	1.4979	2.6490	中	中	中	向差
陕　西	0.5886	0.6995	0.7396	中	中	中	向差
甘　肃	1.1106	1.1337	1.1892	中	中	中	向差
青　海	0.2715	0.3356	0.6872	差	差	中	向差
宁　夏	0.9832	1.0778	1.2562	中	中	中	向差
新　疆	1.1855	1.0483	1.7565	中	中	中	波动

* 黑龙江职工基本养老保险基金累计结余为负数。

表 2-5　　　2015—2017 年职工基本养老保险基金当期收支率水平与趋势分析

项目 地区	指标值			发展水平评价			发展趋势评价
	2017 年	2016 年	2015 年	2017 年	2016 年	2015 年	2015—2017 年
全　国	113.79%	110.05%	113.67%	中	中	中	波动
北　京	159.43%	152.03%	165.85%	优	优	优	波动
天　津	106.96%	100.17%	106.21%	中	中	中	波动
河　北*	101.95%	96.21%	94.46%	中	差	差	向好
山　西	114.07%	105.51%	104.81%	中	中	中	向好
内蒙古*	120.69%	97.56%	100.46%	中	中	中	波动
辽　宁*	84.42%	86.83%	93.51%	差	差	差	向差
吉　林*	99.63%	94.04%	93.31%	中	差	差	向好
黑龙江*	80.86%	75.46%	84.27%	差	差	差	波动
上　海	107.63%	119.53%	109.38%	中	中	中	波动
江　苏	112.92%	111.46%	116.76%	中	中	中	波动
浙　江	115.77%	109.32%	123.67%	中	中	中	波动
安　徽	126.59%	121.22%	126.49%	中	中	中	波动
福　建	117.83%	117.69%	119.81%	中	中	中	波动
江　西	112.92%	104.15%	112.75%	中	中	中	波动
山　东*	97.06%	107.29%	114.11%	中	中	中	向差
河　南	103.38%	104.85%	106.87%	中	中	中	向差
湖　北*	96.21%	97.70%	102.61%	差	中	中	向差
湖　南	107.34%	106.64%	107.14%	中	中	中	波动
广　东	182.14%	167.91%	173.75%	优	优	优	波动
广　西	110.79%	100.45%	101.75%	中	中	中	波动
海　南	116.88%	111.34%	106.67%	中	中	中	向好
重　庆	104.54%	110.72%	114.06%	中	中	中	向差
四　川	144.78%	102.24%	110.02%	优	中	中	波动
贵　州	115.88%	116.70%	130.23%	中	中	中	向差
云　南	114.30%	132.56%	123.54%	中	中	中	波动
西　藏	154.44%	153.63%	149.86%	优	优	优	向好
陕　西*	109.09%	101.87%	98.69%	中	中	中	向好
甘　肃	107.63%	103.08%	101.50%	中	中	中	向好
青　海*	96.15%	92.88%	92.90%	差	差	差	波动
宁　夏	109.76%	113.12%	105.00%	中	中	中	波动
新　疆	111.06%	112.64%	123.78%	中	中	中	向差

*2015—2017 年期间,河北、内蒙古、辽宁、吉林、黑龙江、山东、湖北、陕西、青海等省份的职工基本养老保险基金当年收不抵支。

表 2-6　　　　2015—2017 年城乡养老服务机构床位利用率水平与趋势分析

项目 地区	指标值			发展水平评价			发展趋势评价
	2017 年	2016 年	2015 年	2017 年	2016 年	2015 年	2015—2017 年
全　国	50.32%	53.09%	54.64%	中	中	中	向差
北　京	56.22%	53.66%	53.96%	中	中	中	波动
天　津	51.69%	51.15%	49.59%	中	中	中	向好
河　北	43.93%	43.50%	43.71%	中	中	中	波动
山　西	46.09%	47.46%	48.46%	中	中	中	向差
内蒙古	46.19%	46.01%	47.79%	中	中	中	波动
辽　宁	56.82%	55.69%	58.16%	中	中	中	波动
吉　林	52.23%	51.12%	54.13%	中	中	中	波动
黑龙江	56.78%	57.91%	62.92%	中	中	优	向差
上　海	60.27%	61.69%	62.14%	中	中	中	向差
江　苏	47.81%	48.99%	51.90%	中	中	中	向差
浙　江	41.98%	41.75%	43.22%	中	中	中	波动
安　徽	46.97%	49.40%	51.61%	中	中	中	向差
福　建	35.84%	34.86%	33.82%	中	中	中	向好
江　西	78.17%	79.96%	65.49%	优	优	优	波动
山　东	47.19%	55.94%	57.30%	中	中	中	向差
河　南	51.50%	59.38%	61.55%	中	中	中	向差
湖　北	52.30%	57.18%	61.07%	中	中	中	向差
湖　南	57.35%	60.13%	64.66%	中	中	优	向差
广　东	37.62%	39.01%	42.88%	中	中	中	向差
广　西	43.07%	47.47%	45.83%	中	中	中	波动
海　南	57.12%	51.14%	50.52%	中	中	中	向好
重　庆	49.94%	57.67%	57.58%	中	中	中	波动
四　川	57.33%	62.53%	66.63%	中	优	优	向差
贵　州	47.23%	47.31%	49.25%	中	中	中	向差
云　南	44.96%	49.37%	51.09%	中	中	中	向差
西　藏	12.00%	8.66%	41.55%	差	差	中	波动
陕　西	50.16%	58.28%	60.62%	中	中	中	向差
甘　肃	40.35%	37.25%	34.31%	中	中	中	向好
青　海	26.77%	23.33%	22.61%	差	差	差	向好
宁　夏	39.16%	48.41%	52.14%	中	中	中	向差
新　疆	44.40%	47.19%	46.26%	中	中	中	波动

2.1.2 医疗保障发展指标水平与趋势分析（7个指标）

表2-7 2015—2017年城乡基本医疗保险参保率水平与趋势分析

项目 地区	指标值			发展水平评价			发展趋势评价
	2017年	2016年	2015年	2017年	2016年	2015年	2015—2017年
全　国	94.12%	73.53%	97.10%	中	中	优	波动
北　京	100.31%	96.75%	106.97%	优	优	优	波动
天　津	83.50%	81.86%	81.91%	中	中	中	波动
河　北	90.55%	87.95%	89.79%	中	中	中	波动
山　西	89.05%	31.13%	91.62%	中	差	中	波动
内蒙古	87.02%	41.08%	92.62%	中	差	中	波动
辽　宁	95.09%	98.10%	100.91%	中	优	优	向差
吉　林	98.33%	98.98%	100.00%	优	优	优	向差
黑龙江	78.29%	80.65%	82.37%	中	中	中	向差
上　海	95.00%	93.41%	94.10%	中	中	中	波动
江　苏	96.30%	93.56%	102.10%	优	中	优	波动
浙　江	98.95%	95.10%	95.35%	优	中	优	波动
安　徽	101.58%	101.98%	105.84%	优	优	优	向差
福　建	97.65%	33.96%	101.94%	优	差	优	波动
江　西	99.07%	105.10%	104.79%	优	优	优	波动
山　东	92.89%	92.50%	93.91%	中	中	中	波动
河　南	99.46%	22.59%	102.82%	优	差	优	波动
湖　北	93.36%	32.92%	98.09%	中	差	优	波动
湖　南	97.57%	37.43%	100.97%	优	差	优	波动
广　东	101.19%	100.68%	102.09%	优	优	优	波动
广　西	98.68%	21.05%	101.70%	优	差	优	波动
海　南	45.68%	94.79%	97.95%	差	中	优	向差
重　庆	100.49%	101.22%	102.25%	优	优	优	向差
四　川	88.60%	58.13%	81.93%	中	中	中	波动
贵　州	101.04%	99.87%	107.19%	优	优	优	波动
云　南	93.62%	93.66%	94.25%	中	中	中	向差
西　藏	21.08%	20.06%	99.02%	差	差	优	波动
陕　西	97.40%	98.46%	99.02%	优	优	优	向差
甘　肃	93.10%	94.52%	95.28%	中	中	优	向差
青　海	92.84%	33.53%	33.58%	中	差	差	波动
宁　夏	90.85%	88.18%	87.80%	中	中	中	向好
新　疆	43.94%	39.28%	86.68%	差	差	中	波动

表 2-8　　　　　　　2015—2017 年职工基本医疗保险报销率水平与趋势分析

项目 地区	指标值			发展水平评价			发展趋势评价
	2017 年	2016 年	2015 年	2017 年	2016 年	2015 年	2015—2017 年
全　国	63.72%	63.24%	64.36%	中	中	中	波动
北　京	64.95%	66.05%	67.29%	中	中	中	向差
天　津	62.51%	65.99%	67.42%	中	中	中	向差
河　北	64.05%	64.35%	62.27%	中	中	中	波动
山　西	61.73%	60.93%	62.94%	中	中	中	波动
内蒙古	63.26%	62.20%	63.20%	中	中	中	波动
辽　宁	53.43%	50.33%	55.95%	差	差	差	波动
吉　林	53.50%	50.94%	51.38%	差	差	差	波动
黑龙江	61.02%	57.38%	55.89%	中	差	差	向好
上　海	61.88%	57.05%	59.50%	中	差	中	波动
江　苏	66.43%	64.46%	63.22%	中	中	中	向好
浙　江	62.59%	62.35%	62.14%	中	中	中	向好
安　徽	66.31%	64.11%	67.32%	中	中	中	波动
福　建	68.50%	68.88%	67.50%	中	中	中	波动
江　西	69.27%	69.64%	67.17%	中	中	中	波动
山　东	63.79%	64.33%	65.28%	中	中	中	向差
河　南	57.26%	56.15%	58.11%	差	差	差	波动
湖　北	59.08%	60.12%	62.69%	中	中	中	向差
湖　南	62.37%	65.41%	66.04%	中	中	中	向差
广　东	59.27%	59.05%	61.62%	中	中	中	波动
广　西	67.86%	70.87%	74.40%	中	中	中	向差
海　南	61.07%	60.38%	60.81%	中	中	中	波动
重　庆	66.67%	66.39%	69.32%	中	中	中	波动
四　川	64.86%	65.34%	65.36%	中	中	中	向差
贵　州	70.25%	73.06%	74.93%	中	中	中	向差
云　南	68.65%	69.62%	71.24%	中	中	中	向差
西　藏	87.76%	88.03%	88.63%	优	优	优	向差
陕　西	60.60%	56.94%	59.10%	中	差	中	波动
甘　肃	62.91%	63.86%	65.31%	中	中	中	向差
青　海	70.87%	71.26%	73.63%	中	中	中	向差
宁　夏	67.32%	68.58%	60.61%	中	中	中	波动
新　疆	65.79%	65.41%	69.03%	中	中	中	波动

表 2-9 　　　　　2015—2017 年城乡居民基本医疗保险报销率水平与趋势分析

项目\地区	指标值			发展水平评价			发展趋势评价
	2017 年	2016 年	2015 年	2017 年	2016 年	2015 年	2015—2017 年
全　国	34.88%	37.31%	35.83%	中	中	中	波动
北　京	39.11%	39.73%	37.61%	中	中	中	波动
天　津	31.19%	29.32%	32.27%	中	中	中	波动
河　北	32.97%	37.34%	27.57%	中	中	中	波动
山　西	36.31%	36.39%	31.76%	中	中	中	波动
内蒙古	32.95%	25.90%	24.51%	中	差	差	向好
辽　宁	27.75%	24.51%	23.68%	中	差	差	向好
吉　林	21.65%	21.84%	22.46%	差	差	差	向差
黑龙江	28.67%	35.05%	27.61%	中	中	中	波动
上　海	56.68%	49.03%	39.97%	中	中	中	向好
江　苏	32.65%	39.00%	33.22%	中	中	中	波动
浙　江	43.18%	43.36%	39.56%	中	中	中	波动
安　徽	33.69%	32.15%	32.00%	中	中	中	向好
福　建	37.78%	60.41%	31.92%	中	中	中	波动
江　西	41.03%	34.42%	32.97%	中	中	中	向好
山　东	36.00%	34.28%	31.72%	中	中	中	向好
河　南	36.93%	33.41%	31.84%	中	中	中	向好
湖　北	28.21%	25.46%	26.55%	中	差	差	波动
湖　南	30.99%	31.53%	31.60%	中	中	中	向差
广　东	39.03%	40.21%	37.45%	中	中	中	波动
广　西	21.42%	26.84%	27.05%	差	差	差	向差
海　南	45.49%	44.84%	38.64%	中	中	中	向好
重　庆	39.59%	37.43%	36.85%	中	中	中	向好
四　川	31.64%	33.93%	55.74%	中	中	中	向差
贵　州	39.01%	37.71%	39.47%	中	中	中	波动
云　南	44.22%	44.05%	44.98%	中	中	中	波动
西　藏	88.86%	86.67%	88.11%	优	优	优	波动
陕　西	34.53%	31.24%	31.98%	中	中	中	波动
甘　肃	39.99%	31.74%	35.67%	中	中	中	波动
青　海	10.91%	35.92%	34.91%	差	中	中	波动
宁　夏	39.48%	36.24%	37.21%	中	中	中	波动
新　疆	35.46%	35.95%	35.79%	中	中	中	波动

表 2-10　　2015—2017 年职工基本医疗保险基金累计结余系数水平与趋势分析 *

项目 地区	指标值（年）			发展水平评价			发展趋势评价
	2017 年	2016 年	2015 年	2017 年	2016 年	2015 年	2015—2017 年
全　国	1.6744	1.5654	1.4601	中	中	中	向好
北　京	0.6365	0.5530	0.4087	差	差	差	向好
天　津	0.8856	0.6609	0.5472	差	差	差	向好
河　北	1.9825	1.8823	1.8616	中	中	中	向好
山　西	1.5481	1.5314	1.5810	中	中	中	波动
内蒙古	1.4799	1.3596	1.3101	中	中	中	向好
辽　宁	0.9452	0.9905	0.9691	差	差	差	波动
吉　林	1.6599	1.7847	1.5301	中	中	中	波动
黑龙江	1.2343	1.2402	1.2840	中	中	中	向差
上　海	3.1332	2.5324	2.2064	优	优	中	向好
江　苏	1.5839	1.5149	1.4715	中	中	中	向好
浙　江	2.2334	2.2100	2.1046	中	中	中	向好
安　徽	1.5956	1.5075	1.3401	中	中	中	向好
福　建	2.4291	2.2464	2.2410	优	中	中	向好
江　西	1.7517	1.5274	1.5415	中	中	中	波动
山　东	1.2356	1.1797	1.1476	中	中	中	向好
河　南	1.8653	1.6604	1.4852	中	中	中	向好
湖　北	1.0626	1.0100	0.9394	中	差	差	向好
湖　南	1.6002	1.4855	1.3663	中	中	中	向好
广　东	2.4301	2.5109	2.3616	优	优	优	波动
广　西	1.8893	1.6824	1.5386	中	中	中	向好
海　南	1.9828	1.8146	1.5895	中	中	中	向好
重　庆	0.9022	1.0159	1.0107	差	差	差	波动
四　川	1.9798	1.7844	1.6377	中	中	中	向好
贵　州	1.1748	0.9748	0.9052	中	差	差	向好
云　南	1.5560	1.4373	1.3028	中	中	中	向好
西　藏	3.4472	2.9473	2.5209	优	优	优	向好
陕　西	1.4946	1.6396	1.5955	中	中	中	波动
甘　肃	1.2374	1.1066	1.0186	中	中	差	向好
青　海	1.9714	1.6510	1.5823	中	中	中	向好
宁　夏	1.3172	1.1667	1.4177	中	中	中	波动
新　疆	1.6987	1.6231	1.4951	中	中	中	向好

* 宏观上分析，医疗保险基金结余并非越多越好，此处仅仅从可持续角度将较多的基金结余评价为"优"，下同。

表 2-11　　　2015—2017 年职工基本医疗保险基金当期收支率水平与趋势分析

地区 \ 项目	指标值			发展水平评价			发展趋势评价
	2017 年	2016 年	2015 年	2017 年	2016 年	2015 年	2015—2017 年
全　国	129.70%	123.98%	120.61%	中	中	中	向好
北　京	115.83%	117.45%	109.30%	中	中	差	波动
天　津	126.41%	116.68%	115.35%	中	中	中	向好
河　北	126.94%	129.07%	128.54%	中	中	中	波动
山　西	114.60%	109.95%	115.86%	中	差	中	波动
内蒙古	122.35%	121.58%	119.30%	中	中	中	向好
辽　宁	106.09%	105.63%	103.79%	差	差	差	向好
吉　林	112.76%	132.94%	115.68%	差	中	中	波动
黑龙江	109.92%	108.63%	107.86%	差	差	差	向好
上　海	201.94%	153.37%	146.07%	优	优	中	向好
江　苏	120.82%	118.28%	117.45%	中	中	中	向好
浙　江	134.96%	133.56%	136.46%	中	中	中	波动
安　徽	127.88%	123.20%	114.76%	中	中	中	向好
福　建	132.05%	125.26%	132.47%	中	中	中	波动
江　西	135.32%	123.87%	125.80%	中	中	中	波动
山　东	117.10%	115.71%	111.06%	中	中	差	向好
河　南	136.03%	123.58%	117.83%	中	中	中	向好
湖　北	116.78%	115.19%	112.45%	中	中	差	向好
湖　南	128.90%	129.02%	123.38%	中	中	中	波动
广　东	132.90%	136.02%	131.53%	中	中	中	波动
广　西	131.83%	126.41%	116.23%	中	中	中	向好
海　南	141.02%	133.91%	122.79%	中	中	中	向好
重　庆	103.79%	109.31%	110.08%	差	差	差	向差
四　川	144.52%	127.55%	122.08%	中	中	中	向好
贵　州	127.69%	118.27%	115.25%	中	中	中	向好
云　南	130.24%	121.85%	114.29%	中	中	差	向好
西　藏	189.68%	167.94%	141.91%	优	优	中	向好
陕　西	120.79%	119.30%	123.15%	中	中	中	波动
甘　肃	120.74%	117.34%	112.90%	中	中	差	向好
青　海	139.93%	120.01%	119.89%	中	中	中	向好
宁　夏	117.92%	111.62%	113.52%	中	差	差	波动
新　疆	125.11%	127.27%	124.82%	中	中	中	波动

表 2-12　　2015—2017 年城乡居民基本医疗保险基金累计结余系数水平与趋势分析

项目 地区	指标值(年)			发展水平评价			发展趋势评价
	2017 年	2016 年	2015 年	2017 年	2016 年	2015 年	2015—2017 年
全　国	0.7134	0.8033	0.8681	中	中	中	向差
北　京	1.7173	2.0231	1.7498	中	优	中	波动
天　津	2.0491	1.6987	1.0876	优	中	中	向好
河　北	0.5946	0.4221	1.9763	中	中	优	波动
山　西	0.9729	1.4056	1.4401	中	中	中	向差
内蒙古	0.5815	1.3565	1.3673	中	中	中	向差
辽　宁	1.5582	1.6744	1.5326	中	中	中	波动
吉　林	1.4364	1.5144	1.5891	中	中	中	向差
黑龙江	0.8345	1.2104	1.5489	中	中	中	向差
上　海	0.0925	0.1399	0.1555	差	差	中	向差
江　苏	0.5324	0.6874	0.6968	中	中	中	向差
浙　江	0.2679	0.2642	0.2439	中	中	中	向好
安　徽	1.1957	1.5972	1.4034	中	中	中	波动
福　建	0.5933	0.5057	0.7072	中	中	中	波动
江　西	1.0189	2.2213	2.5833	中	优	优	向差
山　东	0.4297	0.5324	0.5444	中	中	中	向差
河　南	0.6444	1.6527	1.5262	中	中	中	波动
湖　北	0.8882	2.0983	2.0565	中	优	优	波动
湖　南	0.6109	0.8780	0.8730	中	中	中	波动
广　东	0.9726	1.0041	1.0381	中	中	中	向差
广　西	1.6964	3.4268	2.8808	中	优	优	波动
海　南	1.4190	1.4659	1.5114	中	中	中	向差
重　庆	0.6229	0.6263	0.6282	中	中	中	向差
四　川	0.7540	0.7442	0.6554	中	中	中	向好
贵　州	2.0592	1.9903	1.7146	优	优	中	向好
云　南	0.6169	0.6628	0.5113	中	中	中	波动
西　藏*	-0.5379	-1.0989	-0.5831	差	差	差	波动
陕　西	0.9065	1.2309	1.0999	中	中	中	波动
甘　肃	0.4725	1.4261	1.2097	中	中	中	波动
青　海*	-0.0768	-0.0247	0.0893	差	差	差	向差
宁　夏	0.4516	0.6389	0.6412	中	中	中	向差
新　疆	1.3459	1.3596	1.3268	中	中	中	波动

* 西藏、青海的城乡居民基本医疗保险基金累计结余为负数。

表 2-13　　2015—2017 年城乡居民基本医疗保险基金当期收支率水平与趋势分析

项目 地区	指标值			发展水平评价			发展趋势评价
	2017 年	2016 年	2015 年	2017 年	2016 年	2015 年	2015—2017 年
全　国	114.10%	113.31%	118.47%	中	中	中	波动
北　京	116.11%	152.06%	171.65%	中	优	优	向差
天　津	158.36%	161.09%	145.45%	优	优	优	波动
河　北	116.32%	103.60%	132.32%	中	中	中	波动
山　西	115.82%	119.07%	123.49%	中	中	中	向差
内蒙古	107.17%	116.11%	129.52%	中	中	中	向差
辽　宁	119.86%	129.72%	126.94%	中	中	中	波动
吉　林	108.95%	109.86%	107.47%	中	中	中	波动
黑龙江	115.95%	110.66%	120.34%	中	中	中	波动
上　海*	97.42%	96.90%	90.28%	中	中	中	向好
江　苏	114.96%	111.66%	109.35%	中	中	中	向好
浙　江	103.90%	103.55%	105.42%	中	中	中	波动
安　徽	120.77%	127.68%	121.75%	中	中	中	波动
福　建	115.79%	107.24%	107.13%	中	中	中	向好
江　西	141.34%	147.13%	155.03%	中	优	优	向差
山　东*	98.40%	109.16%	121.15%	中	中	中	向差
河　南	109.17%	126.98%	119.55%	中	中	中	波动
湖　北	125.13%	132.44%	139.30%	中	中	中	向差
湖　南	114.14%	111.77%	116.32%	中	中	中	波动
广　东	109.18%	116.77%	124.09%	中	中	中	向差
广　西	153.92%	175.41%	155.26%	优	优	优	波动
海　南	122.54%	116.49%	121.52%	中	中	中	波动
重　庆	106.11%	107.80%	110.37%	中	中	中	向差
四　川	119.26%	118.62%	113.41%	中	中	中	向好
贵　州	142.86%	142.08%	139.52%	中	中	中	向好
云　南	117.82%	117.67%	109.72%	中	中	中	向好
西　藏*	134.51%	47.42%	41.69%	中	差	差	向好
陕　西*	98.23%	115.61%	118.07%	中	中	中	向差
甘　肃	103.20%	125.65%	119.09%	中	中	中	波动
青　海*	94.79%	89.52%	95.74%	中	差	中	波动
宁　夏*	95.83%	105.39%	107.65%	中	中	中	向差
新　疆	132.75%	129.24%	130.20%	中	中	中	波动

*上海、山东、西藏、陕西、青海、宁夏的城乡居民基本医疗保险基金出现当年收不抵支。

2.1.3　就业保障发展指标水平与趋势分析（6 个指标）

表 2-14　　　　　　　　　2015—2017 年失业保险参保率水平与趋势分析

项目 地区	指标值			发展水平评价			发展趋势评价
	2017 年	2016 年	2015 年	2017 年	2016 年	2015 年	2015—2017 年
全　国	60.65%	60.35%	59.25%	中	中	中	向好
北　京	77.99%	78.23%	79.62%	优	优	优	向差
天　津	78.67%	74.66%	73.72%	优	优	优	向好
河　北	71.44%	62.59%	64.04%	中	中	中	波动
山　西	74.67%	73.23%	71.92%	优	中	中	向好
内蒙古	49.27%	51.30%	51.91%	中	中	中	向差
辽　宁	86.66%	85.19%	77.47%	优	优	优	向好
吉　林	54.11%	51.97%	50.06%	中	中	中	向好
黑龙江	66.71%	65.92%	66.25%	中	中	中	波动
上　海	73.61%	76.91%	54.01%	优	优	中	波动
江　苏	47.78%	48.41%	49.51%	中	中	中	向差
浙　江	61.04%	61.33%	59.67%	中	中	中	波动
安　徽	48.92%	49.62%	51.94%	中	中	中	向差
福　建	46.17%	46.65%	48.90%	中	中	中	向差
江　西	37.67%	37.63%	37.94%	差	差	差	波动
山　东	75.18%	72.05%	70.04%	优	中	中	向好
河　南	49.80%	52.48%	55.49%	中	中	中	向差
湖　北	53.92%	52.48%	51.52%	中	中	中	向好
湖　南	81.67%	79.76%	44.70%	优	优	中	向好
广　东	71.69%	74.71%	81.33%	中	优	优	向差
广　西	46.72%	43.73%	47.64%	中	中	中	波动
海　南	88.83%	92.22%	85.14%	优	优	优	波动
重　庆	43.12%	43.99%	46.65%	中	中	中	向差
四　川	73.96%	46.40%	42.94%	优	中	中	向好
贵　州	57.02%	55.78%	51.94%	中	中	中	向好
云　南	40.36%	43.11%	49.33%	中	中	中	向差
西　藏	18.66%	19.84%	17.51%	差	差	差	波动
陕　西	52.97%	53.68%	53.91%	中	中	中	向差
甘　肃	43.07%	44.35%	44.97%	中	中	中	向差
青　海	46.68%	50.12%	53.11%	中	中	中	向差
宁　夏	63.70%	69.82%	61.33%	中	中	中	波动
新　疆	41.41%	63.72%	65.83%	中	中	中	向差

表 2-15 　　　　　　　　　2015—2017 年工伤保险参保率水平与趋势分析

项目 地区	指标值			发展水平评价			发展趋势评价
	2017 年	2016 年	2015 年	2017 年	2016 年	2015 年	2015—2017 年
全　国	48.48%	49.18%	50.72%	中	中	中	向差
北　京	58.43%	59.09%	60.63%	中	中	中	向差
天　津	81.07%	80.90%	82.90%	优	优	优	波动
河　北	69.14%	66.33%	69.55%	优	优	优	波动
山　西	63.76%	66.61%	70.29%	中	优	优	向差
内蒙古	37.38%	39.65%	39.34%	中	中	中	波动
辽　宁	69.02%	72.82%	70.70%	优	优	优	波动
吉　林	53.43%	53.76%	53.54%	中	中	中	波动
黑龙江	66.82%	69.96%	73.60%	优	优	优	向差
上　海	48.95%	52.30%	54.78%	中	中	中	向差
江　苏	36.18%	36.92%	38.29%	差	中	中	向差
浙　江	57.14%	56.21%	59.52%	中	中	中	波动
安　徽	33.88%	36.14%	38.57%	差	差	中	向差
福　建	44.58%	44.10%	47.85%	中	中	中	波动
江　西	40.98%	40.82%	41.89%	中	中	中	波动
山　东	49.76%	51.26%	53.70%	中	中	中	向差
河　南	37.26%	39.90%	42.70%	中	中	中	向差
湖　北	34.06%	35.07%	35.14%	差	差	差	向差
湖　南	58.40%	62.56%	48.91%	中	中	中	波动
广　东	58.47%	61.24%	66.28%	中	中	优	向差
广　西	36.26%	36.89%	37.69%	差	中	中	向差
海　南	51.21%	52.55%	50.36%	中	中	中	波动
重　庆	33.25%	32.03%	32.98%	差	差	差	波动
四　川	62.45%	39.67%	37.74%	中	中	中	向好
贵　州	41.90%	42.40%	43.09%	中	中	中	向差
云　南	38.00%	39.39%	42.42%	中	中	中	向差
西　藏	25.46%	22.31%	26.27%	差	差	差	波动
陕　西	44.17%	44.57%	44.66%	中	中	中	向差
甘　肃	32.33%	32.27%	33.16%	差	差	差	波动
青　海	40.95%	42.05%	44.16%	中	中	中	向差
宁　夏	41.61%	42.26%	43.31%	中	中	中	向差
新　疆	36.85%	52.47%	54.89%	中	中	中	向差

表 2-16　　　　　　　2015—2017 年生育保险参保率水平与趋势分析

地区＼项目	指标值			发展水平评价			发展趋势评价
	2017 年	2016 年	2015 年	2017 年	2016 年	2015 年	2015—2017 年
全　国	62.32%	61.56%	60.77%	中	中	中	向好
北　京	68.95%	68.83%	69.27%	中	中	中	波动
天　津	75.04%	70.33%	67.33%	中	中	中	向好
河　北	99.51%	86.18%	89.35%	优	优	优	波动
山　西	82.42%	80.87%	79.83%	优	优	优	向好
内蒙古	61.33%	64.95%	64.88%	中	中	中	波动
辽　宁	99.72%	101.16%	91.90%	优	优	优	波动
吉　林	75.95%	72.96%	70.43%	中	中	中	向好
黑龙江	75.17%	75.35%	75.62%	中	中	中	向差
上　海	74.39%	77.62%	61.89%	中	中	中	波动
江　苏	47.76%	47.53%	48.87%	中	中	中	波动
浙　江	61.58%	60.28%	60.85%	中	中	中	波动
安　徽	57.38%	57.27%	59.39%	中	中	中	波动
福　建	47.84%	50.72%	53.56%	中	中	中	向差
江　西	36.75%	34.47%	33.87%	差	差	差	向好
山　东	70.34%	67.12%	64.66%	中	中	中	向好
河　南	42.82%	43.07%	43.17%	差	差	差	向差
湖　北	50.16%	49.58%	48.77%	中	中	中	向好
湖　南	81.40%	80.56%	46.67%	优	优	差	向好
广　东	74.80%	78.22%	85.54%	中	中	优	向差
广　西	52.36%	49.26%	53.68%	中	中	中	波动
海　南	74.10%	73.95%	65.66%	中	中	中	向好
重　庆	38.04%	35.99%	37.61%	差	差	差	波动
四　川	73.93%	47.14%	43.54%	中	差	差	向好
贵　州	73.55%	73.21%	66.69%	中	中	中	向好
云　南	47.83%	50.79%	58.76%	中	中	中	向差
西　藏	35.77%	32.48%	36.66%	差	差	差	波动
陕　西	48.83%	43.20%	41.13%	中	差	差	向好
甘　肃	45.65%	43.92%	42.57%	差	差	差	向好
青　海	56.33%	61.03%	63.52%	中	中	中	向差
宁　夏	58.79%	55.92%	58.98%	中	中	中	波动
新　疆	43.75%	67.18%	68.74%	差	中	中	向差

表 2-17 2015—2017 年城乡非农业就业率水平与趋势分析

项目 / 地区	指标值			发展水平评价			发展趋势评价
	2017 年	2016 年	2015 年	2017 年	2016 年	2015 年	2015—2017 年
全　国	56.59%	53.63%	51.10%	中	中	中	向好
北　京*	123.14%	115.73%	108.95%	优	优	优	向好
天　津	45.87%	44.72%	43.62%	中	中	中	向好
河　北	34.19%	33.71%	30.31%	差	差	差	向好
山　西	39.89%	38.66%	37.02%	差	差	差	向好
内蒙古	49.59%	46.86%	46.55%	中	中	中	向好
辽　宁	47.25%	45.63%	49.57%	中	中	中	波动
吉　林	55.08%	49.64%	47.61%	中	中	中	向好
黑龙江	30.55%	29.40%	27.42%	差	差	差	向好
上　海*	117.67%	108.37%	102.57%	优	优	优	向好
江　苏	96.18%	91.25%	86.19%	优	优	优	向好
浙　江	95.98%	93.93%	91.51%	优	优	优	向好
安　徽	44.92%	40.79%	37.47%	中	差	差	向好
福　建	72.70%	67.70%	59.24%	中	中	中	向好
江　西	46.28%	45.77%	45.20%	中	中	中	向好
山　东	61.47%	56.72%	52.36%	中	中	中	向好
河　南	42.91%	39.14%	35.98%	中	差	差	向好
湖　北	61.35%	58.86%	58.09%	中	中	中	向好
湖　南	31.28%	30.02%	38.05%	差	差	差	波动
广　东	79.55%	73.58%	66.24%	中	中	中	向好
广　西	38.93%	36.64%	35.19%	差	差	差	向好
海　南	47.85%	46.11%	45.91%	中	中	中	向好
重　庆	80.60%	76.01%	70.23%	中	中	中	向好
四　川	32.89%	41.23%	40.52%	差	差	差	波动
贵　州	43.63%	39.93%	36.95%	中	差	差	向好
云　南	38.11%	36.74%	34.40%	差	差	差	向好
西　藏	61.50%	57.59%	50.44%	中	中	中	向好
陕　西	41.83%	40.21%	39.07%	中	差	差	向好
甘　肃	45.50%	39.20%	36.77%	中	差	差	向好
青　海	40.96%	36.98%	34.38%	差	差	差	向好
宁　夏	53.17%	49.35%	46.68%	中	中	中	向好
新　疆	61.40%	42.68%	40.48%	中	中	差	向好

* 北京、上海由于流动人口就业等原因,非农就业率超过了 100%。

表 2–18　　　　　　　　2015—2017 年失业保险待遇替代率水平与趋势分析 *

项目 地区	指标值			发展水平评价			发展趋势评价
	2017 年	2016 年	2015 年	2017 年	2016 年	2015 年	2015—2017 年
全　国	60.07%	68.30%	57.62%	差	中	差	波动
北　京	140.43%	149.29%	124.13%	中	中	中	波动
天　津	70.26%	47.24%	61.25%	中	差	差	波动
河　北	67.77%	123.32%	77.14%	中	中	中	波动
山　西	77.41%	76.39%	91.42%	中	中	中	波动
内蒙古	47.35%	80.59%	62.05%	差	中	中	波动
辽　宁	45.20%	62.58%	38.93%	差	中	差	波动
吉　林	77.58%	83.64%	76.49%	中	中	中	波动
黑龙江	79.17%	94.70%	102.39%	中	中	中	向差
上　海	73.78%	81.15%	89.55%	中	中	中	向差
江　苏	43.45%	48.80%	36.54%	差	差	差	波动
浙　江	96.91%	113.98%	110.68%	中	中	中	波动
安　徽	52.66%	54.99%	58.24%	差	差	差	向差
福　建	54.25%	56.35%	41.24%	差	差	差	波动
江　西	40.72%	45.35%	64.18%	差	差	中	向差
山　东	51.88%	55.60%	51.16%	差	差	差	波动
河　南	53.49%	65.65%	53.24%	差	中	差	波动
湖　北	54.95%	64.05%	45.71%	差	中	差	波动
湖　南	41.72%	45.64%	40.28%	差	差	差	波动
广　东	67.50%	93.95%	43.96%	中	中	差	波动
广　西	48.70%	61.26%	45.46%	差	差	差	波动
海　南	38.35%	36.14%	40.40%	差	差	差	波动
重　庆	60.86%	61.69%	76.91%	差	差	中	向差
四　川	35.51%	43.11%	34.09%	差	差	差	波动
贵　州	76.19%	98.28%	92.69%	中	中	中	波动
云　南	37.04%	44.55%	49.63%	差	差	差	向差
西　藏	1338.07%	469.41%	119.11%	优	优	中	向好
陕　西	82.96%	76.88%	69.06%	中	中	中	向好
甘　肃	110.78%	143.81%	104.53%	中	中	中	波动
青　海	73.94%	145.38%	187.54%	中	中	中	向差
宁　夏	41.19%	45.74%	69.77%	差	差	中	向差
新　疆	106.94%	109.14%	114.55%	中	中	中	向差

　　* 注：失业保险待遇替代率并非越高越好，此处仅就待遇水平而言将替代率高的评为"优"。同时，若干省份进行了失业保险基金扩大使用范围试点，导致失业保险待遇替代率偏高。

表 2-19 　　　　2015—2017 年失业保险基金累计结余系数水平与趋势分析 *

地区　　项目	指标值(年)			发展水平评价			发展趋势评价
	2017 年	2016 年	2015 年	2017 年	2016 年	2015 年	2015—2017 年
全　国	6.2124	5.4638	6.9025	差	差	差	波动
北　京	3.6121	3.5911	4.7351	差	差	差	波动
天　津	1.8038	3.7483	3.2634	差	差	差	波动
河　北	5.8458	3.1830	6.0575	差	差	差	波动
山　西	14.5060	13.9533	10.8794	中	中	中	向好
内蒙古	17.5556	8.6031	11.1074	中	中	中	波动
辽　宁	10.6074	7.7205	14.2025	中	中	中	波动
吉　林	10.4293	9.9215	13.3641	中	中	中	波动
黑龙江	9.7613	9.0355	9.4952	中	中	中	波动
上　海	1.7249	1.9403	1.9860	差	差	差	向差
江　苏	4.2826	4.0080	5.7445	差	差	差	波动
浙　江	6.5062	5.8375	6.1873	差	差	差	波动
安　徽	4.6186	4.3310	4.6350	差	差	差	波动
福　建	10.3527	9.7435	13.6973	中	中	中	波动
江　西	20.3328	19.0824	15.2007	中	中	中	向好
山　东	4.6025	4.2563	4.8074	差	差	差	波动
河　南	9.5359	7.7562	8.5425	中	中	中	波动
湖　北	8.5101	7.2546	12.1195	中	中	中	波动
湖　南	8.0651	7.5275	9.0461	中	中	中	波动
广　东	9.5597	6.7284	17.4726	中	差	中	波动
广　西	8.8280	6.7338	9.8955	中	差	中	波动
海　南	6.6870	7.6645	8.0555	中	中	中	向差
重　庆	7.3360	7.1015	7.2373	中	中	中	波动
四　川	6.6753	4.5176	5.4114	差	差	差	波动
贵　州	7.0897	5.5873	8.8125	中	差	中	波动
云　南	11.7233	9.7746	8.7103	中	中	中	向好
西　藏	65.7388	119.2005	211.2938	中	优	优	向差
陕　西	11.1654	13.1374	13.8892	中	中	中	向差
甘　肃	14.0122	9.5475	14.5479	中	中	中	波动
青　海	18.5280	8.3604	6.8662	中	中	差	向好
宁　夏	11.2140	9.7567	6.1475	中	中	差	向好
新　疆	3.1175	3.1046	3.1851	差	差	差	波动

　　* 注：宏观上分析，失业保险基金结余并非越多越好，此处仅仅从可持续角度将较多的基金结余评价为
"优"，下同。

2.1.4　贫困保障发展指标水平与趋势分析（3 个指标）

表 2-20　　　　　2015—2017 年城乡贫困保障率水平与趋势分析

项目\地区	指标值			发展水平评价			发展趋势评价
	2017 年	2016 年	2015 年	2017 年	2016 年	2015 年	2015—2017 年
全　国	95.84%	95.28%	94.84%	中	中	中	向好
北　京	99.06%	99.01%	98.97%	优	优	优	向好
天　津	97.99%	97.74%	97.60%	优	优	优	向好
河　北	97.15%	96.62%	96.29%	优	中	中	向好
山　西	95.11%	94.70%	94.35%	中	中	中	向好
内蒙古	92.93%	92.97%	92.35%	中	中	中	波动
辽　宁	96.66%	96.37%	96.09%	中	中	中	向好
吉　林	94.63%	94.03%	93.75%	中	中	中	向好
黑龙江	94.09%	93.30%	93.18%	中	中	中	向好
上　海	98.66%	98.59%	98.55%	优	优	优	向好
江　苏	98.22%	98.01%	97.89%	优	优	优	向好
浙　江	98.29%	98.25%	98.61%	优	优	优	波动
安　徽	96.55%	96.51%	95.63%	中	中	中	向好
福　建	98.61%	98.35%	97.51%	优	优	优	向好
江　西	94.37%	94.12%	94.24%	中	中	中	波动
山　东	97.74%	97.28%	96.99%	优	优	优	向好
河　南	96.44%	95.97%	95.10%	中	中	中	向好
湖　北	96.59%	96.44%	95.60%	中	中	中	向好
湖　南	96.70%	93.92%	93.18%	中	中	中	向好
广　东	97.93%	97.88%	97.69%	优	优	优	向好
广　西	94.67%	93.90%	93.50%	中	中	中	向好
海　南	97.02%	96.82%	96.69%	优	中	中	向好
重　庆	96.68%	96.70%	96.87%	中	中	优	向差
四　川	94.12%	94.09%	93.28%	中	中	中	向好
贵　州	93.29%	92.11%	91.26%	中	中	中	向好
云　南	91.22%	88.68%	87.65%	中	差	差	向好
西　藏	91.58%	90.43%	87.86%	中	中	差	向好
陕　西	96.72%	95.32%	94.27%	中	中	中	向好
甘　肃	86.44%	85.32%	84.49%	差	差	差	向好
青　海	90.04%	87.87%	90.98%	差	差	中	波动
宁　夏	92.64%	91.38%	91.20%	中	中	中	向好
新　疆	87.70%	88.74%	90.28%	差	差	中	向差

表 2-21　　2015—2017 年城乡平均最低生活保障标准替代率水平与趋势分析

地区 项目	指标值			发展水平评价			发展趋势评价
	2017 年	2016 年	2015 年	2017 年	2016 年	2015 年	2015—2017 年
全　国	18.59%	18.20%	17.55%	中	中	差	向好
北　京	21.22%	19.93%	18.58%	中	中	中	向好
天　津	26.56%	25.64%	24.54%	优	优	优	向好
河　北	20.89%	20.62%	19.20%	中	中	中	向好
山　西	20.20%	19.90%	19.03%	中	中	中	向好
内蒙古	22.24%	22.20%	21.76%	中	中	中	向好
辽　宁	20.38%	19.92%	19.47%	中	中	中	向好
吉　林	20.03%	19.14%	18.08%	中	中	中	向好
黑龙江	23.37%	23.07%	22.56%	中	中	中	向好
上　海	21.23%	19.90%	19.22%	中	中	中	向好
江　苏	20.85%	20.92%	21.00%	中	中	中	向差
浙　江	18.58%	18.27%	17.98%	中	中	中	向好
安　徽	20.73%	20.62%	20.14%	中	中	中	向好
福　建	17.73%	16.77%	16.65%	差	差	差	向好
江　西	20.29%	20.06%	19.92%	中	中	中	向好
山　东	17.53%	17.54%	17.61%	差	差	差	向差
河　南	17.36%	17.46%	16.20%	差	差	差	波动
湖　北	20.42%	18.71%	17.88%	中	中	差	向好
湖　南	16.33%	16.76%	15.19%	差	差	差	波动
广　东	21.03%	19.44%	18.31%	中	中	中	向好
广　西	19.71%	19.35%	17.36%	中	中	差	向好
海　南	20.97%	21.41%	22.68%	中	中	中	向差
重　庆	19.33%	19.27%	19.16%	中	中	中	向好
四　川	18.53%	17.37%	16.40%	中	差	差	向好
贵　州	23.19%	22.74%	22.11%	中	中	中	向好
云　南	20.40%	19.29%	18.57%	中	中	中	向好
西　藏	27.44%	27.92%	25.80%	优	优	优	波动
陕　西	21.06%	20.87%	21.46%	中	中	中	波动
甘　肃	21.70%	20.72%	19.98%	中	中	中	向好
青　海	19.72%	19.48%	19.82%	中	中	中	波动
宁　夏	19.80%	19.01%	16.67%	中	中	差	向好
新　疆	16.59%	16.59%	16.06%	差	差	差	向好

表 2-22　　　　　　　2015—2017 年城乡贫困保障财政投入率水平与趋势分析

项目 地区	指标值			发展水平评价			发展趋势评价
	2017 年	2016 年	2015 年	2017 年	2016 年	2015 年	2015—2017 年
全　国	1.14%	1.21%	1.24%	中	中	中	向差
北　京	0.20%	0.20%	0.20%	差	差	差	向好
天　津	0.70%	0.55%	0.54%	差	差	差	向好
河　北	1.07%	1.11%	1.06%	中	中	中	波动
山　西	1.56%	1,66%	1.57%	中	中	中	波动
内蒙古	1.52%	1.45%	1.63%	中	中	中	波动
辽　宁	1.29%	1.32%	1.41%	中	中	中	向差
吉　林	1.41%	1.42%	1.73%	中	中	中	向差
黑龙江	1.74%	2.02%	2.33%	中	中	优	向差
上　海	0.25%	0.25%	0.26%	差	差	差	向差
江　苏	0.63%	0.67%	0.65%	差	差	差	波动
浙　江	0.60%	0.55%	0.44%	差	差	差	向好
安　徽	1.48%	1.50%	1.54%	中	中	中	向差
福　建	0.51%	0.53%	0.65%	差	差	差	向差
江　西	1.87%	1.91%	1.77%	中	中	中	波动
山　东	0.82%	0.92%	0.95%	中	中	中	向差
河　南	1.23%	1.42%	1.56%	中	中	中	向差
湖　北	1.31%	1.37%	1.46%	中	中	中	向差
湖　南	1.44%	1.74%	1.81%	中	中	中	向差
广　东	0.57%	0.60%	0.57%	差	差	差	波动
广　西	1.60%	1.38%	1.64%	中	中	中	波动
海　南	0.63%	0.64%	0.74%	差	差	差	向差
重　庆	1.26%	1.08%	0.90%	中	中	中	向好
四　川	1.59%	1.75%	1.69%	中	中	中	波动
贵　州	2.00%	2.01%	2.06%	中	中	中	向差
云　南	2.01%	2.48%	2.52%	中	优	优	向差
西　藏	0.51%	0.44%	0.52%	差	差	差	波动
陕　西	1.28%	1.52%	1.63%	中	中	中	向差
甘　肃	2.66%	3.11%	2.88%	优	优	优	波动
青　海	1.38%	1.13%	1.22%	中	中	中	波动
宁　夏	1.50%	1.53%	1.43%	中	中	中	波动
新　疆	1.51%	1.62%	1.64%	中	中	中	向差

2.2 指标进度分析

指标进度是指实现指标目标值的进展速度。根据 2020 年建立覆盖城乡居民社会保障体系的目标要求,设计社会保障发展的目标参数;再根据目前已经实现的目标程度,判别各个省份乃至全国各项社会保障指标进度是否在正常区间。如果指标进度正常,预示着可以在 2020 年到达预定目标;如果指标进度缓慢,就说明按照目前进度难以实现预期目标,必须采取措施加快进度。由于社会保障体系由养老保障、医疗保障、就业保障、贫困保障等项目组成,本节选择若干监测指标,分别对养老保障指标进度、医疗保障指标进度、就业保障指标进度、贫困保障指标进度情况进行分析与评价。

2.2.1 养老保障发展指标进度分析(2 个指标)

养老保障监测 2 个指标,即城乡基本养老保险参保率和城乡养老保障覆盖率。根据指标的正态分布及其发展趋势, 将 2020 年城乡基本养老保险参保率目标值设定为 94.87%, 将 2020 年城乡养老保障覆盖率的目标值设定为 90.20%。根据各年的发展速度,判断该指标的进度是否在正常区间。如果进度缓慢,应当采取措施加以应对,确保目标的实现。

表 2-23　　　　　**2015—2017 年城乡基本养老保险参保率进度分析**

地区 \ 项目	指标值			发展进度评价	
	2017 年	2016 年	2015 年	2020 年目标值	2015—2017 年进度评价
全　国	77.97%	76.15%	74.73%	94.87%	不能按期完成
北　京*	116.13%	114.88%	112.61%	94.87%	已经提前完成
天　津	57.91%	54.01%	48.00%	94.87%	不能按期完成
河　北	85.09%	82.59%	82.26%	94.87%	不能按期完成
山　西	89.17%	89.37%	89.82%	94.87%	无法完成
内蒙古	67.86%	63.98%	61.49%	94.87%	不能按期完成
辽　宁	80.46%	77.14%	74.70%	94.87%	能够按期完成
吉　林	60.80%	56.11%	58.40%	94.87%	不能按期完成
黑龙江	62.39%	60.29%	60.41%	94.87%	不能按期完成
上　海	79.88%	79.19%	77.17%	94.87%	不能按期完成
江　苏	73.71%	72.05%	71.76%	94.87%	不能按期完成
浙　江	69.35%	67.55%	71.49%	94.87%	无法完成
安　徽	74.66%	72.30%	71.68%	94.87%	不能按期完成
福　建	67.27%	66.78%	65.48%	94.87%	不能按期完成
江　西	79.38%	78.09%	75.56%	94.87%	不能按期完成

项目 地区	指标值			发展进度评价	
	2017 年	2016 年	2015 年	2020 年目标值	2015—2017 年进度评价
山 东	77.37%	76.34%	76.23%	94.87%	不能按期完成
河 南	75.13%	73.57%	70.81%	94.87%	不能按期完成
湖 北	70.30%	67.23%	66.59%	94.87%	不能按期完成
湖 南	84.71%	82.36%	79.68%	94.87%	能够按期完成
广 东 *	101.84%	105.02%	101.89%	94.87%	已经提前完成
广 西	61.99%	60.78%	56.50%	94.87%	不能按期完成
海 南	65.96%	66.57%	71.91%	94.87%	无法完成
重 庆	80.18%	78.75%	75.49%	94.87%	不能按期完成
四 川	71.18%	68.27%	65.51%	94.87%	不能按期完成
贵 州	86.32%	79.84%	77.74%	94.87%	能够按期完成
云 南	72.26%	72.39%	70.14%	94.87%	不能按期完成
西 藏	72.24%	59.13%	62.02%	94.87%	能够按期完成
陕 西	94.67%	88.65%	87.75%	94.87%	能够按期完成
甘 肃	79.93%	74.26%	73.82%	94.87%	能够按期完成
青 海	88.49%	86.77%	80.94%	94.87%	能够按期完成
宁 夏	77.38%	75.64%	70.88%	94.87%	能够按期完成
新 疆	72.26%	69.49%	65.84%	94.87%	不能按期完成

* 北京、广东由于流动人口参保等原因,参保率大于100%。

表 2-24 　　　　　　　　 **2015—2017 年城乡养老保障覆盖率进度分析**

项目 地区	指标值			发展进度评价	
	2017 年	2016 年	2015 年	2020 年目标值	2015—2017 年进度评价
全 国	85.07%	83.73%	82.91%	94.55%	不能按期完成
北 京 *	110.30%	108.02%	100.25%	94.55%	已经提前完成
天 津	65.51%	61.73%	57.42%	94.55%	不能按期完成
河 北	91.31%	90.39%	90.57%	94.55%	不能按期完成
山 西	97.03%	96.61%	97.91%	94.55%	已经提前完成
内蒙古	77.70%	74.75%	74.58%	94.55%	不能按期完成
辽 宁	92.73%	92.05%	87.18%	94.55%	能够按期完成
吉 林	74.25%	72.20%	73.03%	94.55%	不能按期完成

项目 地区	指标值			发展进度评价	
	2017 年	2016 年	2015 年	2020 年目标值	2015—2017 年进度评价
黑龙江	76.46%	75.79%	76.27%	94.55%	不能按期完成
上 海	84.80%	84.02%	83.80%	94.55%	不能按期完成
江 苏	82.87%	81.91%	80.90%	94.55%	不能按期完成
浙 江	84.38%	83.09%	80.51%	94.55%	能够按期完成
安 徽	81.97%	81.67%	81.98%	94.55%	无法完成
福 建	72.37%	72.02%	70.84%	94.55%	不能按期完成
江 西	86.42%	85.65%	84.33%	94.55%	不能按期完成
山 东	85.74%	85.04%	83.91%	94.55%	不能按期完成
河 南	81.03%	80.21%	80.13%	94.55%	不能按期完成
湖 北	79.45%	78.20%	78.22%	94.55%	不能按期完成
湖 南	92.01%	90.96%	90.48%	94.55%	能够按期完成
广 东	100.06%	92.59%	91.71%	94.55%	已经提前完成
广 西	72.59%	71.89%	70.34%	94.55%	不能按期完成
海 南	77.00%	78.57%	76.73%	94.55%	不能按期完成
重 庆	86.76%	85.44%	83.76%	94.55%	能够按期完成
四 川	80.79%	80.12%	79.44%	94.55%	不能按期完成
贵 州	89.09%	87.75%	87.06%	94.55%	能够按期完成
云 南	80.04%	81.35%	81.68%	94.55%	无法完成
西 藏	72.76%	65.82%	70.50%	94.55%	不能按期完成
陕 西	95.10%	93.91%	93.62%	94.55%	已经提前完成
甘 肃	87.17%	86.28%	87.10%	94.55%	不能按期完成
青 海	90.01%	90.04%	86.56%	94.55%	能够按期完成
宁 夏	81.12%	81.77%	77.89%	94.55%	不能按期完成
新 疆	78.71%	76.47%	75.61%	94.55%	不能按期完成

* 北京由于流动人口参保等原因,覆盖率大于 100%。

2.2.2 医疗保障发展指标进度分析(1 个指标)

医疗保障监测 1 个指标,即城乡基本医疗保险参保率。根据指标的正态分布及其发展趋势,将 2020 年城乡基本医疗保险参保率目标值设定为 95.18%。根据各年的发展速度,判断该指标的进度是否在正常区间。如果进度缓慢,应当采取措施加以应对,以确保目标的实现。

表 2-25　　　　　　**2015—2017 年城乡基本医疗保险参保率进度分析**

项目 地区	指标值			发展进度评价	
	2017 年	2016 年	2015 年	2020 年目标值	2015—2017 年进度评价
全　国	94.12%	73.53%	97.10%	95.18%	无法完成
北　京	100.31%	96.75%	106.97%	95.18%	已经提前完成
天　津	83.50%	81.86%	81.91%	95.18%	不能按期完成
河　北	90.55%	87.95%	89.79%	95.18%	不能按期完成
山　西	89.05%	31.13%	91.62%	95.18%	无法完成
内蒙古	87.02%	41.08%	92.62%	95.18%	无法完成
辽　宁	95.09%	98.10%	100.91%	95.18%	无法完成
吉　林	98.33%	98.98%	100.00%	95.18%	已经提前完成
黑龙江	78.29%	80.65%	82.37%	95.18%	无法完成
上　海	95.00%	93.41%	94.10%	95.18%	能够按期完成
江　苏	96.30%	93.56%	102.10%	95.18%	已经提前完成
浙　江	98.95%	95.10%	95.35%	95.18%	已经提前完成
安　徽	101.58%	101.98%	105.84%	95.18%	已经提前完成
福　建	97.65%	33.96%	101.94%	95.18%	已经提前完成
江　西	99.07%	105.10%	104.79%	95.18%	已经提前完成
山　东	92.89%	92.50%	93.91%	95.18%	无法完成
河　南	99.46%	22.59%	102.82%	95.18%	已经提前完成
湖　北	93.36%	32.92%	98.09%	95.18%	无法完成
湖　南	97.57%	37.43%	100.97%	95.18%	已经提前完成
广　东	101.19%	100.68%	102.09%	95.18%	已经提前完成
广　西	98.68%	21.05%	101.70%	95.18%	已经提前完成
海　南	45.68%	94.79%	97.95%	95.18%	无法完成
重　庆	100.49%	101.22%	102.25%	95.18%	已经提前完成
四　川	88.60%	58.13%	81.93%	95.18%	能够按期完成
贵　州	101.04%	99.87%	107.19%	95.18%	已经提前完成
云　南	93.62%	93.66%	94.25%	95.18%	无法完成
西　藏	21.08%	20.06%	99.02%	95.18%	无法完成
陕　西	97.40%	98.46%	99.02%	95.18%	已经提前完成
甘　肃	93.10%	94.52%	95.28%	95.18%	无法完成
青　海	92.84%	33.53%	33.58%	95.18%	能够按期完成
宁　夏	90.85%	88.18%	87.80%	95.18%	能够按期完成
新　疆	43.94%	39.28%	86.68%	95.18%	无法完成

说明：由于机构调整等原因导致的数据上报不及时、不准确，以及其他原因，部分年份与部分省份的参保数据出现较大波动。

2.2.3 就业保障发展指标进度分析（1个指标）

就业保障监测 1 个指标，即城乡非农业就业率。根据指标的正态分布及其发展趋势，将 2020 年城乡非农业就业率目标值设定为 84.80%。根据各年的发展速度，判断该指标的进度是否在正常区间。如果进度缓慢，应当采取措施加以应对，确保目标的实现。

表 2–26 2015—2017 年城乡非农业就业率进度分析

地区 项目	指标值			发展进度评价	
	2017 年	2016 年	2015 年	2020 年目标值	2015—2017 年进度评价
全 国	56.59%	53.63%	51.10%	84.80%	不能按期完成
北 京 *	123.14%	115.73%	108.95%	84.80%	已经提前完成
天 津	45.87%	44.72%	43.62%	84.80%	不能按期完成
河 北	34.19%	33.71%	30.31%	84.80%	不能按期完成
山 西	39.89%	38.66%	37.02%	84.80%	不能按期完成
内蒙古	49.59%	46.86%	46.55%	84.80%	不能按期完成
辽 宁	47.25%	45.63%	49.57%	84.80%	无法完成
吉 林	55.08%	49.64%	47.61%	84.80%	不能按期完成
黑龙江	30.55%	29.40%	27.42%	84.80%	不能按期完成
上 海 *	117.67%	108.37%	102.57%	84.80%	已经提前完成
江 苏	96.18%	91.25%	86.19%	84.80%	已经提前完成
浙 江	95.98%	93.93%	91.51%	84.80%	已经提前完成
安 徽	44.92%	40.79%	37.47%	84.80%	不能按期完成
福 建	72.70%	67.70%	59.24%	84.80%	能够按期完成
江 西	46.28%	45.77%	45.20%	84.80%	不能按期完成
山 东	61.47%	56.72%	52.36%	84.80%	能够按期完成
河 南	42.91%	39.14%	35.98%	84.80%	不能按期完成
湖 北	61.35%	58.86%	58.09%	84.80%	不能按期完成
湖 南	31.28%	30.02%	38.05%	84.80%	无法完成
广 东	79.55%	73.58%	66.24%	84.80%	能够按期完成
广 西	38.93%	36.64%	35.19%	84.80%	不能按期完成
海 南	47.85%	46.11%	45.91%	84.80%	不能按期完成

项目 地区	指标值			发展进度评价	
	2017年	2016年	2015年	2020年目标值	2015—2017年进度评价
重 庆	80.60%	76.01%	70.23%	84.80%	能够按期完成
四 川	32.89%	41.23%	40.52%	84.80%	无法完成
贵 州	43.63%	39.93%	36.95%	84.80%	不能按期完成
云 南	38.11%	36.74%	34.40%	84.80%	不能按期完成
西 藏	61.50%	57.59%	50.44%	84.80%	能够按期完成
陕 西	41.83%	40.21%	39.07%	84.80%	不能按期完成
甘 肃	45.50%	39.20%	36.77%	84.80%	不能按期完成
青 海	40.96%	36.98%	34.38%	84.80%	不能按期完成
宁 夏	53.17%	49.35%	46.68%	84.80%	不能按期完成
新 疆	61.40%	42.68%	40.48%	84.80%	能够按期完成

﹡北京、上海由于流动人口参保等原因,参保率大于100%。

2.2.4 贫困保障发展指标进度分析(1个指标)

贫困保障监测1个指标,即城乡贫困保障率。根据指标的正态分布及其发展趋势,将2020年城乡贫困保障率目标值设定为96.85%。根据各年的发展速度,判断该指标的进度是否在正常区间。如果进度缓慢,应当采取措施加以应对,确保目标的实现。

表2-27 2015—2017年城乡贫困保障率进度分析

项目 地区	指标值			发展进度评价	
	2017年	2016年	2015年	2020年目标值	2015—2017年进度评价
全 国	95.84%	95.28%	94.84%	96.85%	能够按期完成
北 京	99.06%	99.01%	98.97%	96.85%	已经提前完成
天 津	97.99%	97.74%	97.60%	96.85%	已经提前完成
河 北	97.15%	96.62%	96.29%	96.85%	已经提前完成
山 西	95.11%	94.70%	94.35%	96.85%	能够按期完成
内蒙古	92.93%	92.97%	92.35%	96.85%	不能按期完成
辽 宁	96.66%	96.37%	96.09%	96.85%	能够按期完成
吉 林	94.63%	94.03%	93.75%	96.85%	能够按期完成
黑龙江	94.09%	93.30%	93.18%	96.85%	不能按期完成

项目 地区	指标值			发展进度评价	
	2017 年	2016 年	2015 年	2020 年目标值	2015—2017 年进度评价
上　海	98.66%	98.59%	98.55%	96.85%	已经提前完成
江　苏	98.22%	98.01%	97.89%	96.85%	已经提前完成
浙　江	98.29%	98.25%	98.61%	96.85%	已经提前完成
安　徽	96.55%	96.51%	95.63%	96.85%	能够按期完成
福　建	98.61%	98.35%	97.51%	96.85%	已经提前完成
江　西	94.37%	94.12%	94.24%	96.85%	不能按期完成
山　东	97.74%	97.28%	96.99%	96.85%	已经提前完成
河　南	96.44%	95.97%	95.10%	96.85%	能够按期完成
湖　北	96.59%	96.44%	95.60%	96.85%	能够按期完成
湖　南	96.70%	93.92%	93.18%	96.85%	能够按期完成
广　东	97.93%	97.88%	97.69%	96.85%	已经提前完成
广　西	94.67%	93.90%	93.50%	96.85%	能够按期完成
海　南	97.02%	96.82%	96.69%	96.85%	已经提前完成
重　庆	96.68%	96.70%	96.87%	96.85%	无法完成
四　川	94.12%	94.09%	93.28%	96.85%	不能按期完成
贵　州	93.29%	92.11%	91.26%	96.85%	能够按期完成
云　南	91.22%	88.68%	87.65%	96.85%	能够按期完成
西　藏	91.58%	90.43%	87.86%	96.85%	能够按期完成
陕　西	96.72%	95.32%	94.27%	96.85%	能够按期完成
甘　肃	86.44%	85.32%	84.49%	96.85%	不能按期完成
青　海	90.04%	87.87%	90.98%	96.85%	无法完成
宁　夏	92.64%	91.38%	91.20%	96.85%	能够按期完成
新　疆	87.70%	88.74%	90.28%	96.85%	无法完成

第3章 各省份社会保障发展指数排名

全国各个省、自治区、直辖市的社会保障发展情况如何,在全国处于什么样的位置,需要用社会保障发展指数进行分析与排名。由于社会保障体系由养老保障、医疗保障、就业保障和贫困保障等项目组成,各省份社会保障发展指数排名将分为两大类型:一是在综合养老保障、医疗保障、就业保障、贫困保障发展指数的基础上,对各省份社会保障发展总指数进行排名;二是对养老保障发展指数、医疗保障发展指数、就业保障发展指数和贫困保障发展指数分别进行排名。

3.1 社会保障发展总指数排名

社会保障发展总指数是养老保障发展指数、医疗保障发展指数、就业保障发展指数、贫困保障发展指数的综合反映,是衡量社会保障发展的综合参数。

表 3-1　　　　　　　　　2015—2017 年社会保障发展总指数排名

地区＼项目	2017 年		2016 年		2015 年	
	指数值	排名	指数值	排名	指数值	排名
全　国	0.6910	12	0.6687	18	0.6774	16
北　京	0.7977	1	0.8032	1	0.8064	1
天　津	0.6645	22	0.6665	20	0.6482	26
河　北	0.6842	15	0.6883	10	0.6798	15
山　西	0.7263	7	0.6667	19	0.6965	10
内蒙古	0.6191	32	0.6158	29	0.6513	23
辽　宁	0.6422	30	0.5900	32	0.6499	24
吉　林	0.6193	31	0.6209	28	0.6011	32
黑龙江	0.6429	29	0.6492	23	0.6429	29
上　海	0.7416	3	0.7439	3	0.7170	7
江　苏	0.6807	18	0.6791	14	0.6822	14
浙　江	0.7201	8	0.7233	5	0.7202	5
安　徽	0.6722	20	0.6756	15	0.6655	18
福　建	0.7350	5	0.6815	13	0.7089	8

项目 地区	2017 年		2016 年		2015 年	
	指数值	排名	指数值	排名	指数值	排名
江　西	0.6971	10	0.7075	8	0.6971	9
山　东	0.6828	17	0.6883	11	0.6877	12
河　南	0.6960	11	0.6519	22	0.6938	11
湖　北	0.6509	27	0.6071	31	0.6493	25
湖　南	0.6517	26	0.6284	27	0.6439	27
广　东	0.7873	2	0.7827	2	0.7601	2
广　西	0.6447	28	0.6131	30	0.6431	28
海　南	0.6876	13	0.7201	6	0.7173	6
重　庆	0.6636	23	0.6643	21	0.6709	17
四　川	0.6721	21	0.6290	26	0.6195	30
贵　州	0.7365	4	0.7300	4	0.7233	4
云　南	0.6755	19	0.6730	17	0.6621	19
西　藏	0.7345	6	0.7150	7	0.7565	3
陕　西	0.7107	9	0.6993	9	0.6854	13
甘　肃	0.6844	14	0.6731	16	0.6621	20
青　海	0.6566	25	0.6328	25	0.6074	31
宁　夏	0.6829	16	0.6867	12	0.6566	21
新　疆	0.6636	24	0.6456	24	0.6549	22

2017 年社会保障发展总指数排名如图 3-1 所示：

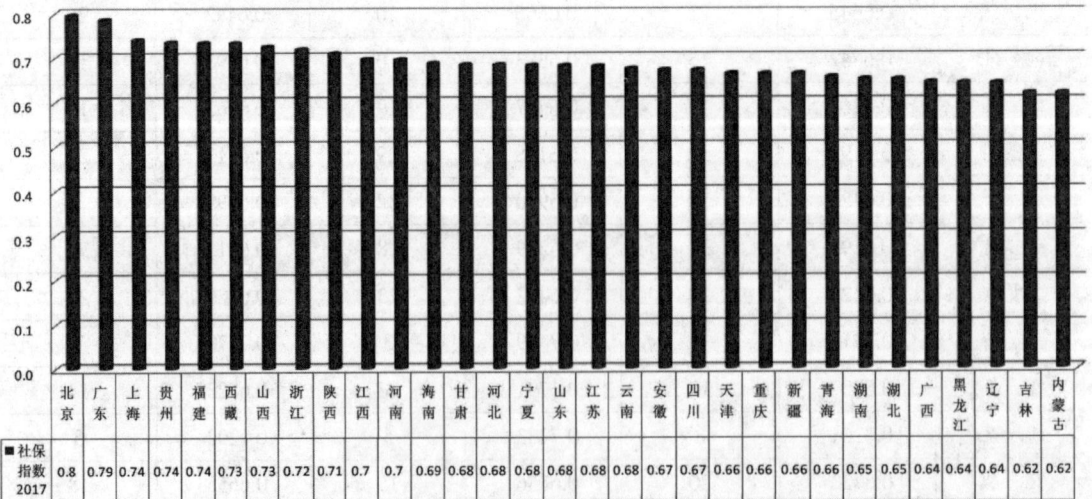

	北京	广东	上海	贵州	福建	西藏	山西	浙江	陕西	江西	河南	海南	甘肃	河北	宁夏	山东	江苏	云南	安徽	四川	天津	重庆	新疆	青海	湖南	湖北	广西	黑龙江	辽宁	吉林	内蒙古
■社保 指数 2017	0.8	0.79	0.74	0.74	0.74	0.73	0.73	0.72	0.71	0.7	0.7	0.69	0.68	0.68	0.68	0.68	0.68	0.68	0.67	0.67	0.66	0.66	0.66	0.66	0.65	0.65	0.64	0.64	0.64	0.62	0.62

图 3-1　2017 年社会保障发展总指数排名示意

2016 年社会保障发展总指数排名如图 3-2 所示：

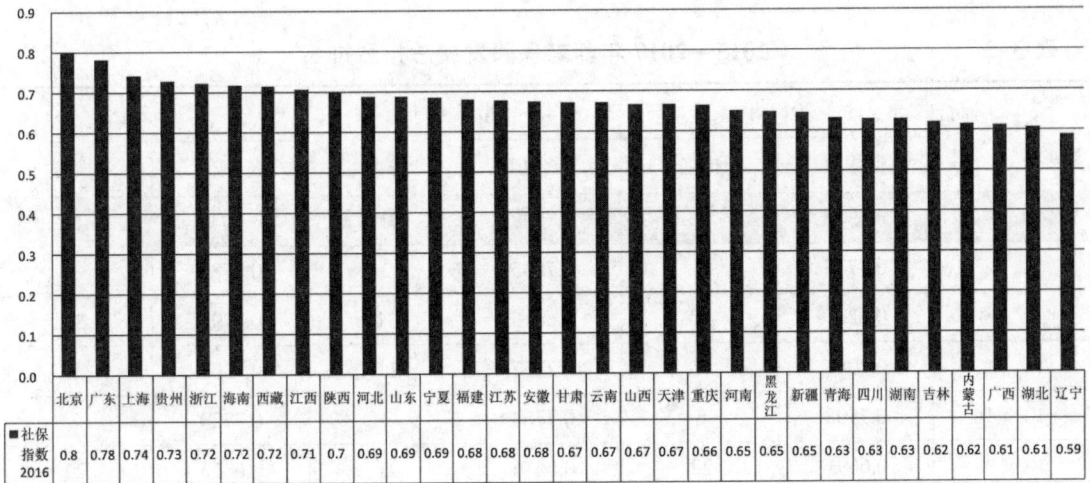

	北京	广东	上海	贵州	浙江	海南	西藏	江西	陕西	河北	山东	宁夏	福建	江苏	安徽	甘肃	云南	山西	天津	重庆	河南	黑龙江	新疆	青海	四川	湖南	吉林	内蒙古	广西	湖北	辽宁
社保指数 2016	0.8	0.78	0.74	0.73	0.72	0.72	0.72	0.71	0.7	0.69	0.69	0.69	0.68	0.68	0.68	0.67	0.67	0.67	0.67	0.66	0.65	0.65	0.65	0.63	0.63	0.63	0.62	0.62	0.61	0.61	0.59

图 3-2　2016 年社会保障发展总指数排名示意

2015 年社会保障发展总指数排名如图 3-3 所示：

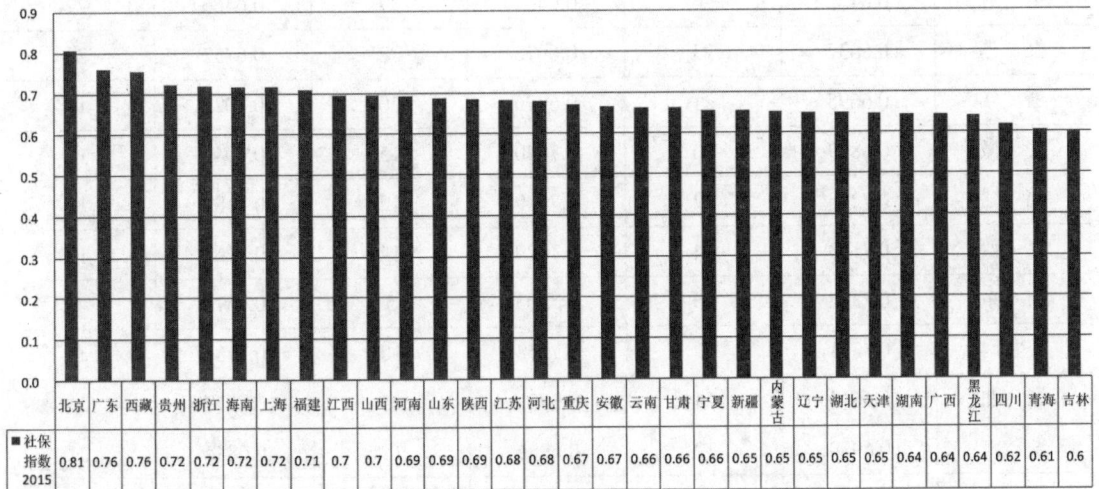

	北京	广东	西藏	贵州	浙江	海南	上海	福建	江西	山西	河南	山东	陕西	江苏	河北	重庆	安徽	云南	甘肃	宁夏	新疆	内蒙古	辽宁	湖北	天津	湖南	广西	黑龙江	四川	青海	吉林
社保指数 2015	0.81	0.76	0.76	0.72	0.72	0.72	0.72	0.71	0.7	0.7	0.69	0.69	0.69	0.68	0.68	0.67	0.67	0.66	0.66	0.66	0.65	0.65	0.65	0.65	0.65	0.64	0.64	0.64	0.62	0.61	0.6

图 3-3　2015 年社会保障发展总指数排名示意

3.2　养老保障发展指数排名

养老保障发展指数排名分为一级指数排名和二级指数排名。养老保障发展的一级指数包括养老保障发展总指数、养老保障覆盖面指数、养老保障"保障度"指数、养老保障持续性指数、养老保障高效性指数；养老保障发展的二级指数包括城乡基本养老保险参保率指数等 12 个基础性指数。

3.2.1 养老保障一级发展指数排名

表 3-2   2015—2017 年养老保障发展总指数排名

项目 地区	2017 年		2016 年		2015 年	
	指数值	排名	指数值	排名	指数值	排名
全 国	0.6977	18	0.7029	16	0.7037	18
北 京	0.7775	2	0.7805	2	0.8782	1
天 津	0.6205	30	0.6015	31	0.5793	32
河 北	0.7083	15	0.7257	11	0.7365	9
山 西	0.7508	6	0.7764	3	0.7729	3
内蒙古	0.6691	22	0.6686	21	0.6823	22
辽 宁	0.6306	29	0.6434	29	0.6513	26
吉 林	0.5670	32	0.5731	32	0.5828	31
黑龙江	0.6029	31	0.6206	30	0.6207	29
上 海	0.6472	26	0.6464	27	0.6466	27
江 苏	0.6637	23	0.6678	22	0.6752	23
浙 江	0.6695	21	0.6776	20	0.7025	19
安 徽	0.6889	20	0.7040	15	0.7042	17
福 建	0.7248	12	0.7209	12	0.7187	12
江 西	0.7113	14	0.7079	14	0.7167	14
山 东	0.7382	10	0.7503	5	0.7578	4
河 南	0.7331	11	0.7258	10	0.7481	6
湖 北	0.6619	24	0.6522	25	0.6577	25
湖 南	0.6939	19	0.6986	17	0.6844	21
广 东	0.7861	1	0.7838	1	0.7796	2
广 西	0.6307	28	0.6457	28	0.6168	30
海 南	0.7008	16	0.6798	19	0.7095	16
重 庆	0.6618	25	0.6472	26	0.6600	24
四 川	0.6421	27	0.6526	24	0.6310	28
贵 州	0.7585	4	0.7353	9	0.7227	11
云 南	0.7174	13	0.7105	13	0.7141	15
西 藏	0.7438	8	0.6632	23	0.7372	8
陕 西	0.7579	5	0.7494	6	0.7506	5

续表

项目 地区	2017 年		2016 年		2015 年	
	指数值	排名	指数值	排名	指数值	排名
甘　肃	0.6994	17	0.6976	18	0.6964	20
青　海	0.7662	3	0.7649	4	0.7420	7
宁　夏	0.7423	9	0.7489	7	0.7308	10
新　疆	0.7508	7	0.7422	8	0.7168	13

2017 年养老保障发展总指数排名如图 3-4 所示：

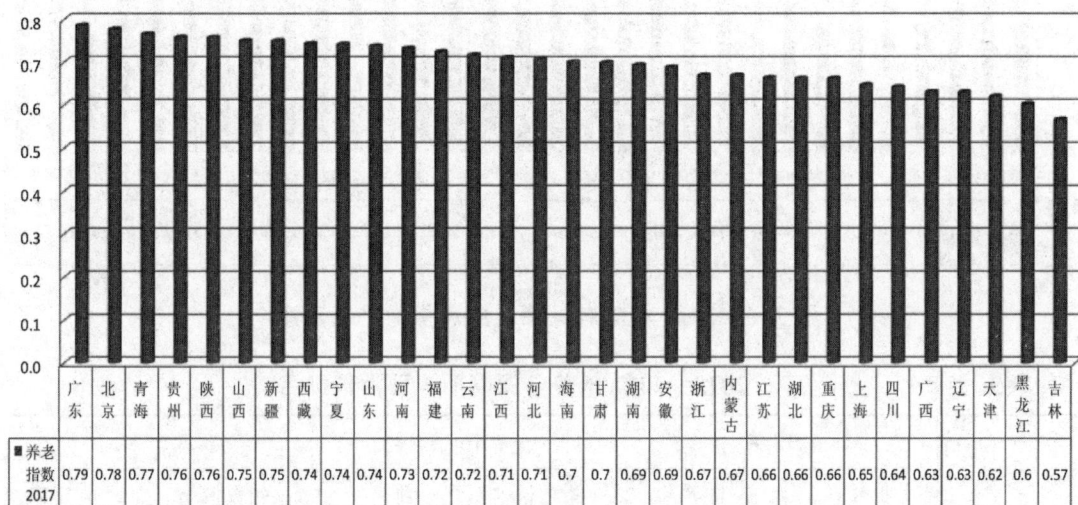

图 3-4　2017 年养老保障发展总指数排名示意

2016 年养老保障发展总指数排名如图 3-5 所示：

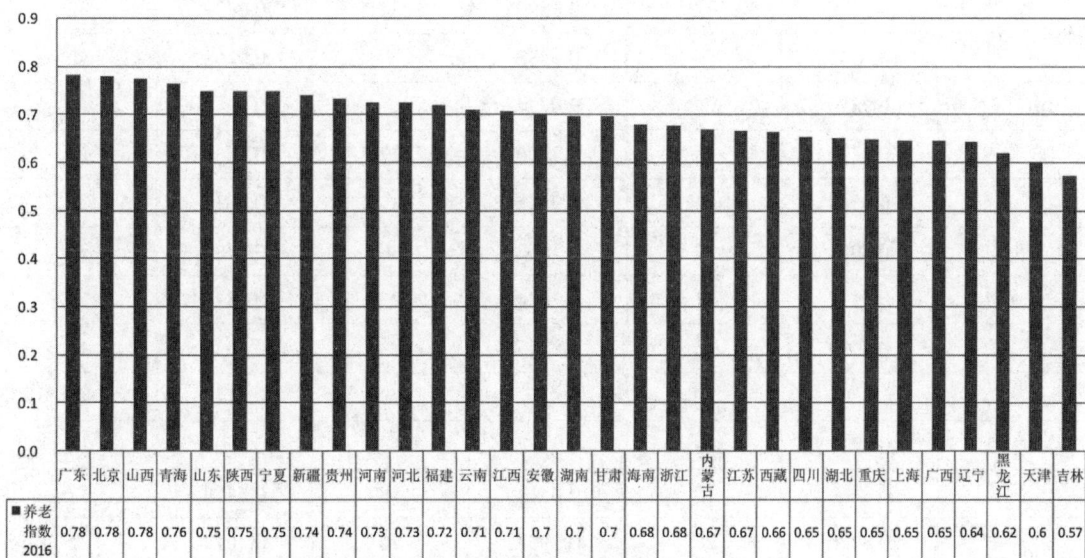

图 3-5　2016 年养老保障发展总指数排名示意

2015 年养老保障发展总指数排名如图 3-6 所示：

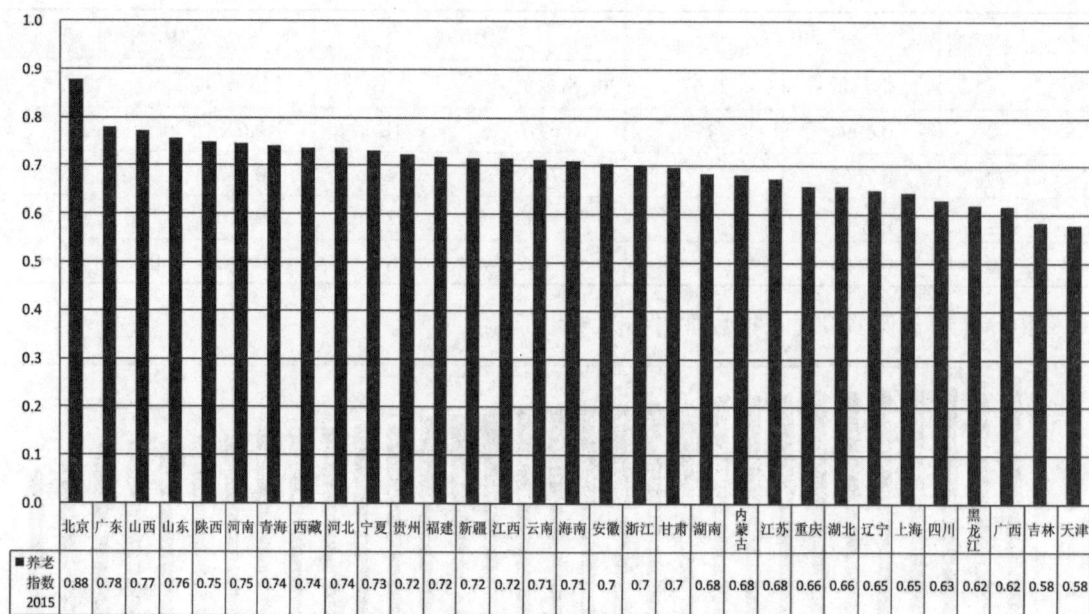

	北京	广东	山西	山东	陕西	河南	青海	西藏	河北	宁夏	贵州	福建	新疆	江西	云南	海南	安徽	浙江	甘肃	湖南	内蒙古	江苏	重庆	湖北	辽宁	上海	四川	黑龙江	广西	吉林	天津
■养老指数 2015	0.88	0.78	0.77	0.76	0.75	0.75	0.74	0.74	0.74	0.73	0.72	0.72	0.72	0.72	0.71	0.71	0.7	0.7	0.7	0.68	0.68	0.68	0.66	0.66	0.65	0.65	0.63	0.62	0.62	0.58	0.58

图 3-6   2015 年养老保障发展总指数排名示意

表 3-3   **2015—2017 年养老保障覆盖面指数排名**

地区 \ 项目	2017 年		2016 年		2015 年	
	指数值	排名	指数值	排名	指数值	排名
全　国	0.8978	14	0.8739	15	0.8512	15
北　京	0.9452	8	0.9403	4	0.8959	8
天　津	0.7259	32	0.6899	31	0.6239	32
河　北	0.9542	5	0.9282	7	0.9162	4
山　西	0.9850	2	0.9724	1	0.9612	1
内蒙古	0.8290	24	0.7896	27	0.7564	27
辽　宁	0.9568	4	0.9328	6	0.9039	6
吉　林	0.8063	27	0.7602	30	0.7488	29
黑龙江	0.7917	31	0.7674	29	0.7574	26
上　海	0.8909	15	0.8775	13	0.8620	13
江　苏	0.8508	22	0.8272	22	0.8141	22
浙　江	0.8711	19	0.8557	18	0.8508	16
安　徽	0.8764	17	0.8517	19	0.8459	18
福　建	0.8026	28	0.7904	26	0.7613	25
江　西	0.9116	12	0.8935	12	0.8548	14

地区＼项目	2017 年		2016 年		2015 年	
	指数值	排名	指数值	排名	指数值	排名
山　东	0.9101	13	0.8992	10	0.8876	9
河　南	0.8853	16	0.8750	14	0.8463	17
湖　北	0.8609	20	0.8261	23	0.8156	21
湖　南	0.9619	3	0.9335	5	0.9206	3
广　东	0.9366	9	0.9247	8	0.9127	5
广　西	0.7998	29	0.7863	28	0.7377	30
海　南	0.8104	26	0.8130	24	0.8248	20
重　庆	0.9315	10	0.9213	9	0.8979	7
四　川	0.8758	18	0.8590	17	0.8405	19
贵　州	0.9518	7	0.8963	11	0.8811	10
云　南	0.8376	23	0.8372	21	0.8035	23
西　藏	0.7969	30	0.6816	32	0.7093	31
陕　西	0.9961	1	0.9603	2	0.9473	2
甘　肃	0.9152	11	0.8678	16	0.8640	12
青　海	0.9534	6	0.9427	3	0.8663	11
宁　夏	0.8581	21	0.8460	20	0.7819	24
新　疆	0.8223	25	0.8036	25	0.7501	28

表 3–4　　　　　　　　**2015—2017 年养老保障"保障度"指数排名**

地区＼项目	2017 年		2016 年		2015 年	
	指数值	排名	指数值	排名	指数值	排名
全　国	0.5669	25	0.5743	21	0.5761	22
北　京	0.6326	11	0.6500	10	0.7598	2
天　津	0.6824	4	0.6721	6	0.6486	10
河　北	0.5991	17	0.6543	9	0.7037	6
山　西	0.6297	12	0.6379	11	0.6247	15
内蒙古	0.6648	6	0.6681	8	0.7088	5
辽　宁	0.5473	26	0.5870	19	0.6137	17

续表

项目 地区	2017 年		2016 年		2015 年	
	指数值	排名	指数值	排名	指数值	排名
吉 林	0.4571	32	0.5076	31	0.4847	32
黑龙江	0.5868	19	0.5729	22	0.5980	18
上 海	0.7793	1	0.7669	1	0.7737	1
江 苏	0.6391	10	0.6342	12	0.6515	9
浙 江	0.7191	3	0.7223	3	0.7226	3
安 徽	0.4862	31	0.5505	26	0.5709	23
福 建	0.6071	15	0.5918	18	0.5871	19
江 西	0.5313	28	0.5182	29	0.5669	25
山 东	0.6456	8	0.6713	7	0.6897	7
河 南	0.6003	16	0.5584	23	0.6519	8
湖 北	0.6124	14	0.5552	24	0.5625	26
湖 南	0.5433	27	0.5223	28	0.4985	31
广 东	0.5852	20	0.5822	20	0.5791	20
广 西	0.5780	24	0.6297	13	0.5701	24
海 南	0.5801	23	0.5526	25	0.5773	21
重 庆	0.5837	21	0.4746	32	0.5326	29
四 川	0.5303	29	0.6125	14	0.5231	30
贵 州	0.6134	13	0.5331	27	0.5461	28
云 南	0.5820	22	0.5156	30	0.5474	27
西 藏	0.5900	18	0.5959	17	0.6279	13
陕 西	0.6403	9	0.6075	16	0.6232	16
甘 肃	0.5275	30	0.6109	15	0.6400	12
青 海	0.7533	2	0.7631	2	0.7135	4
宁 夏	0.6580	7	0.6746	5	0.6474	11
新 疆	0.6686	5	0.6885	4	0.6252	14

表 3–5 **2015—2017 年养老保障持续性指数排名**

地区\项目	2017 年		2016 年		2015 年	
	指数值	排名	指数值	排名	指数值	排名
全　国	0.6499	16	0.6466	16	0.6536	13
北　京	0.8463	2	0.8535	1	0.9639	1
天　津	0.6304	18	0.6102	21	0.6159	20
河　北	0.5843	23	0.5872	22	0.5934	23
山　西	0.7486	8	0.7566	5	0.7397	6
内蒙古	0.5712	24	0.5333	26	0.5347	26
辽　宁	0.3994	32	0.4154	31	0.4389	31
吉　林	0.4852	29	0.4418	30	0.4708	29
黑龙江	0.4520	30	0.3914	32	0.4418	30
上　海	0.4169	31	0.4535	29	0.4323	32
江　苏	0.5909	22	0.6125	20	0.6242	18
浙　江	0.5100	28	0.5268	27	0.5937	22
安　徽	0.7593	7	0.7338	7	0.7094	9
福　建	0.6772	14	0.6846	12	0.6955	10
江　西	0.7116	10	0.6704	13	0.6458	16
山　东	0.6874	13	0.7058	11	0.7099	8
河　南	0.6413	17	0.6514	15	0.6387	17
湖　北	0.5588	26	0.5783	23	0.5733	25
湖　南	0.6015	21	0.6149	19	0.6060	21
广　东	0.7963	3	0.8095	3	0.8325	3
广　西	0.5608	25	0.5224	28	0.5341	27
海　南	0.7681	5	0.7369	6	0.6854	11
重　庆	0.5349	27	0.5461	24	0.5329	28
四　川	0.6592	15	0.5412	25	0.5744	24
贵　州	0.6917	12	0.7264	8	0.7201	7
云　南	0.7808	4	0.8115	2	0.7814	4
西　藏	0.8981	1	0.7739	4	0.8658	2
陕　西	0.6292	19	0.6250	18	0.6173	19
甘　肃	0.7207	9	0.6679	14	0.6474	15
青　海	0.6262	20	0.6294	17	0.6515	14
宁　夏	0.6954	11	0.7070	10	0.6851	12
新　疆	0.7636	6	0.7204	9	0.7530	5

表 3-6 　　　　　　　　　　　**2015—2017 年养老保障高效性指数排名**

项目 地区	2017 年		2016 年		2015 年	
	指数值	排名	指数值	排名	指数值	排名
全　国	0.6764	14	0.7169	15	0.7341	15
北　京	0.6859	13	0.6781	18	0.8931	1
天　津	0.4433	32	0.4340	32	0.4290	32
河　北	0.6955	10	0.7330	11	0.7325	16
山　西	0.6400	18	0.7388	10	0.7658	8
内蒙古	0.6114	23	0.6835	16	0.7291	17
辽　宁	0.6191	21	0.6384	24	0.6485	24
吉　林	0.5193	29	0.5827	30	0.6270	27
黑龙江	0.5812	26	0.7506	8	0.6855	21
上　海	0.5015	31	0.4878	31	0.5182	31
江　苏	0.5739	28	0.5972	29	0.6109	29
浙　江	0.5778	27	0.6056	26	0.6428	25
安　徽	0.6338	20	0.6798	17	0.6905	20
福　建	0.8124	2	0.8166	3	0.8309	3
江　西	0.6909	11	0.7493	9	0.7994	6
山　东	0.7096	9	0.7248	12	0.7438	11
河　南	0.8055	3	0.8185	2	0.8552	2
湖　北	0.6157	22	0.6492	20	0.6794	22
湖　南	0.6691	16	0.7239	14	0.7124	19
广　东	0.8261	1	0.8189	1	0.7941	7
广　西	0.5843	25	0.6445	22	0.6251	28
海　南	0.6445	17	0.6168	25	0.7507	9
重　庆	0.5971	24	0.6468	21	0.6767	23
四　川	0.5030	30	0.5977	28	0.5859	30
贵　州	0.7772	4	0.7853	5	0.7433	12
云　南	0.6691	15	0.6777	19	0.7243	18
西　藏	0.6902	12	0.6014	27	0.7460	10
陕　西	0.7661	5	0.8047	4	0.8148	4
甘　肃	0.6343	19	0.6438	23	0.6343	26
青　海	0.7317	8	0.7246	13	0.7368	14
宁　夏	0.7576	6	0.7681	6	0.8086	5
新　疆	0.7486	7	0.7563	7	0.7388	13

3.2.2 养老保障二级发展指数排名(12个指数)

表 3-7 2015—2017 年城乡基本养老保险参保率指数排名

项目 地区	2017 年		2016 年		2015 年	
	指数值	排名	指数值	排名	指数值	排名
全 国	0.8219	14	0.8027	14	0.7878	13
北 京	1.0000	1	1.0000	1	1.0000	1
天 津	0.6105	32	0.5693	32	0.5060	32
河 北	0.8970	7	0.8705	6	0.8671	5
山 西	0.9399	4	0.9421	3	0.9468	3
内蒙古	0.7153	26	0.6744	27	0.6482	28
辽 宁	0.8481	9	0.8131	12	0.7874	14
吉 林	0.6409	31	0.5915	31	0.6156	30
黑龙江	0.6577	29	0.6355	29	0.6368	29
上 海	0.8420	12	0.8347	9	0.8134	9
江 苏	0.7770	19	0.7595	20	0.7564	17
浙 江	0.7310	25	0.7120	23	0.7536	19
安 徽	0.7870	18	0.7621	19	0.7556	18
福 建	0.7091	27	0.7040	25	0.6903	26
江 西	0.8367	13	0.8231	11	0.7965	11
山 东	0.8156	16	0.8048	13	0.8036	10
河 南	0.7919	17	0.7755	17	0.7464	21
湖 北	0.7410	24	0.7087	24	0.7020	23
湖 南	0.8929	8	0.8681	7	0.8399	7
广 东	1.0000	1	1.0000	1	1.0000	1
广 西	0.6534	30	0.6407	28	0.5955	31
海 南	0.6953	28	0.7017	26	0.7580	16
重 庆	0.8452	10	0.8301	10	0.7957	12
四 川	0.7503	23	0.7196	22	0.6906	25
贵 州	0.9099	6	0.8416	8	0.8194	8
云 南	0.7617	20	0.7631	18	0.7393	22
西 藏	0.7615	22	0.6233	30	0.6538	27
陕 西	0.9979	3	0.9344	4	0.9250	4
甘 肃	0.8425	11	0.7828	16	0.7781	15
青 海	0.9328	5	0.9147	5	0.8532	6
宁 夏	0.8157	15	0.7974	15	0.7471	20
新 疆	0.7616	21	0.7325	21	0.6941	24

* 由于高于目标参数值时设定指数值为1,会出现并列第一的情形,下同

表 3-8 　　　　　　　　　　2015—2017 年城乡基本养老保险待遇享有率指数排名

项目 地区	2017 年		2016 年		2015 年	
	指数值	排名	指数值	排名	指数值	排名
全　国	0.9601	18	0.9235	18	0.8800	17
北　京	0.7808	31	0.7612	30	0.5837	32
天　津	0.8735	28	0.8494	28	0.7676	27
河　北	0.9796	13	0.9430	12	0.9090	10
山　西	1.0000	1	0.9474	11	0.9057	11
内蒙古	0.9530	19	0.9128	20	0.8468	21
辽　宁	1.0000	1	1.0000	1	1.0000	1
吉　林	1.0000	1	0.9510	10	0.8754	18
黑龙江	0.9167	23	0.8780	25	0.8421	23
上　海	0.9084	24	0.8839	24	0.8669	20
江　苏	0.8876	26	0.8471	29	0.8200	24
浙　江	1.0000	1	1.0000	1	0.9480	7
安　徽	0.9720	16	0.9318	14	0.9202	9
福　建	0.9372	22	0.9081	21	0.8430	22
江　西	0.9741	15	0.9427	13	0.8687	19
山　东	1.0000	1	0.9913	6	0.9663	4
河　南	1.0000	1	1.0000	1	0.9536	6
湖　北	1.0000	1	0.9514	9	0.9284	8
湖　南	1.0000	1	0.9582	8	0.9617	5
广　东	0.7465	32	0.7196	32	0.6809	31
广　西	1.0000	1	0.9818	7	0.9053	12
海　南	0.9404	20	0.9249	17	0.8954	16
重　庆	1.0000	1	1.0000	1	1.0000	1
四　川	1.0000	1	1.0000	1	1.0000	1
贵　州	0.9745	14	0.9071	22	0.8964	15
云　南	0.9042	25	0.8895	23	0.8122	25
西　藏	0.8407	30	0.7322	31	0.7346	30
陕　西	0.9864	12	0.9253	16	0.9003	14
甘　肃	0.9711	17	0.9136	19	0.9015	13
青　海	0.9392	21	0.9311	15	0.8048	26
宁　夏	0.8787	27	0.8608	27	0.7615	28
新　疆	0.8645	29	0.8655	26	0.7563	29

表 3-9　　　　　　　2015—2017 年城乡基本养老保险覆盖率指数排名

项目 地区	2017 年		2016 年		2015 年	
	指数值	排名	指数值	排名	指数值	排名
全　国	0.9093	15	0.8839	14	0.8601	14
北　京	1.0000	1	1.0000	1	1.0000	1
天　津	0.7267	32	0.6878	31	0.6148	32
河　北	0.9745	9	0.9433	9	0.9309	5
山　西	1.0000	1	1.0000	1	0.9923	3
内蒙古	0.8259	25	0.7805	27	0.7418	28
辽　宁	0.9985	5	0.9445	8	0.9063	8
吉　林	0.7990	27	0.7348	30	0.7318	29
黑龙江	0.7839	30	0.7545	29	0.7441	27
上　海	0.9162	14	0.9027	11	0.8814	12
江　苏	0.8624	21	0.8359	20	0.8245	21
浙　江	0.8609	22	0.8318	22	0.8501	16
安　徽	0.8796	19	0.8491	19	0.8406	17
福　建	0.7989	28	0.7880	26	0.7626	25
江　西	0.9215	12	0.9023	12	0.8620	13
山　东	0.9180	13	0.9013	13	0.8933	9
河　南	0.8922	17	0.8764	15	0.8378	18
湖　北	0.8625	20	0.8172	23	0.8048	22
湖　南	0.9816	7	0.9456	7	0.9237	6
广　东	1.0000	1	1.0000	1	1.0000	1
广　西	0.7779	31	0.7621	28	0.7063	30
海　南	0.7914	29	0.7946	25	0.8341	19
重　庆	0.9631	10	0.9517	6	0.9099	7
四　川	0.8984	16	0.8690	16	0.8313	20
贵　州	0.9804	8	0.9083	10	0.8879	11
云　南	0.8381	23	0.8356	21	0.7987	23
西　藏	0.8159	26	0.6746	32	0.7032	31
陕　西	1.0000	1	0.9882	4	0.9737	4
甘　肃	0.9251	11	0.8622	17	0.8553	15
青　海	0.9895	6	0.9728	5	0.8918	10
宁　夏	0.8803	18	0.8610	18	0.7953	24
新　疆	0.8308	24	0.8075	24	0.7504	26

表 3-10 　　　　　　　　　2015—2017 年城乡养老保障覆盖率指数排名

项目 地区	2017 年		2016 年		2015 年	
	指数值	排名	指数值	排名	指数值	排名
全　国	0.8998	14	0.8856	15	0.8768	15
北　京	1.0000	1	1.0000	1	1.0000	1
天　津	0.6928	32	0.6529	32	0.6072	32
河　北	0.9657	7	0.9560	7	0.9578	5
山　西	1.0000	1	1.0000	1	1.0000	1
内蒙古	0.8217	25	0.7905	27	0.7887	27
辽　宁	0.9807	5	0.9735	5	0.9220	7
吉　林	0.7853	28	0.7636	28	0.7724	28
黑龙江	0.8086	27	0.8016	26	0.8066	25
上　海	0.8968	15	0.8886	14	0.8863	13
江　苏	0.8764	17	0.8663	17	0.8556	18
浙　江	0.8924	16	0.8788	16	0.8514	19
安　徽	0.8670	18	0.8637	19	0.8671	16
福　建	0.7654	31	0.7617	29	0.7492	29
江　西	0.9140	12	0.9059	11	0.8918	11
山　东	0.9068	13	0.8994	13	0.8874	12
河　南	0.8570	20	0.8483	21	0.8475	20
湖　北	0.8402	23	0.8271	24	0.8272	22
湖　南	0.9731	6	0.9620	6	0.9569	6
广　东	1.0000	1	0.9793	4	0.9700	4
广　西	0.7677	30	0.7604	30	0.7439	31
海　南	0.8144	26	0.8310	23	0.8115	24
重　庆	0.9176	11	0.9036	12	0.8859	14
四　川	0.8544	21	0.8474	22	0.8402	21
贵　州	0.9422	9	0.9281	9	0.9207	9
云　南	0.8465	22	0.8604	20	0.8638	17
西　藏	0.7695	29	0.6961	31	0.7456	30
陕　西	1.0000	1	0.9932	3	0.9901	3
甘　肃	0.9219	10	0.9126	10	0.9212	8
青　海	0.9520	8	0.9523	8	0.9155	10
宁　夏	0.8579	19	0.8649	18	0.8238	23
新　疆	0.8324	24	0.8087	25	0.7997	26

表 3-11　　　　　　　　　　2015—2017 年职工基本养老保险替代率指数排名

项目 地区	2017 年		2016 年		2015 年	
	指数值	排名	指数值	排名	指数值	排名
全　国	0.7296	20	0.7339	18	0.7160	19
北　京	0.5879	31	0.7042	19	0.5756	31
天　津	0.6505	24	0.6550	29	0.6071	29
河　北	0.8116	16	0.9218	6	0.9528	2
山　西	1.0000	1	1.0000	1	0.9901	1
内蒙古	0.6486	25	0.6836	24	0.7471	16
辽　宁	0.7522	19	0.7970	12	0.8177	10
吉　林	0.5906	30	0.6612	27	0.6796	24
黑龙江	0.8212	15	0.8180	11	0.8351	8
上　海	0.6367	28	0.5940	31	0.6298	28
江　苏	0.6448	26	0.6326	30	0.6433	27
浙　江	0.6868	22	0.6968	21	0.6549	26
安　徽	0.5865	32	0.6942	23	0.6999	21
福　建	0.8539	10	0.8542	8	0.8049	12
江　西	0.7176	21	0.6576	28	0.7048	20
山　东	0.8527	11	0.8651	7	0.9137	5
河　南	0.9065	7	0.7702	15	0.9250	4
湖　北	0.8452	12	0.7029	20	0.7243	18
湖　南	0.7878	17	0.7580	16	0.6913	23
广　东	0.6623	23	0.6956	22	0.7451	17
广　西	0.8625	9	0.9583	5	0.7478	15
海　南	0.7818	18	0.6822	25	0.6934	22
重　庆	0.8435	13	0.5128	32	0.5661	32
四　川	0.6318	29	0.8474	9	0.5917	30
贵　州	0.8925	8	0.6758	26	0.6725	25
云　南	1.0000	1	0.7757	14	0.8080	11
西　藏	1.0000	1	1.0000	1	0.7842	13
陕　西	0.9414	6	0.8374	10	0.8446	6
甘　肃	0.6369	27	0.7941	13	0.8365	7
青　海	0.9978	5	1.0000	1	0.9498	3
宁　夏	0.8220	14	0.7547	17	0.7692	14
新　疆	1.0000	1	1.0000	1	0.8285	9

表 3-12　　　　　2015—2017 年城乡居民基本养老保险替代率指数排名

地区　　项目	2017 年		2016 年		2015 年	
	指数值	排名	指数值	排名	指数值	排名
全　国	0.3417	17	0.3481	18	0.3850	20
北　京	0.5506	4	0.4930	6	1.0000	1
天　津	0.8044	2	0.7671	2	0.7489	3
河　北	0.3209	22	0.3224	24	0.3484	26
山　西	0.3166	24	0.3461	19	0.3893	17
内蒙古	0.5133	6	0.4868	7	0.5249	7
辽　宁	0.3761	13	0.4143	12	0.4800	10
吉　林	0.2964	27	0.3214	25	0.3714	23
黑龙江	0.3395	19	0.3085	27	0.3574	25
上　海	1.0000	1	1.0000	1	1.0000	1
江　苏	0.5026	7	0.5016	4	0.5265	6
浙　江	0.6110	3	0.6089	3	0.6517	4
安　徽	0.2703	30	0.2885	30	0.3238	30
福　建	0.3652	15	0.3653	15	0.3844	21
江　西	0.2838	28	0.3004	29	0.3663	24
山　东	0.3836	12	0.3822	14	0.3950	15
河　南	0.3435	16	0.3630	16	0.4340	14
湖　北	0.3295	21	0.3155	26	0.3448	27
湖　南	0.3060	25	0.3043	28	0.3400	28
广　东	0.4245	10	0.4440	10	0.4804	9
广　西	0.3010	26	0.3295	23	0.3889	18
海　南	0.4640	9	0.4976	5	0.5522	5
重　庆	0.3307	20	0.3453	20	0.3942	16
四　川	0.3413	18	0.3320	21	0.3730	22
贵　州	0.2301	32	0.2452	32	0.2978	31
云　南	0.2418	31	0.2714	31	0.3377	29
西　藏	0.2813	29	0.3303	22	0.2856	32
陕　西	0.3737	14	0.3964	13	0.4492	13
甘　肃	0.3193	23	0.3482	17	0.3858	19
青　海	0.5211	5	0.4783	8	0.4798	11
宁　夏	0.4979	8	0.4761	9	0.5089	8
新　疆	0.4062	11	0.4234	11	0.4572	12

表 3-13　　　　　　　　2015—2017 年城乡千人老年人养老床位数指数排名

项目 地区	2017 年		2016 年		2015 年	
	指数值	排名	指数值	排名	指数值	排名
全　国	0.6921	14	0.7077	13	0.6784	15
北　京	0.8859	4	0.8554	7	0.6480	17
天　津	0.5023	27	0.5161	26	0.5311	24
河　北	0.7306	8	0.7829	10	0.9163	5
山　西	0.5152	25	0.4971	28	0.3651	31
内蒙古	1.0000	1	1.0000	1	1.0000	1
辽　宁	0.4796	29	0.5126	27	0.4732	26
吉　林	0.5117	26	0.5730	21	0.3212	32
黑龙江	0.6126	18	0.6117	19	0.6052	19
上　海	0.6231	17	0.6466	17	0.6088	18
江　苏	0.9004	3	0.9027	4	0.9181	4
浙　江	1.0000	1	1.0000	1	1.0000	1
安　徽	0.7171	11	0.7872	9	0.8071	7
福　建	0.5974	19	0.5202	25	0.5569	21
江　西	0.6536	15	0.6748	15	0.6925	12
山　东	0.7556	6	0.8617	5	0.8313	6
河　南	0.5014	28	0.5255	24	0.5414	23
湖　北	0.7124	12	0.7391	12	0.6741	16
湖　南	0.5287	24	0.4868	29	0.4300	29
广　东	0.7525	7	0.6316	18	0.4447	28
广　西	0.5627	22	0.5728	22	0.5770	20
海　南	0.4087	31	0.4033	31	0.3950	30
重　庆	0.5698	21	0.6567	16	0.7426	10
四　川	0.7050	13	0.7035	14	0.6860	13
贵　州	0.8221	5	0.8237	8	0.7901	8
云　南	0.4264	30	0.4839	30	0.4454	27
西　藏	0.3877	32	0.3187	32	1.0000	1
陕　西	0.5712	20	0.5701	23	0.5282	25
甘　肃	0.7254	10	0.7699	11	0.7554	9
青　海	0.7290	9	0.8588	6	0.7082	11
宁　夏	0.6502	16	0.9114	3	0.6806	14
新　疆	0.5305	23	0.5958	20	0.5546	22

表 3-14　　　　　2015—2017 年职工基本养老保险基金累计结余系数指数排名

项目　　　　地区	2017 年		2016 年		2015 年	
	指数值	排名	指数值	排名	指数值	排名
全　国	0.3973	11	0.4170	10	0.4714	12
北　京	1.0000	1	0.8301	2	0.9974	2
天　津	0.1907	26	0.1826	28	0.2440	27
河　北	0.1793	27	0.1919	26	0.2289	30
山　西	0.4637	8	0.6019	5	0.6627	7
内蒙古	0.2947	17	0.2517	23	0.2890	22
辽　宁	0.0894	31	0.1635	30	0.2313	29
吉　林	0.1526	28	0.1745	29	0.2163	31
黑龙江	−0.1091	32	−0.0507	32	0.0369	32
上　海	0.2770	19	0.2987	19	0.2455	26
江　苏	0.5027	4	0.5618	6	0.5905	10
浙　江	0.4845	7	0.5256	8	0.6676	6
安　徽	0.6117	3	0.6063	4	0.5928	9
福　建	0.4236	9	0.4120	11	0.4572	13
江　西	0.2547	22	0.2714	21	0.3199	21
山　东	0.3381	16	0.3930	12	0.4168	15
河　南	0.2583	20	0.3312	18	0.3574	19
湖　北	0.1388	29	0.2311	25	0.2653	23
湖　南	0.2818	18	0.3403	17	0.3808	18
广　东	1.0000	1	1.0000	1	1.0000	1
广　西	0.2174	24	0.1867	27	0.3338	20
海　南	0.2575	21	0.2601	22	0.2497	25
重　庆	0.2251	23	0.3882	14	0.3914	17
四　川	0.4909	6	0.2860	20	0.4883	11
贵　州	0.3704	13	0.6402	3	0.6831	4
云　南	0.3414	14	0.5591	7	0.6808	5
西　藏	0.5027	5	0.5158	9	0.9121	3
陕　西	0.2027	25	0.2409	24	0.2547	24
甘　肃	0.3824	12	0.3904	13	0.4095	16
青　海	0.0935	30	0.1155	31	0.2366	28
宁　夏	0.3385	15	0.3711	15	0.4326	14
新　疆	0.4082	10	0.3609	16	0.6048	8

表 3-15　2015—2017 年职工基本养老保险基金当期收支率指数排名

项目地区	2017 年		2016 年		2015 年	
	指数值	排名	指数值	排名	指数值	排名
全　国	0.7921	13	0.7660	14	0.7912	13
北　京	1.0000	1	1.0000	1	1.0000	1
天　津	0.7445	23	0.6973	25	0.7393	20
河　北	0.7096	26	0.6697	28	0.6575	28
山　西	0.7940	12	0.7344	18	0.7296	22
内蒙古	0.8401	6	0.6791	27	0.6993	26
辽　宁	0.5876	31	0.6044	31	0.6509	29
吉　林	0.6935	27	0.6546	29	0.6495	30
黑龙江	0.5628	32	0.5253	32	0.5866	32
上　海	0.7492	21	0.8320	6	0.7614	16
江　苏	0.7860	14	0.7758	11	0.8128	10
浙　江	0.8059	10	0.7609	15	0.8608	7
安　徽	0.8812	5	0.8438	5	0.8804	5
福　建	0.8202	7	0.8192	7	0.8340	9
江　西	0.7860	15	0.7250	20	0.7848	14
山　东	0.6756	28	0.7468	16	0.7943	11
河　南	0.7196	25	0.7298	19	0.7439	18
湖　北	0.6697	29	0.6801	26	0.7143	23
湖　南	0.7472	22	0.7423	17	0.7458	17
广　东	1.0000	1	1.0000	1	1.0000	1
广　西	0.7712	17	0.6992	24	0.7082	24
海　南	0.8136	8	0.7750	12	0.7425	19
重　庆	0.7277	24	0.7707	13	0.7939	12
四　川	1.0000	1	0.7116	22	0.7658	15
贵　州	0.8066	9	0.8123	8	0.9065	4
云　南	0.7956	11	0.9227	4	0.8600	8
西　藏	1.0000	1	1.0000	1	1.0000	1
陕　西	0.7593	19	0.7091	23	0.6869	27
甘　肃	0.7492	20	0.7175	21	0.7065	25
青　海	0.6693	30	0.6465	30	0.6467	31
宁　夏	0.7640	18	0.7874	9	0.7309	21
新　疆	0.7730	16	0.7841	10	0.8616	6

表 3-16　　2015—2017 年城乡居民基本养老保险基金累计结余系数指数排名

地区＼项目	2017 年		2016 年		2015 年	
	指数值	排名	指数值	排名	指数值	排名
全　国	0.5949	17	0.5594	16	0.4846	17
北　京	0.8751	6	1.0000	1	1.0000	1
天　津	1.0000	1	1.0000	1	1.0000	1
河　北	0.5387	21	0.5374	20	0.4790	18
山　西	0.8546	7	0.7575	6	0.6113	9
内蒙古	0.4508	29	0.4465	27	0.4085	25
辽　宁	0.2868	30	0.2620	31	0.2273	31
吉　林	0.4568	28	0.3667	29	0.3583	28
黑龙江	0.5144	23	0.4476	26	0.4484	21
上　海	0.2700	31	0.3187	30	0.3415	29
江　苏	0.5013	25	0.5012	22	0.4616	20
浙　江	0.2154	32	0.2350	32	0.2249	32
安　徽	0.7447	11	0.6423	13	0.5149	13
福　建	0.4885	26	0.4784	23	0.4284	23
江　西	0.8001	9	0.6646	12	0.4970	16
山　东	0.7957	10	0.7457	7	0.6687	5
河　南	0.5786	18	0.5417	19	0.4263	24
湖　北	0.6120	16	0.5921	14	0.5043	15
湖　南	0.5494	20	0.5098	21	0.4288	22
广　东	0.5273	22	0.5478	18	0.5433	12
广　西	0.4726	27	0.3894	28	0.2991	30
海　南	1.0000	1	0.8737	3	0.5906	10
重　庆	0.5130	24	0.4511	25	0.4011	26
四　川	0.6181	14	0.5548	17	0.4697	19
贵　州	0.5549	19	0.4741	24	0.3673	27
云　南	1.0000	1	0.8706	4	0.6867	3
西　藏	1.0000	1	0.6852	11	0.6265	7
陕　西	0.6174	15	0.5866	15	0.5080	14
甘　肃	0.8278	8	0.6976	10	0.5837	11
青　海	0.6910	13	0.7032	9	0.6349	6
宁　夏	0.7347	12	0.7276	8	0.6248	8
新　疆	0.9594	5	0.8160	5	0.6819	4

表 3-17　2015—2017 年城乡居民基本养老保险基金当期收支率指数排名

项目 地区	2017 年		2016 年		2015 年	
	指数值	排名	指数值	排名	指数值	排名
全 国	0.7553	20	0.7395	19	0.7312	21
北 京	0.6618	28	0.7480	16	0.7631	15
天 津	1.0000	1	1.0000	1	0.9372	1
河 北	0.7308	21	0.7410	17	0.7722	12
山 西	0.8882	8	0.8408	10	0.8217	8
内蒙古	0.7043	26	0.6568	25	0.6099	28
辽 宁	0.6122	29	0.5976	29	0.6076	29
吉 林	0.7748	18	0.6092	28	0.6419	26
黑龙江	0.8560	11	0.5061	32	0.6184	27
上 海	0.5353	32	0.5757	30	0.5388	32
江 苏	0.6725	27	0.6947	24	0.6978	25
浙 江	0.5459	31	0.5668	31	0.5611	30
安 徽	0.8438	13	0.8179	11	0.7908	10
福 建	0.7069	25	0.7400	18	0.7465	19
江 西	0.9587	5	0.8668	6	0.7621	17
山 东	0.8683	9	0.8588	8	0.8272	7
河 南	0.7249	22	0.7500	15	0.7206	23
湖 北	0.8201	14	0.8002	13	0.7652	14
湖 南	0.7854	16	0.7525	14	0.7711	13
广 东	0.5981	30	0.6379	26	0.7628	16
广 西	0.7760	17	0.7273	23	0.7152	24
海 南	1.0000	1	1.0000	1	0.8954	3
重 庆	0.7115	24	0.6177	27	0.5566	31
四 川	0.8488	12	0.7288	22	0.7224	22
贵 州	0.7729	19	0.7378	20	0.7315	20
云 南	0.9647	4	0.9221	3	0.8859	4
西 藏	1.0000	1	0.8831	4	0.8595	5
陕 西	0.7135	23	0.7304	21	0.7613	18
甘 肃	0.8973	7	0.8131	12	0.8021	9
青 海	0.8613	10	0.8712	5	0.9131	2
宁 夏	0.7969	15	0.8521	9	0.7857	11
新 疆	0.9151	6	0.8660	7	0.8465	6

表 3-18　　　　2015—2017 年城乡养老服务机构床位利用率指数排名

地区＼项目	2017 年		2016 年		2015 年	
	指数值	排名	指数值	排名	指数值	排名
全　国	0.8081	13	0.8526	13	0.8774	12
北　京	0.9028	8	0.8618	12	0.8665	14
天　津	0.8300	11	0.8214	14	0.7963	20
河　北	0.7055	24	0.6986	26	0.7019	26
山　西	0.7401	21	0.7621	22	0.7782	22
内蒙古	0.7418	20	0.7388	25	0.7674	23
辽　宁	0.9124	6	0.8943	11	0.9340	9
吉　林	0.8387	10	0.8210	16	0.8693	13
黑龙江	0.9118	7	0.9300	7	1.0000	1
上　海	0.9679	2	0.9907	3	0.9979	5
江　苏	0.7677	16	0.7868	19	0.8334	16
浙　江	0.6742	26	0.6704	27	0.6940	27
安　徽	0.7544	19	0.7933	17	0.8289	17
福　建	0.5755	30	0.5599	30	0.5432	31
江　西	1.0000	1	1.0000	1	1.0000	1
山　东	0.7578	18	0.8984	10	0.9202	11
河　南	0.8270	12	0.9536	5	0.9884	6
湖　北	0.8399	9	0.9183	9	0.9807	7
湖　南	0.9210	3	0.9656	4	1.0000	1
广　东	0.6042	29	0.6265	28	0.6887	28
广　西	0.6917	25	0.7623	21	0.7361	25
海　南	0.9173	5	0.8212	15	0.8112	19
重　庆	0.8020	15	0.9261	8	0.9247	10
四　川	0.9207	4	1.0000	1	1.0000	1
贵　州	0.7585	17	0.7598	23	0.7909	21
云　南	0.7221	22	0.7928	18	0.8204	18
西　藏	0.1927	32	0.1391	32	0.6672	29
陕　西	0.8055	14	0.9359	6	0.9734	8
甘　肃	0.6479	27	0.5982	29	0.5509	30
青　海	0.4298	31	0.3746	31	0.3631	32
宁　夏	0.6288	28	0.7774	20	0.8373	15
新　疆	0.7130	23	0.7579	24	0.7428	24

3.3 医疗保障发展指数排名

医疗保障发展指数排名分为一级指数排名和二级指数排名。医疗保障发展的一级指数包括医疗保障发展总指数、医疗保障覆盖面指数、医疗保障"保障度"指数、医疗保障持续性指数、医疗保障高效性指数。医疗保障发展的二级指数包括城乡基本医疗保险参保率指数等 10 个基础性指数。

3.3.1 医疗保障一级发展指数排名

表 3-19　　　　　　　　　　**2015—2017 年医疗保障发展总指数排名**

项目 地区	2017 年		2016 年		2015 年	
	指数值	排名	指数值	排名	指数值	排名
全　国	0.7841	11	0.7339	16	0.7915	13
北　京	0.8258	5	0.8468	2	0.8256	6
天　津	0.7405	19	0.7292	18	0.7237	28
河　北	0.7477	17	0.7436	15	0.7730	16
山　西	0.7334	23	0.5999	31	0.7579	23
内蒙古	0.7104	27	0.6003	30	0.7371	25
辽　宁	0.7168	26	0.7210	20	0.7246	27
吉　林	0.7172	25	0.7225	19	0.7172	30
黑龙江	0.6394	32	0.6625	23	0.6678	31
上　海	0.8057	7	0.7904	9	0.7936	12
江　苏	0.7996	9	0.8005	7	0.7961	11
浙　江	0.8337	4	0.8359	4	0.8225	7
安　徽	0.7923	10	0.7942	8	0.7971	10
福　建	0.8390	3	0.6853	22	0.8321	5
江　西	0.8107	6	0.8304	5	0.8375	4
山　东	0.7630	15	0.7644	11	0.7689	17
河　南	0.7761	12	0.6062	27	0.7879	14
湖　北	0.7271	24	0.6020	29	0.7745	15

项目 地区	2017 年		2016 年		2015 年	
	指数值	排名	指数值	排名	指数值	排名
湖　南	0.7409	18	0.6043	28	0.7611	21
广　东	0.8586	1	0.8624	1	0.8655	1
广　西	0.8033	8	0.6154	26	0.8126	8
海　南	0.6940	28	0.8194	6	0.7986	9
重　庆	0.7609	16	0.7577	13	0.7675	18
四　川	0.7665	14	0.6860	21	0.7538	24
贵　州	0.8419	2	0.8391	3	0.8422	2
云　南	0.7741	13	0.7714	10	0.7660	19
西　藏	0.6624	30	0.6387	24	0.8418	3
陕　西	0.7362	22	0.7477	14	0.7364	26
甘　肃	0.7368	21	0.7586	12	0.7617	20
青　海	0.6923	29	0.5502	32	0.5523	32
宁　夏	0.7403	20	0.7306	17	0.7233	29
新　疆	0.6421	31	0.6326	25	0.7580	22

2017 年医疗保障发展总指数排名如图 3-7 所示：

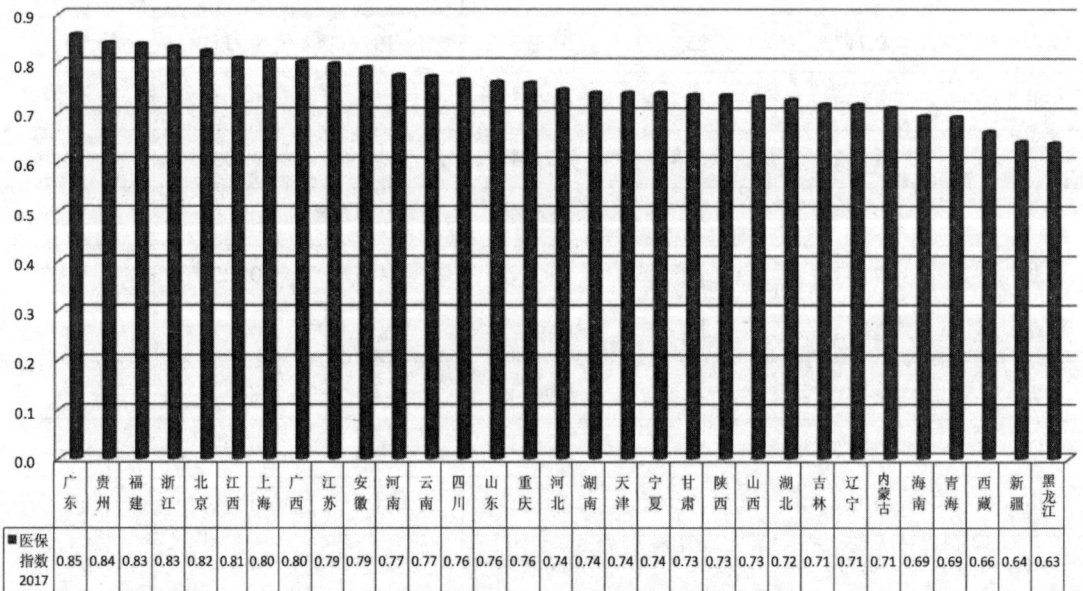

	广东	贵州	福建	浙江	北京	江西	上海	广西	江苏	安徽	河南	云南	四川	山东	重庆	河北	湖南	天津	宁夏	甘肃	陕西	山西	湖北	吉林	辽宁	内蒙古	海南	青海	西藏	新疆	黑龙江
医保 指数 2017	0.85	0.84	0.83	0.83	0.82	0.81	0.80	0.80	0.79	0.79	0.77	0.77	0.76	0.76	0.76	0.74	0.74	0.74	0.74	0.73	0.73	0.73	0.72	0.71	0.71	0.71	0.69	0.69	0.66	0.64	0.63

图 3-7　2017 年医疗保障发展总指数排名示意

2016 年医疗保障发展总指数排名如图 3-8 所示：

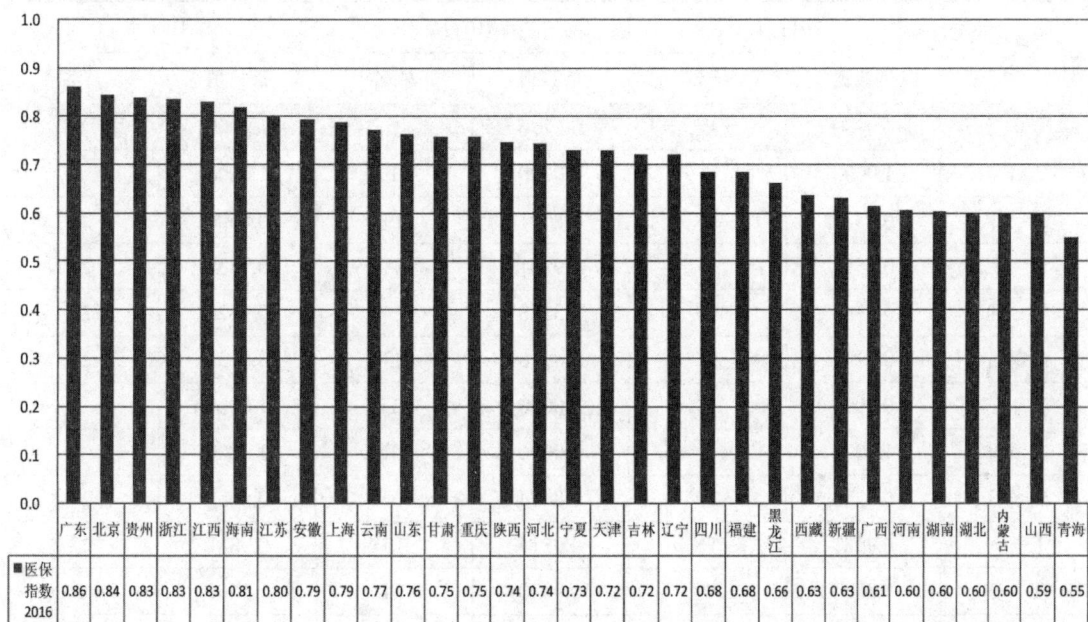

■医保 指数 2016	广东	北京	贵州	浙江	江西	海南	江苏	安徽	上海	云南	山东	甘肃	重庆	陕西	河北	宁夏	天津	吉林	辽宁	四川	福建	黑龙江	西藏	新疆	广西	河南	湖南	湖北	内蒙古	山西	青海
	0.86	0.84	0.83	0.83	0.83	0.81	0.80	0.79	0.79	0.77	0.76	0.75	0.75	0.74	0.74	0.73	0.72	0.72	0.72	0.68	0.68	0.66	0.63	0.63	0.61	0.60	0.60	0.60	0.60	0.59	0.55

图 3-8　2016 年医疗保障发展总指数排名示意

2015 年医疗保障发展总指数排名如图 3-9 所示：

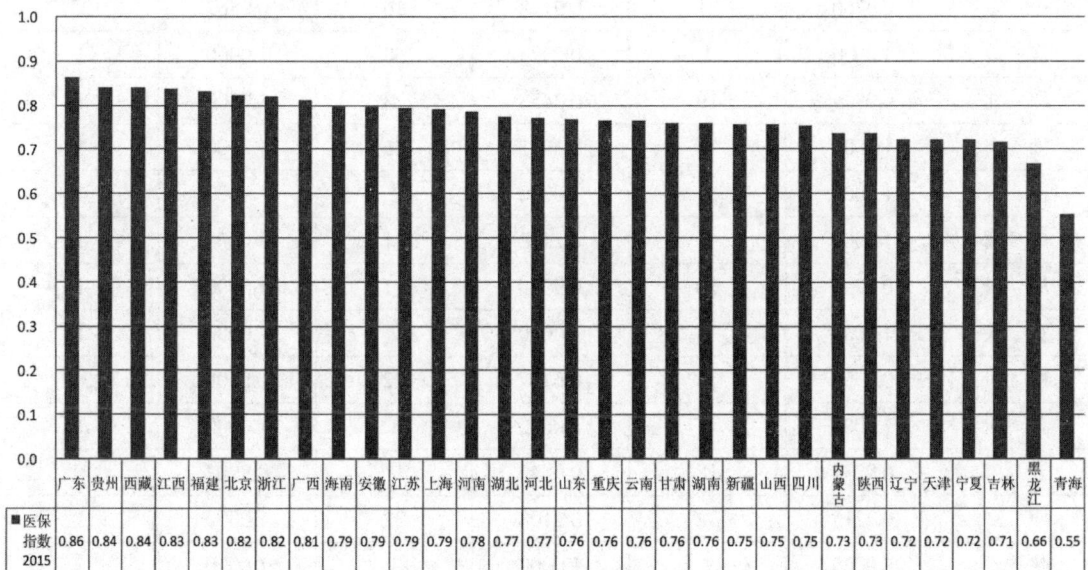

■医保 指数 2015	广东	贵州	西藏	江西	福建	北京	浙江	广西	海南	安徽	江苏	上海	河南	湖北	河北	山东	重庆	云南	甘肃	湖南	新疆	山西	四川	内蒙古	陕西	辽宁	天津	宁夏	吉林	黑龙江	青海
	0.86	0.84	0.84	0.83	0.83	0.82	0.82	0.81	0.79	0.79	0.79	0.79	0.78	0.77	0.77	0.76	0.76	0.76	0.76	0.76	0.75	0.75	0.75	0.73	0.73	0.72	0.72	0.72	0.71	0.66	0.55

图 3-9　2015 年医疗保障发展总指数排名示意

表 3-20 2015—2017 年医疗保障覆盖面指数排名

项目 地区	2017 年		2016 年		2015 年	
	指数值	排名	指数值	排名	指数值	排名
全 国	0.9889	17	0.7726	21	1.0000	1
北 京	1.0000	1	1.0000	1	1.0000	1
天 津	0.8773	28	0.8601	19	0.8606	31
河 北	0.9514	24	0.9241	18	0.9434	26
山 西	0.9357	25	0.3270	29	0.9626	25
内蒙古	0.9143	27	0.4316	23	0.9731	24
辽 宁	0.9991	15	1.0000	1	1.0000	1
吉 林	1.0000	1	1.0000	1	1.0000	1
黑龙江	0.8226	29	0.8474	20	0.8655	29
上 海	0.9981	16	0.9814	15	0.9887	22
江 苏	1.0000	1	0.9830	14	1.0000	1
浙 江	1.0000	1	0.9992	10	1.0000	1
安 徽	1.0000	1	1.0000	1	1.0000	1
福 建	1.0000	1	0.3568	26	1.0000	1
江 西	1.0000	1	1.0000	1	1.0000	1
山 东	0.9760	21	0.9718	16	0.9867	23
河 南	1.0000	1	0.2373	30	1.0000	1
湖 北	0.9809	19	0.3458	28	1.0000	1
湖 南	1.0000	1	0.3932	25	1.0000	1
广 东	1.0000	1	1.0000	1	1.0000	1
广 西	1.0000	1	0.2212	31	1.0000	1
海 南	0.4799	30	0.9959	11	1.0000	1
重 庆	1.0000	1	1.0000	1	1.0000	1
四 川	0.9309	26	0.6107	22	0.8608	30
贵 州	1.0000	1	1.0000	1	1.0000	1
云 南	0.9837	18	0.9840	13	0.9903	21
西 藏	0.2215	32	0.2108	32	1.0000	1
陕 西	1.0000	1	1.0000	1	1.0000	1
甘 肃	0.9782	20	0.9931	12	1.0000	1
青 海	0.9754	22	0.3523	27	0.3528	32
宁 夏	0.9545	23	0.9265	17	0.9225	27
新 疆	0.4616	31	0.4127	24	0.9107	28

表 3-21　　　　　　　　2015—2017 年医疗保障"保障度"指数排名

项目 地区	2017 年		2016 年		2015 年	
	指数值	排名	指数值	排名	指数值	排名
全　国	0.7354	15	0.7386	14	0.7307	16
北　京	0.7983	6	0.8208	5	0.7880	5
天　津	0.6862	26	0.6915	23	0.7320	15
河　北	0.7039	25	0.7195	20	0.6547	28
山　西	0.7065	23	0.7059	22	0.6759	25
内蒙古	0.7257	17	0.6758	27	0.6607	27
辽　宁	0.6431	30	0.6120	31	0.6162	30
吉　林	0.5859	32	0.5761	32	0.5633	32
黑龙江	0.6531	29	0.6616	29	0.5996	31
上　海	0.8697	2	0.7826	7	0.7377	13
江　苏	0.7700	9	0.7866	6	0.7365	14
浙　江	0.8251	3	0.8252	4	0.7835	6
安　徽	0.7201	19	0.6891	24	0.7100	19
福　建	0.7894	7	0.8913	2	0.7631	8
江　西	0.7996	5	0.7568	9	0.7728	7
山　东	0.7397	14	0.7232	19	0.7022	22
河　南	0.7119	21	0.6801	25	0.6761	24
湖　北	0.6562	28	0.6554	30	0.6689	26
湖　南	0.7082	22	0.7340	17	0.7449	11
广　东	0.7485	13	0.7529	10	0.7601	9
广　西	0.6673	27	0.7061	21	0.7254	17
海　南	0.7620	12	0.7468	11	0.7045	21
重　庆	0.7647	10	0.7440	12	0.7575	10
四　川	0.7171	20	0.7274	18	0.8235	3
贵　州	0.8186	4	0.8280	3	0.8595	2
云　南	0.7841	8	0.7758	8	0.7940	4
西　藏	0.9371	1	0.9256	1	0.9722	1
陕　西	0.7052	24	0.6734	28	0.6506	29
甘　肃	0.7247	18	0.6789	26	0.7083	20
青　海	0.6276	31	0.7392	13	0.7250	18
宁　夏	0.7626	11	0.7378	16	0.6784	23
新　疆	0.7346	16	0.7382	15	0.7445	12

表 3-22　　　　　　　　　2015—2017 年医疗保障持续性指数排名

项目 地区	2017 年		2016 年		2015 年	
	指数值	排名	指数值	排名	指数值	排名
全　国	0.7089	14	0.7002	17	0.7034	17
北　京	0.7534	7	0.8072	4	0.7661	7
天　津	0.7454	10	0.6889	19	0.6133	28
河　北	0.6892	18	0.6486	26	0.8424	2
山　西	0.6923	17	0.7371	14	0.7627	8
内蒙古	0.6342	26	0.7165	15	0.7306	14
辽　宁	0.6437	24	0.6772	22	0.6594	23
吉　林	0.6979	16	0.7477	12	0.7103	16
黑龙江	0.5833	30	0.6182	28	0.6788	19
上　海	0.6585	21	0.6641	24	0.6496	25
江　苏	0.6741	19	0.6794	21	0.6773	20
浙　江	0.7517	8	0.7469	13	0.7420	13
安　徽	0.7387	12	0.7751	8	0.7242	15
福　建	0.8014	5	0.7693	10	0.7994	5
江　西	0.7457	9	0.8074	3	0.8107	4
山　东	0.6219	27	0.6446	27	0.6601	22
河　南	0.7088	15	0.8037	5	0.7572	10
湖　北	0.6407	25	0.7501	11	0.7501	11
湖　南	0.6501	23	0.6651	23	0.6539	24
广　东	0.8329	2	0.8510	2	0.8587	1
广　西	0.8579	1	0.8525	1	0.8246	3
海　南	0.8199	4	0.7948	6	0.7723	6
重　庆	0.5681	32	0.5832	30	0.5882	30
四　川	0.7428	11	0.6979	18	0.6618	21
贵　州	0.8226	3	0.7867	7	0.7487	12
云　南	0.6701	20	0.6518	25	0.6036	29
西　藏	0.7183	13	0.5327	32	0.5669	31
陕　西	0.6503	22	0.7152	16	0.7016	18
甘　肃	0.5734	31	0.6881	20	0.6492	26
青　海	0.5895	29	0.5440	31	0.5620	32
宁　夏	0.5974	28	0.6081	29	0.6364	27
新　疆	0.7818	6	0.7744	9	0.7605	9

表 3-23　　　　　　　　2015—2017 年医疗保障高效性指数排名

项目 地区	2017 年		2016 年		2015 年	
	指数值	排名	指数值	排名	指数值	排名
全　国	0.7035	12	0.7243	10	0.7320	11
北　京	0.7514	6	0.7592	4	0.7485	10
天　津	0.6530	20	0.6764	19	0.6887	18
河　北	0.6463	22	0.6821	17	0.6513	23
山　西	0.5993	25	0.6295	24	0.6302	25
内蒙古	0.5675	31	0.5772	29	0.5839	30
辽　宁	0.5814	29	0.5946	28	0.6228	26
吉　林	0.5850	28	0.5662	30	0.5953	28
黑龙江	0.4987	32	0.5230	32	0.5274	32
上　海	0.6964	14	0.7334	9	0.7984	3
江　苏	0.7545	5	0.7528	6	0.7708	4
浙　江	0.7578	4	0.7722	3	0.7644	7
安　徽	0.7104	11	0.7128	13	0.7542	9
福　建	0.7651	3	0.7239	11	0.7658	6
江　西	0.6975	13	0.7572	5	0.7666	5
山　东	0.7145	8	0.7181	12	0.7264	12
河　南	0.6840	16	0.7037	15	0.7183	14
湖　北	0.6307	23	0.6567	22	0.6790	19
湖　南	0.6054	24	0.6251	25	0.6455	24
广　东	0.8532	1	0.8459	2	0.8431	1
广　西	0.6880	15	0.6818	18	0.7005	16
海　南	0.7144	9	0.7401	8	0.7175	15
重　庆	0.7109	10	0.7035	16	0.7244	13
四　川	0.6751	17	0.7080	14	0.6693	21
贵　州	0.7264	7	0.7416	7	0.7606	8
云　南	0.6585	19	0.6741	21	0.6762	20
西　藏	0.7727	2	0.8859	1	0.8283	2
陕　西	0.5895	27	0.6020	27	0.5935	29
甘　肃	0.6710	18	0.6741	20	0.6892	17
青　海	0.5769	30	0.5653	31	0.5693	31
宁　夏	0.6468	21	0.6502	23	0.6561	22
新　疆	0.5904	26	0.6052	26	0.6162	27

3.3.2 医疗保障二级发展指数排名（10个指数）

表 3-24 　　　　　　2015—2017 年城乡基本医疗保险参保率指数排名

项目 地区	2017 年		2016 年		2015 年	
	指数值	排名	指数值	排名	指数值	排名
全　国	0.9889	17	0.7726	21	1.0000	1
北　京	1.0000	1	1.0000	1	1.0000	1
天　津	0.8773	28	0.8601	19	0.8606	31
河　北	0.9514	24	0.9241	18	0.9434	26
山　西	0.9357	25	0.3270	29	0.9626	25
内蒙古	0.9143	27	0.4316	23	0.9731	24
辽　宁	0.9991	15	1.0000	1	1.0000	1
吉　林	1.0000	1	1.0000	1	1.0000	1
黑龙江	0.8226	29	0.8474	20	0.8655	29
上　海	0.9981	16	0.9814	15	0.9887	22
江　苏	1.0000	1	0.9830	14	1.0000	1
浙　江	1.0000	1	0.9992	10	1.0000	1
安　徽	1.0000	1	1.0000	1	1.0000	1
福　建	1.0000	1	0.3568	26	1.0000	1
江　西	1.0000	1	1.0000	1	1.0000	1
山　东	0.9760	21	0.9718	16	0.9867	23
河　南	1.0000	1	0.2373	30	1.0000	1
湖　北	0.9809	19	0.3458	28	1.0000	1
湖　南	1.0000	1	0.3932	25	1.0000	1
广　东	1.0000	1	1.0000	1	1.0000	1
广　西	1.0000	1	0.2212	31	1.0000	1
海　南	0.4799	30	0.9959	11	1.0000	1
重　庆	1.0000	1	1.0000	1	1.0000	1
四　川	0.9309	26	0.6107	22	0.8608	30
贵　州	1.0000	1	1.0000	1	1.0000	1
云　南	0.9837	18	0.9840	13	0.9903	21
西　藏	0.2215	32	0.2108	32	1.0000	1
陕　西	1.0000	1	1.0000	1	1.0000	1
甘　肃	0.9782	20	0.9931	12	1.0000	1
青　海	0.9754	22	0.3523	27	0.3528	32
宁　夏	0.9545	23	0.9265	17	0.9225	27
新　疆	0.4616	31	0.4127	24	0.9107	28

表 3-25 　　　　　　　　　**2015—2017 年职工基本医疗保险报销率指数排名**

项目 地区	2017 年		2016 年		2015 年	
	指数值	排名	指数值	排名	指数值	排名
全　国	0.8347	17	0.8285	20	0.8431	17
北　京	0.8508	13	0.8652	10	0.8815	11
天　津	0.8188	21	0.8645	11	0.8831	9
河　北	0.8390	15	0.8429	16	0.8157	22
山　西	0.8086	24	0.7982	23	0.8245	20
内蒙古	0.8287	18	0.8147	22	0.8278	19
辽　宁	0.6999	32	0.6593	32	0.7330	30
吉　林	0.7009	31	0.6672	31	0.6730	32
黑龙江	0.7993	26	0.7517	27	0.7321	31
上　海	0.8106	23	0.7473	28	0.7794	27
江　苏	0.8702	10	0.8444	15	0.8282	18
浙　江	0.8199	20	0.8168	21	0.8141	23
安　徽	0.8686	11	0.8398	18	0.8818	10
福　建	0.8974	6	0.9023	7	0.8842	8
江　西	0.9074	4	0.9123	5	0.8798	12
山　东	0.8357	16	0.8427	17	0.8552	16
河　南	0.7501	30	0.7356	30	0.7612	29
湖　北	0.7739	29	0.7876	25	0.8212	21
湖　南	0.8170	22	0.8568	13	0.8650	13
广　东	0.7765	28	0.7735	26	0.8072	24
广　西	0.8889	7	0.9284	4	0.9745	3
海　南	0.8000	25	0.7909	24	0.7965	25
重　庆	0.8734	9	0.8696	9	0.9081	6
四　川	0.8496	14	0.8559	14	0.8561	14
贵　州	0.9202	3	0.9571	2	0.9816	2
云　南	0.8992	5	0.9119	6	0.9332	5
西　藏	1.0000	1	1.0000	1	1.0000	1
陕　西	0.7939	27	0.7458	29	0.7742	28
甘　肃	0.8241	19	0.8366	19	0.8555	15
青　海	0.9284	2	0.9334	3	0.9645	4
宁　夏	0.8818	8	0.8983	8	0.7939	26
新　疆	0.8618	12	0.8569	12	0.9043	7

表 3-26　　　　2015—2017 年城乡居民基本医疗保险报销率指数排名

地区＼项目	2017 年		2016 年		2015 年	
	指数值	排名	指数值	排名	指数值	排名
全　国	0.5609	18	0.5999	13	0.5762	12
北　京	0.6289	10	0.6389	8	0.6048	8
天　津	0.5016	25	0.4715	27	0.5189	18
河　北	0.5302	21	0.6005	12	0.4433	27
山　西	0.5838	15	0.5852	14	0.5107	23
内蒙古	0.5298	22	0.4165	29	0.3941	30
辽　宁	0.4462	29	0.3941	31	0.3807	31
吉　林	0.3481	30	0.3513	32	0.3612	32
黑龙江	0.4610	27	0.5636	18	0.4440	26
上　海	0.9114	2	0.7884	3	0.6428	4
江　苏	0.5250	23	0.6272	9	0.5342	16
浙　江	0.6943	5	0.6973	6	0.6362	5
安　徽	0.5418	20	0.5169	23	0.5145	19
福　建	0.6075	13	0.9714	2	0.5132	21
江　西	0.6598	6	0.5535	19	0.5301	17
山　东	0.5789	16	0.5512	20	0.5101	24
河　南	0.5938	14	0.5372	22	0.5120	22
湖　北	0.4536	28	0.4094	30	0.4269	29
湖　南	0.4983	26	0.5071	25	0.5081	25
广　东	0.6276	11	0.6466	7	0.6022	9
广　西	0.3445	31	0.4316	28	0.4350	28
海　南	0.7314	3	0.7211	4	0.6213	7
重　庆	0.6367	8	0.6020	11	0.5925	11
四　川	0.5087	24	0.5457	21	0.8964	2
贵　州	0.6273	12	0.6064	10	0.6346	6
云　南	0.7111	4	0.7083	5	0.7233	3
西　藏	1.0000	1	1.0000	1	1.0000	1
陕　西	0.5552	19	0.5023	26	0.5142	20
甘　肃	0.6430	7	0.5105	24	0.5736	14
青　海	0.1754	32	0.5775	17	0.5613	15
宁　夏	0.6349	9	0.5828	15	0.5983	10
新　疆	0.5703	17	0.5781	16	0.5755	13

表 3-27　　　　　2015—2017 年城乡每万人卫生技术人员数指数排名

项目 地区	2017 年		2016 年		2015 年	
	指数值	排名	指数值	排名	指数值	排名
全　国	0.7612	13	0.7143	14	0.6815	13
北　京	1.0000	1	1.0000	1	0.7995	8
天　津	0.7612	13	0.7143	14	0.8367	6
河　北	0.6675	28	0.6206	27	0.6538	18
山　西	0.7377	17	0.7143	14	0.6197	25
内蒙古	0.8314	6	0.7963	6	0.6278	23
辽　宁	0.7846	12	0.7377	11	0.5591	28
吉　林	0.7260	20	0.7143	14	0.5500	30
黑龙江	0.7143	23	0.6792	22	0.5106	31
上　海	0.9017	4	0.8666	4	0.6691	16
江　苏	0.7963	10	0.7612	8	0.7555	9
浙　江	0.9485	2	0.9017	2	0.8316	7
安　徽	0.5855	31	0.5504	31	0.6659	17
福　建	0.6909	26	0.6675	25	0.8432	5
江　西	0.5972	30	0.5621	30	0.8874	3
山　东	0.8080	9	0.7612	8	0.6183	26
河　南	0.7143	23	0.6675	25	0.6783	14
湖　北	0.7963	10	0.7612	8	0.6494	19
湖　南	0.7143	23	0.6792	22	0.7193	10
广　东	0.7377	17	0.7026	18	0.8512	4
广　西	0.7260	20	0.7026	18	0.6449	21
海　南	0.7612	13	0.7377	11	0.6923	12
重　庆	0.7260	20	0.6909	21	0.6719	15
四　川	0.7495	16	0.7026	18	0.6263	24
贵　州	0.7377	17	0.6792	22	0.9088	2
云　南	0.6909	26	0.6089	28	0.7022	11
西　藏	0.5738	32	0.5270	32	1.0000	1
陕　西	0.9485	2	0.8900	3	0.5556	29
甘　肃	0.6558	29	0.6089	28	0.6393	22
青　海	0.8197	8	0.7260	13	0.4707	32
宁　夏	0.8548	5	0.7729	7	0.6012	27
新　疆	0.7612	13	0.7143	14	0.6815	13

表 3-28　　　　　2015—2017 年城乡每万人医疗卫生机构病床数指数排名

项目 地区	2017 年		2016 年		2015 年	
	指数值	排名	指数值	排名	指数值	排名
全　国	0.9548	17	0.8957	18	0.8527	17
北　京	0.9274	21	0.8987	16	0.8577	16
天　津	0.7332	32	0.7033	32	0.6870	31
河　北	0.8765	24	0.8053	24	0.7687	24
山　西	0.8904	23	0.8597	22	0.8343	21
内蒙古	0.9918	11	0.9219	13	0.8897	11
辽　宁	1.0000	1	1.0000	1	1.0000	1
吉　林	0.9436	18	0.9231	12	0.8757	13
黑龙江	1.0000	1	0.9665	10	0.9306	9
上　海	0.9289	20	0.8905	19	0.8485	18
江　苏	0.9750	14	0.9243	11	0.8654	14
浙　江	0.9248	22	0.8654	21	0.8210	22
安　徽	0.8156	27	0.7587	27	0.7264	27
福　建	0.7781	29	0.7527	28	0.7521	25
江　西	0.8450	25	0.7599	26	0.7230	28
山　东	0.9753	13	0.9076	15	0.8800	12
河　南	0.9758	12	0.9131	14	0.8618	15
湖　北	1.0000	1	1.0000	1	0.9785	5
湖　南	1.0000	1	1.0000	1	0.9765	7
广　东	0.7352	31	0.7057	31	0.6701	32
广　西	0.8236	26	0.7742	25	0.7462	26
海　南	0.7561	30	0.7337	29	0.7090	30
重　庆	1.0000	1	1.0000	1	0.9766	6
四　川	1.0000	1	1.0000	1	0.9942	3
贵　州	1.0000	1	0.9870	7	0.9286	10
云　南	0.9551	16	0.8869	20	0.8361	20
西　藏	0.7973	28	0.7287	30	0.7217	29
陕　西	1.0000	1	0.9863	8	0.9321	8
甘　肃	0.9316	19	0.8588	23	0.8200	23
青　海	1.0000	1	0.9778	9	0.9797	4
宁　夏	0.9743	15	0.8977	17	0.8445	19
新　疆	1.0000	1	1.0000	1	1.0000	1

表 3-29　　　　**2015—2017 年职工基本医疗保险基金累计结余系数指数排名**

项目 地区	2017 年		2016 年		2015 年	
	指数值	排名	指数值	排名	指数值	排名
全　国	0.7382	14	0.6902	15	0.6438	18
北　京	0.2806	32	0.2438	32	0.1802	32
天　津	0.3905	31	0.2914	31	0.2413	31
河　北	0.8741	7	0.8299	6	0.8208	6
山　西	0.6825	20	0.6752	16	0.6970	11
内蒙古	0.6525	22	0.5994	22	0.5776	22
辽　宁	0.4167	29	0.4367	29	0.4273	28
吉　林	0.7318	15	0.7869	8	0.6746	14
黑龙江	0.5442	26	0.5468	23	0.5661	24
上　海	1.0000	1	1.0000	1	0.9728	4
江　苏	0.6983	18	0.6679	18	0.6488	17
浙　江	0.9847	5	0.9744	5	0.9279	5
安　徽	0.7035	17	0.6646	19	0.5908	21
福　建	1.0000	1	0.9904	4	0.9880	3
江　西	0.7723	12	0.6734	17	0.6796	12
山　东	0.5448	25	0.5201	24	0.5060	25
河　南	0.8224	11	0.7321	11	0.6548	16
湖　北	0.4685	28	0.4453	28	0.4142	29
湖　南	0.7055	16	0.6550	20	0.6024	20
广　东	1.0000	1	1.0000	1	1.0000	1
广　西	0.8330	10	0.7417	10	0.6784	13
海　南	0.8742	6	0.8001	7	0.7008	9
重　庆	0.3978	30	0.4479	27	0.4456	27
四　川	0.8729	8	0.7867	9	0.7221	7
贵　州	0.5180	27	0.4298	30	0.3991	30
云　南	0.6860	19	0.6337	21	0.5744	23
西　藏	1.0000	1	1.0000	1	1.0000	1
陕　西	0.6590	21	0.7229	13	0.7034	8
甘　肃	0.5455	24	0.4879	26	0.4491	26
青　海	0.8692	9	0.7279	12	0.6976	10
宁　夏	0.5808	23	0.5144	25	0.6250	19
新　疆	0.7489	13	0.7156	14	0.6592	15

表 3-30 　　　　　 **2015—2017 年职工基本医疗保险基金当期收支率指数排名**

项目　　地区	2017 年		2016 年		2015 年	
	指数值	排名	指数值	排名	指数值	排名
全　国	0.8750	13	0.8364	13	0.8137	13
北　京	0.7814	27	0.7924	23	0.7374	30
天　津	0.8528	18	0.7872	25	0.7782	21
河　北	0.8564	17	0.8708	7	0.8672	6
山　西	0.7731	28	0.7418	29	0.7816	19
内蒙古	0.8254	20	0.8203	18	0.8048	15
辽　宁	0.7157	31	0.7126	32	0.7002	32
吉　林	0.7608	29	0.8969	6	0.7804	20
黑龙江	0.7415	30	0.7329	31	0.7276	31
上　海	1.0000	1	1.0000	1	0.9855	1
江　苏	0.8151	21	0.7979	21	0.7924	17
浙　江	0.9105	8	0.9010	5	0.9206	3
安　徽	0.8628	15	0.8312	16	0.7742	23
福　建	0.8909	10	0.8451	12	0.8937	4
江　西	0.9129	7	0.8356	14	0.8487	7
山　东	0.7900	25	0.7806	26	0.7493	28
河　南	0.9177	6	0.8337	15	0.7949	16
湖　北	0.7878	26	0.7771	27	0.7587	27
湖　南	0.8696	14	0.8704	8	0.8323	9
广　东	0.8966	9	0.9176	3	0.8874	5
广　西	0.8894	11	0.8528	11	0.7841	18
海　南	0.9513	4	0.9034	4	0.8284	11
重　庆	0.7002	32	0.7374	30	0.7427	29
四　川	0.9750	3	0.8605	9	0.8236	12
贵　州	0.8614	16	0.7979	22	0.7775	22
云　南	0.8787	12	0.8220	17	0.7710	24
西　藏	1.0000	1	1.0000	1	0.9574	2
陕　西	0.8149	22	0.8048	20	0.8308	10
甘　肃	0.8146	23	0.7917	24	0.7617	26
青　海	0.9440	5	0.8096	19	0.8089	14
宁　夏	0.7955	24	0.7530	28	0.7658	25
新　疆	0.8441	19	0.8586	10	0.8421	8

表 3-31　　　　2015—2017 年城乡居民基本医疗保险基金累计结余系数指数排名

地区 \ 项目	2017 年		2016 年		2015 年	
	指数值	排名	指数值	排名	指数值	排名
全　国	0.3722	17	0.4192	20	0.4529	21
北　京	0.8960	3	1.0000	1	0.9130	5
天　津	1.0000	1	0.8863	6	0.5675	18
河　北	0.3102	22	0.2203	28	1.0000	1
山　西	0.5076	11	0.7334	13	0.7514	12
内蒙古	0.3034	24	0.7078	15	0.7134	14
辽　宁	0.8130	5	0.8736	7	0.7997	9
吉　林	0.7495	6	0.7902	10	0.8292	7
黑龙江	0.4354	15	0.6315	17	0.8082	8
上　海	0.0483	30	0.0730	30	0.0811	30
江　苏	0.2778	25	0.3587	22	0.3636	23
浙　江	0.1398	29	0.1379	29	0.1273	29
安　徽	0.6239	9	0.8334	9	0.7323	13
福　建	0.3096	23	0.2639	27	0.3690	22
江　西	0.5316	10	1.0000	1	1.0000	1
山　东	0.2242	28	0.2778	26	0.2841	27
河　南	0.3362	18	0.8623	8	0.7963	10
湖　北	0.4634	14	1.0000	1	1.0000	1
湖　南	0.3188	21	0.4581	19	0.4555	20
广　东	0.5075	12	0.5239	18	0.5416	19
广　西	0.8851	4	1.0000	1	1.0000	1
海　南	0.7404	7	0.7649	11	0.7886	11
重　庆	0.3250	19	0.3268	25	0.3278	26
四　川	0.3934	16	0.3883	21	0.3420	24
贵　州	1.0000	1	1.0000	1	0.8946	6
云　南	0.3219	20	0.3458	23	0.2668	28
西　藏	−0.2806	32	−0.5734	32	−0.3042	32
陕　西	0.4730	13	0.6422	16	0.5739	17
甘　肃	0.2465	26	0.7441	12	0.6312	16
青　海	−0.0401	31	−0.0129	31	0.0466	31
宁　夏	0.2356	27	0.3334	24	0.3346	25
新　疆	0.7022	8	0.7094	14	0.6923	15

表 3-32　　　　2015—2017 年城乡居民基本医疗保险基金当期收支率指数排名

项目 地区	2017 年		2016 年		2015 年	
	指数值	排名	指数值	排名	指数值	排名
全　国	0.7948	20	0.7893	19	0.8252	19
北　京	0.8088	14	1.0000	1	1.0000	1
天　津	1.0000	1	1.0000	1	1.0000	1
河　北	0.8103	13	0.7216	28	0.9217	7
山　西	0.8068	16	0.8294	12	0.8602	12
内蒙古	0.7465	24	0.8088	17	0.9022	9
辽　宁	0.8349	10	0.9036	7	0.8843	10
吉　林	0.7589	23	0.7653	23	0.7486	27
黑龙江	0.8077	15	0.7709	22	0.8382	16
上　海	0.6786	30	0.6750	30	0.6289	31
江　苏	0.8008	18	0.7778	21	0.7617	25
浙　江	0.7238	26	0.7213	29	0.7343	29
安　徽	0.8412	9	0.8894	9	0.8481	13
福　建	0.8066	17	0.7470	26	0.7462	28
江　西	0.9845	4	1.0000	1	1.0000	1
山　东	0.6854	28	0.7604	24	0.8439	15
河　南	0.7605	22	0.8845	10	0.8328	17
湖　北	0.8716	7	0.9225	6	0.9703	6
湖　南	0.7951	19	0.7786	20	0.8103	21
广　东	0.7605	21	0.8134	15	0.8644	11
广　西	1.0000	1	1.0000	1	1.0000	1
海　南	0.8536	8	0.8115	16	0.8465	14
重　庆	0.7392	25	0.7509	25	0.7688	23
四　川	0.8307	11	0.8263	13	0.7900	22
贵　州	0.9952	3	0.9897	5	0.9719	5
云　南	0.8207	12	0.8196	14	0.7643	24
西　藏	0.9369	5	0.3304	32	0.2904	32
陕　西	0.6842	29	0.8053	18	0.8225	20
甘　肃	0.7189	27	0.8752	11	0.8295	18
青　海	0.6603	32	0.6236	31	0.6669	30
宁　夏	0.6675	31	0.7341	27	0.7499	26
新　疆	0.9247	6	0.9003	8	0.9070	8

表 3-33　　　　　　　　　2015—2017 年医院病床使用率指数排名

项目 地区	2017 年		2016 年		2015 年	
	指数值	排名	指数值	排名	指数值	排名
全　国	0.9483	11	0.9516	12	0.9527	12
北　京	0.9193	20	0.9170	22	0.8992	26
天　津	0.8713	27	0.9159	24	0.9103	23
河　北	0.9338	15	0.9628	10	0.9327	16
山　西	0.8657	28	0.8467	29	0.8579	29
内蒙古	0.8334	30	0.8334	30	0.8166	31
辽　宁	0.9148	21	0.9349	18	0.9527	12
吉　林	0.8657	28	0.8735	26	0.8758	28
黑龙江	0.8802	26	0.9226	20	0.9081	24
上　海	1.0000	1	1.0000	1	1.0000	1
江　苏	0.9762	7	0.9739	8	0.9884	7
浙　江	0.9974	4	0.9974	4	0.9918	6
安　徽	0.9617	8	0.9460	14	0.9483	14
福　建	0.9271	19	0.9137	25	0.9215	21
江　西	0.9572	9	0.9974	4	1.0000	1
山　东	0.9304	17	0.9483	13	0.9405	15
河　南	0.9862	5	0.9806	7	0.9728	8
湖　北	1.0000	1	1.0000	1	1.0000	1
湖　南	0.9505	10	0.9594	11	0.9639	11
广　东	0.9371	14	0.9371	17	0.9315	17
广　西	0.9784	6	0.9817	6	1.0000	1
海　南	0.9048	23	0.8724	27	0.8858	27
重　庆	0.9382	13	0.9416	15	0.9684	10
四　川	1.0000	1	1.0000	1	0.9996	5
贵　州	0.8914	25	0.8724	27	0.9025	25
云　南	0.9282	18	0.9260	19	0.9248	20
西　藏	0.8044	31	0.8311	31	0.8166	31
陕　西	0.9338	15	0.9170	22	0.9304	18
甘　肃	0.9103	22	0.9215	21	0.9170	22
青　海	0.7876	32	0.8300	32	0.8479	30
宁　夏	0.9014	24	0.9416	15	0.9282	19
新　疆	0.9483	11	0.9650	9	0.9695	9

3.4 就业保障发展指数排名

就业保障发展指数排名分为一级指数排名和二级指数排名。就业保障发展的一级指数包括就业保障发展总指数、就业保障覆盖面指数、就业保障"保障度"指数、就业保障持续性指数、就业保障高效性指数;就业保障发展的二级指数包括失业保险参保率指数等 9 个基础性指数。

3.4.1 就业保障一级发展指数排名

表 3-34 　　　　　　　　2015—2017 年就业保障发展总指数排名

项目 地区	2017 年		2016 年		2015 年	
	指数值	排名	指数值	排名	指数值	排名
全　国	0.6027	13	0.5638	18	0.5501	14
北　京	0.7862	1	0.7911	1	0.7349	1
天　津	0.5111	25	0.5224	23	0.4831	25
河　北	0.5796	17	0.5820	14	0.5265	19
山　西	0.7224	4	0.5909	12	0.5749	10
内蒙古	0.3752	32	0.4828	31	0.4705	29
辽　宁	0.5236	24	0.2951	32	0.5294	17
吉　林	0.5022	28	0.5048	27	0.4503	31
黑龙江	0.5853	16	0.5717	16	0.5510	13
上　海	0.6803	5	0.7158	4	0.6111	6
江　苏	0.5245	23	0.5150	24	0.5173	20
浙　江	0.6687	7	0.6670	5	0.6211	5
安　徽	0.5027	27	0.5019	29	0.4599	30
福　建	0.6790	6	0.6567	6	0.6248	4
江　西	0.5554	20	0.5804	15	0.5294	18
山　东	0.5735	18	0.5827	13	0.5664	12
河　南	0.6140	10	0.6094	9	0.5930	9
湖　北	0.5097	26	0.5007	30	0.5016	22
湖　南	0.5337	22	0.5379	21	0.4779	27
广　东	0.7543	2	0.7704	2	0.6931	2
广　西	0.4618	31	0.5126	26	0.4830	26

续表

项目 地区	2017 年		2016 年		2015 年	
	指数值	排名	指数值	排名	指数值	排名
海　南	0.6193	9	0.6337	7	0.6047	8
重　庆	0.5544	21	0.5706	17	0.5723	11
四　川	0.5924	14	0.5034	28	0.4340	32
贵　州	0.6094	12	0.6134	8	0.6061	7
云　南	0.4984	29	0.5137	25	0.4871	23
西　藏	0.7348	3	0.7405	3	0.6725	3
陕　西	0.6588	8	0.6017	11	0.5476	15
甘　肃	0.5698	19	0.5319	22	0.4863	24
青　海	0.4959	30	0.5457	20	0.4714	28
宁　夏	0.5859	15	0.6025	10	0.5437	16
新　疆	0.6140	11	0.5593	19	0.5146	21

2017 年就业保障发展总指数排名如图 3–10 所示：

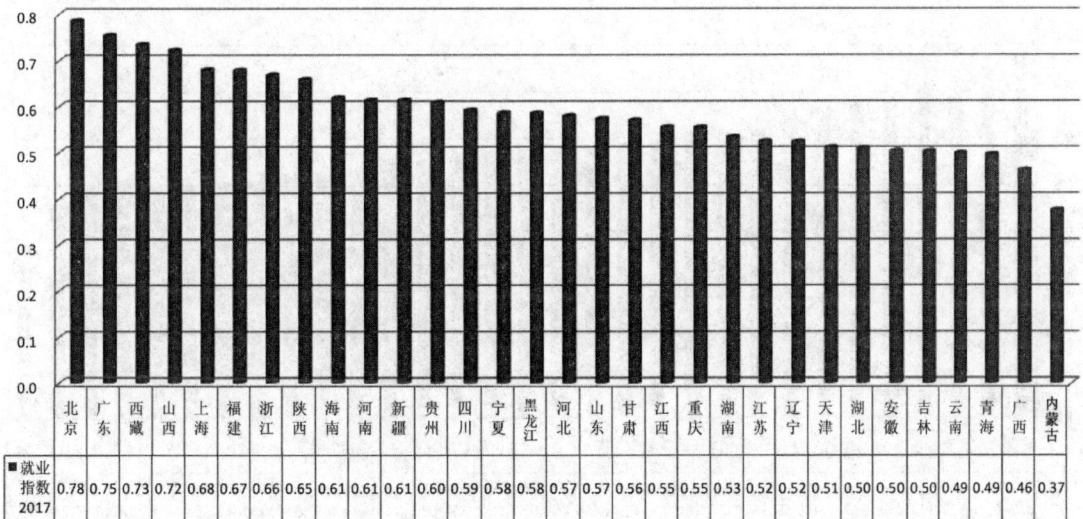

	北京	广东	西藏	山西	上海	福建	浙江	陕西	海南	河南	新疆	贵州	四川	宁夏	黑龙江	河北	山东	甘肃	江西	重庆	湖南	江苏	辽宁	天津	湖北	安徽	吉林	云南	青海	广西	内蒙古
就业 指数 2017	0.78	0.75	0.73	0.72	0.68	0.67	0.66	0.65	0.61	0.61	0.61	0.60	0.59	0.58	0.58	0.57	0.57	0.56	0.55	0.55	0.53	0.52	0.52	0.51	0.50	0.50	0.50	0.49	0.49	0.46	0.37

图 3–10　2017 年就业保障发展总指数排名示意

2016 年就业保障发展总指数排名如图 3-11 所示：

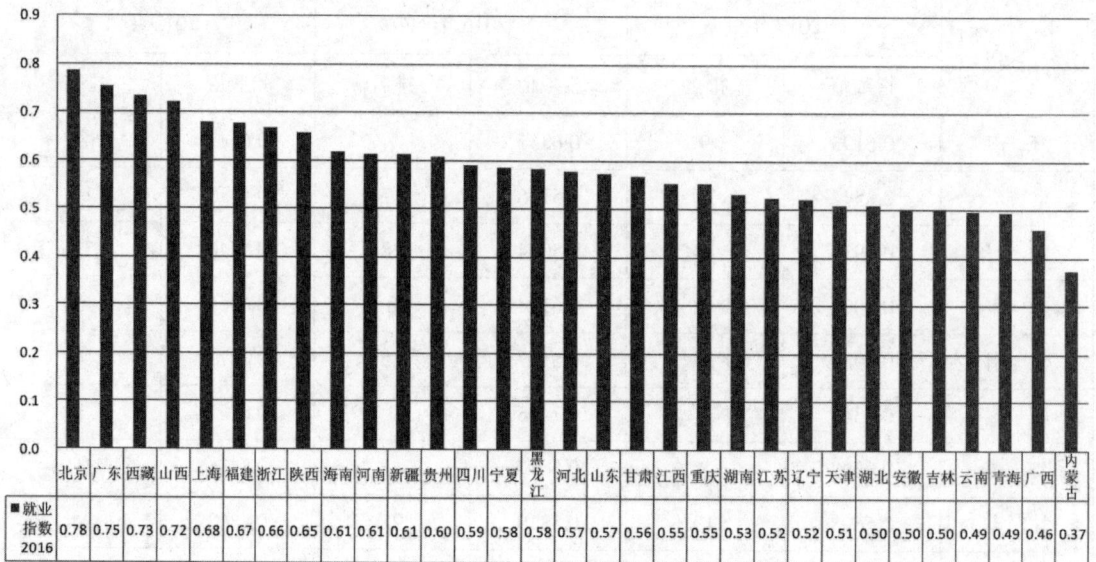

就业指数2016	北京	广东	西藏	山西	上海	福建	浙江	陕西	海南	河南	新疆	贵州	四川	宁夏	黑龙江	河北	山东	甘肃	江西	重庆	湖南	江苏	辽宁	天津	湖北	安徽	吉林	云南	青海	广西	内蒙古
	0.78	0.75	0.73	0.72	0.68	0.67	0.66	0.65	0.61	0.61	0.61	0.60	0.59	0.58	0.58	0.57	0.57	0.56	0.55	0.55	0.53	0.52	0.52	0.51	0.50	0.50	0.50	0.49	0.49	0.46	0.37

图 3-11　2016 年就业保障发展总指数排名示意

2015 年就业保障发展总指数排名如图 3-12 所示：

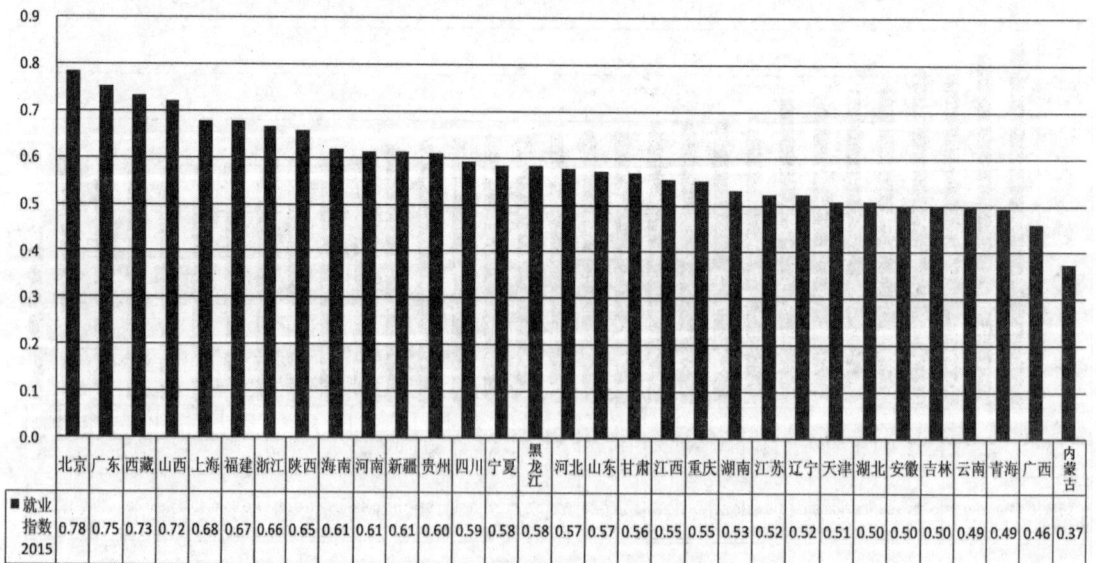

就业指数2015	北京	广东	西藏	山西	上海	福建	浙江	陕西	海南	河南	新疆	贵州	四川	宁夏	黑龙江	河北	山东	甘肃	江西	重庆	湖南	江苏	辽宁	天津	湖北	安徽	吉林	云南	青海	广西	内蒙古
	0.78	0.75	0.73	0.72	0.68	0.67	0.66	0.65	0.61	0.61	0.61	0.60	0.59	0.58	0.58	0.57	0.57	0.56	0.55	0.55	0.53	0.52	0.52	0.51	0.50	0.50	0.50	0.49	0.49	0.46	0.37

图 3-12　2015 年就业保障发展总指数排名示意

表 3-35　　　　　　　　　　2015—2017 年就业保障覆盖面指数排名

地区	2017 年		2016 年		2015 年	
	指数值	排名	指数值	排名	指数值	排名
全　国	0.7890	15	0.7877	15	0.7858	12
北　京	0.9296	9	0.9322	9	0.9410	7
天　津	0.9836	4	0.9658	5	0.9545	4
河　北	0.9890	3	0.9408	7	0.9487	5
山　西	0.9936	2	0.9987	2	0.9916	3
内蒙古	0.6722	19	0.7073	18	0.7090	18
辽　宁	1.0000	1	1.0000	1	1.0000	1
吉　林	0.8277	14	0.8062	14	0.7853	13
黑龙江	0.9474	7	0.9437	6	0.9465	6
上　海	0.9065	11	0.9342	8	0.7802	14
江　苏	0.6073	25	0.6132	26	0.6306	26
浙　江	0.8282	13	0.8206	13	0.8290	11
安　徽	0.6392	22	0.6531	21	0.6849	21
福　建	0.6374	23	0.6487	22	0.6890	19
江　西	0.5327	30	0.5231	30	0.5274	31
山　东	0.8949	12	0.8820	11	0.8730	9
河　南	0.6046	26	0.6322	24	0.6619	22
湖　北	0.6400	21	0.6346	23	0.6267	27
湖　南	0.9689	5	0.9880	3	0.6450	24
广　东	0.9423	8	0.9776	4	1.0000	1
广　西	0.6192	24	0.5942	28	0.6358	25
海　南	0.9159	10	0.9215	10	0.8800	8
重　庆	0.5316	31	0.5230	31	0.5480	30
四　川	0.9669	6	0.6135	25	0.5721	28
贵　州	0.7814	16	0.7756	17	0.7332	16
云　南	0.5755	27	0.6081	27	0.6860	20
西　藏	0.3540	32	0.3335	32	0.3549	32
陕　西	0.6763	18	0.6607	20	0.6546	23
甘　肃	0.5559	29	0.5561	29	0.5584	29
青　海	0.6556	20	0.6972	19	0.7326	17
宁　夏	0.7606	17	0.7861	16	0.7563	15
新　疆	0.5605	28	0.8424	12	0.8710	10

表 3-36 　　　　　　　　　　2015—2017 年就业保障"保障度"指数排名

项目 地区	2017 年		2016 年		2015 年	
	指数值	排名	指数值	排名	指数值	排名
全　国	0.5694	17	0.5489	14	0.5698	15
北　京	0.7543	2	0.7259	3	0.7176	3
天　津	0.4006	30	0.3491	31	0.3919	31
河　北	0.4695	26	0.4918	25	0.5234	22
山　西	0.5906	14	0.4914	26	0.5379	17
内蒙古	0.5320	18	0.5188	21	0.5294	19
辽　宁	0.3897	31	0.4659	28	0.4904	27
吉　林	0.4533	28	0.4292	30	0.3851	32
黑龙江	0.5052	23	0.5155	22	0.5156	25
上　海	0.7196	4	0.7271	2	0.7293	2
江　苏	0.6253	11	0.6138	10	0.6635	6
浙　江	0.6505	9	0.6607	6	0.6637	5
安　徽	0.4597	27	0.4668	27	0.4628	30
福　建	0.6885	5	0.6868	4	0.6875	4
江　西	0.4926	24	0.4955	24	0.5199	24
山　东	0.6006	13	0.5941	12	0.6165	11
河　南	0.6568	6	0.6361	8	0.6453	8
湖　北	0.4821	25	0.4505	29	0.4961	26
湖　南	0.3590	32	0.3463	32	0.4731	28
广　东	0.6509	8	0.6366	7	0.6122	13
广　西	0.5773	16	0.5420	16	0.5260	21
海　南	0.5234	21	0.5233	19	0.5796	14
重　庆	0.6050	12	0.6356	9	0.6440	9
四　川	0.4528	29	0.5093	23	0.5234	23
贵　州	0.5110	22	0.5203	20	0.5275	20
云　南	0.5234	20	0.5487	15	0.5319	18
西　藏	0.7836	1	0.8317	1	0.7296	1
陕　西	0.5844	15	0.5260	18	0.5674	16
甘　肃	0.6537	7	0.5695	13	0.6139	12
青　海	0.5276	19	0.5369	17	0.4647	29
宁　夏	0.6274	10	0.6020	11	0.6233	10
新　疆	0.7324	3	0.6712	5	0.6590	7

表 3–37　　　　　　　　　　　2015—2017 年就业保障持续性指数排名

项目 地区	2017 年		2016 年		2015 年	
	指数值	排名	指数值	排名	指数值	排名
全　国	0.5893	12	0.4583	20	0.4097	12
北　京	0.6651	7	0.7149	3	0.5689	6
天　津	0.2110	30	0.3491	28	0.1955	30
河　北	0.3766	26	0.4101	24	0.1776	31
山　西	0.7422	2	0.3999	27	0.2937	25
内蒙古	−0.1755	32	0.2472	30	0.2131	28
辽　宁	0.3788	25	−0.6985	32	0.2041	29
吉　林	0.3012	29	0.4411	21	0.3598	18
黑龙江	0.3323	28	0.2891	29	0.2298	27
上　海	0.5098	18	0.5864	9	0.3947	15
江　苏	0.5155	17	0.4938	17	0.3969	13
浙　江	0.6494	8	0.6723	5	0.5470	7
安　徽	0.5070	19	0.4986	16	0.3064	24
福　建	0.6895	5	0.6411	6	0.5442	8
江　西	0.6715	6	0.7630	2	0.5898	5
山　东	0.3715	27	0.4008	26	0.3376	20
河　南	0.6229	10	0.5770	11	0.4351	10
湖　北	0.5221	16	0.5661	12	0.5098	9
湖　南	0.4610	23	0.5087	15	0.4280	11
广　东	0.6979	3	0.6978	4	0.6163	4
广　西	0.1557	31	0.4319	23	0.3720	17
海　南	0.5310	15	0.5196	14	0.3835	16
重　庆	0.5920	11	0.6392	7	0.6381	3
四　川	0.4840	20	0.4020	25	0.2417	26
贵　州	0.6383	9	0.6058	8	0.6721	2
云　南	0.5358	14	0.4343	22	0.3342	21
西　藏	0.9734	1	0.9815	1	0.9600	1
陕　西	0.6912	4	0.5788	10	0.3447	19
甘　肃	0.4767	22	0.5562	13	0.3216	22
青　海	0.3796	24	0.4651	19	0.3964	14
宁　夏	0.4831	21	0.4841	18	0.3196	23
新　疆	0.5675	13	0.1946	31	0.0759	32

表 3-38 　　　　　　　　　2015—2017 年就业保障高效性指数排名

项目 地区	2017 年		2016 年		2015 年	
	指数值	排名	指数值	排名	指数值	排名
全　国	0.4631	22	0.4602	22	0.4350	20
北　京	0.7957	2	0.7912	2	0.7122	1
天　津	0.4491	23	0.4258	26	0.3905	26
河　北	0.4833	18	0.4854	16	0.4561	15
山　西	0.5634	10	0.4739	20	0.4765	12
内蒙古	0.4721	20	0.4579	23	0.4304	21
辽　宁	0.3259	32	0.4132	27	0.4229	22
吉　林	0.4265	25	0.3425	30	0.2708	32
黑龙江	0.5564	11	0.5383	11	0.5122	9
上　海	0.5852	8	0.6156	6	0.5401	8
江　苏	0.3498	30	0.3392	31	0.3781	28
浙　江	0.5465	12	0.5144	14	0.4448	18
安　徽	0.4050	27	0.3891	28	0.3854	27
福　建	0.7007	4	0.6501	4	0.5783	5
江　西	0.5248	13	0.5399	10	0.4803	11
山　东	0.4270	24	0.4539	24	0.4383	19
河　南	0.5717	9	0.5924	7	0.6298	3
湖　北	0.3945	28	0.3516	29	0.3738	29
湖　南	0.3458	31	0.3084	32	0.3655	30
广　东	0.7260	3	0.7695	3	0.5439	7
广　西	0.4949	16	0.4824	19	0.3982	24
海　南	0.5069	15	0.5703	8	0.5756	6
重　庆	0.4891	17	0.4845	17	0.4591	14
四　川	0.4658	21	0.4887	15	0.3988	23
贵　州	0.5070	14	0.5518	9	0.4917	10
云　南	0.3589	29	0.4638	21	0.3965	25
西　藏	0.8281	1	0.8152	1	0.6458	2
陕　西	0.6834	5	0.6413	5	0.6237	4
甘　肃	0.5929	7	0.4459	25	0.4511	17
青　海	0.4206	26	0.4838	18	0.2920	31
宁　夏	0.4724	19	0.5379	12	0.4757	13
新　疆	0.5955	6	0.5291	13	0.4524	16

3.4.2　就业保障二级发展指数排名(9 个指数)

表 3-39　　　　　　　　2015—2017 年失业保险参保率指数排名

项目 地区	2017 年		2016 年		2015 年	
	指数值	排名	指数值	排名	指数值	排名
全　国	0.8256	15	0.8216	15	0.8066	13
北　京	1.0000	1	1.0000	1	1.0000	1
天　津	1.0000	1	1.0000	1	1.0000	1
河　北	0.9725	11	0.8520	13	0.8717	10
山　西	1.0000	1	0.9968	8	0.9790	6
内蒙古	0.6707	21	0.6983	21	0.7066	20
辽　宁	1.0000	1	1.0000	1	1.0000	1
吉　林	0.7365	17	0.7074	20	0.6815	22
黑龙江	0.9082	12	0.8974	11	0.9018	8
上　海	1.0000	1	1.0000	1	0.7352	15
江　苏	0.6505	23	0.6589	24	0.6739	23
浙　江	0.8310	14	0.8349	14	0.8123	12
安　徽	0.6659	22	0.6755	23	0.7071	18
福　建	0.6285	26	0.6350	25	0.6657	25
江　西	0.5127	31	0.5122	31	0.5164	31
山　东	1.0000	1	0.9808	9	0.9535	7
河　南	0.6779	20	0.7143	19	0.7554	14
湖　北	0.7341	18	0.7145	18	0.7013	21
湖　南	1.0000	1	1.0000	1	0.6086	29
广　东	0.9760	10	1.0000	1	1.0000	1
广　西	0.6360	24	0.5953	29	0.6485	26
海　南	1.0000	1	1.0000	1	1.0000	1
重　庆	0.5870	27	0.5989	28	0.6350	27
四　川	1.0000	1	0.6317	26	0.5845	30
贵　州	0.7762	16	0.7593	16	0.7070	19
云　南	0.5494	30	0.5869	30	0.6716	24
西　藏	0.2540	32	0.2701	32	0.2383	32
陕　西	0.7210	19	0.7307	17	0.7338	16
甘　肃	0.5863	28	0.6037	27	0.6121	28
青　海	0.6355	25	0.6822	22	0.7230	17
宁　夏	0.8671	13	0.9505	10	0.8349	11
新　疆	0.5637	29	0.8674	12	0.8961	9

表 3-40   2015—2017 年工伤保险参保率指数排名

项目 地区	2017 年		2016 年		2015 年	
	指数值	排名	指数值	排名	指数值	排名
全　国	0.7440	15	0.7547	15	0.7784	13
北　京	0.8967	8	0.9068	8	0.9305	7
天　津	1.0000	1	1.0000	1	1.0000	1
河　北	1.0000	1	1.0000	1	1.0000	1
山　西	0.9786	5	1.0000	1	1.0000	1
内蒙古	0.5736	23	0.6085	24	0.6038	24
辽　宁	1.0000	1	1.0000	1	1.0000	1
吉　林	0.8200	11	0.8250	10	0.8217	12
黑龙江	1.0000	1	1.0000	1	1.0000	1
上　海	0.7513	14	0.8027	13	0.8407	10
江　苏	0.5553	27	0.5666	26	0.5876	26
浙　江	0.8769	10	0.8626	9	0.9135	8
安　徽	0.5200	29	0.5546	28	0.5920	25
福　建	0.6842	16	0.6767	17	0.7343	16
江　西	0.6289	20	0.6264	21	0.6429	23
山　东	0.7637	13	0.7867	14	0.8241	11
河　南	0.5719	24	0.6123	22	0.6553	21
湖　北	0.5227	28	0.5382	29	0.5393	29
湖　南	0.8963	9	0.9601	6	0.7506	15
广　东	0.8974	7	0.9399	7	1.0000	1
广　西	0.5564	26	0.5662	27	0.5785	28
海　南	0.7859	12	0.8065	11	0.7729	14
重　庆	0.5102	30	0.4915	31	0.5061	31
四　川	0.9584	6	0.6088	23	0.5792	27
贵　州	0.6430	18	0.6507	18	0.6613	20
云　南	0.5833	22	0.6045	25	0.6511	22
西　藏	0.3907	32	0.3424	32	0.4032	32
陕　西	0.6779	17	0.6839	16	0.6854	17
甘　肃	0.4962	31	0.4953	30	0.5089	30
青　海	0.6284	21	0.6453	20	0.6777	18
宁　夏	0.6386	19	0.6485	19	0.6646	19
新　疆	0.5655	25	0.8052	12	0.8424	9

表 3–41　　　　　　　　　　2015—2017 年生育保险参保率指数排名

项目 地区	2017 年		2016 年		2015 年	
	指数值	排名	指数值	排名	指数值	排名
全　国	0.7851	15	0.7756	16	0.7656	17
北　京	0.8686	14	0.8671	12	0.8727	7
天　津	0.9454	7	0.8861	11	0.8482	9
河　北	1.0000	1	1.0000	1	1.0000	1
山　西	1.0000	1	1.0000	1	1.0000	1
内蒙古	0.7727	17	0.8182	15	0.8174	12
辽　宁	1.0000	1	1.0000	1	1.0000	1
吉　林	0.9569	5	0.9191	10	0.8873	6
黑龙江	0.9470	6	0.9492	7	0.9526	5
上　海	0.9371	9	0.9779	6	0.7797	15
江　苏	0.6016	26	0.5988	25	0.6157	23
浙　江	0.7758	16	0.7594	18	0.7667	16
安　徽	0.7228	19	0.7215	19	0.7482	18
福　建	0.6027	24	0.6390	22	0.6748	22
江　西	0.4630	31	0.4342	31	0.4267	32
山　东	0.8861	13	0.8456	14	0.8147	13
河　南	0.5395	29	0.5426	29	0.5439	27
湖　北	0.6319	22	0.6246	23	0.6144	24
湖　南	1.0000	1	1.0000	1	0.5879	25
广　东	0.9424	8	0.9854	5	1.0000	1
广　西	0.6596	21	0.6206	24	0.6763	21
海　南	0.9336	10	0.9317	8	0.8272	11
重　庆	0.4792	30	0.4534	30	0.4738	30
四　川	0.9314	11	0.5938	26	0.5486	26
贵　州	0.9266	12	0.9223	9	0.8402	10
云　南	0.6026	25	0.6399	21	0.7402	20
西　藏	0.4506	32	0.4092	32	0.4619	31
陕　西	0.6152	23	0.5442	28	0.5181	29
甘　肃	0.5752	27	0.5533	27	0.5364	28
青　海	0.7097	20	0.7689	17	0.8002	14
宁　夏	0.7407	18	0.7045	20	0.7430	19
新　疆	0.5512	28	0.8464	13	0.8661	8

表 3–42 2015—2017 年城乡非农业就业率指数排名

项目 地区	2017 年		2016 年		2015 年	
	指数值	排名	指数值	排名	指数值	排名
全　国	0.6673	12	0.6325	11	0.6025	10
北　京	1.0000	1	1.0000	1	1.0000	1
天　津	0.5409	19	0.5273	18	0.5144	18
河　北	0.4032	29	0.3975	30	0.3574	31
山　西	0.4704	26	0.4559	26	0.4365	24
内蒙古	0.5848	15	0.5526	14	0.5490	15
辽　宁	0.5572	17	0.5381	17	0.5845	12
吉　林	0.6495	13	0.5854	12	0.5614	13
黑龙江	0.3602	32	0.3467	32	0.3233	32
上　海	1.0000	1	1.0000	1	1.0000	1
江　苏	1.0000	1	1.0000	1	1.0000	1
浙　江	1.0000	1	1.0000	1	1.0000	1
安　徽	0.5297	21	0.4810	21	0.4419	23
福　建	0.8573	7	0.7984	7	0.6986	7
江　西	0.5457	18	0.5397	16	0.5330	17
山　东	0.7249	9	0.6688	10	0.6174	9
河　南	0.5060	23	0.4615	25	0.4243	27
湖　北	0.7235	11	0.6941	8	0.6850	8
湖　南	0.3689	31	0.3540	31	0.4487	22
广　东	0.9381	6	0.8677	6	0.7811	6
广　西	0.4591	27	0.4320	29	0.4149	28
海　南	0.5643	16	0.5437	15	0.5414	16
重　庆	0.9504	5	0.8963	5	0.8282	5
四　川	0.3878	30	0.4862	20	0.4778	19
贵　州	0.5146	22	0.4709	23	0.4358	25
云　南	0.4494	28	0.4333	28	0.4057	29
西　藏	0.7252	8	0.6791	9	0.5948	11
陕　西	0.4933	24	0.4741	22	0.4607	21
甘　肃	0.5366	20	0.4622	24	0.4336	26
青　海	0.4830	25	0.4360	27	0.4054	30
宁　夏	0.6270	14	0.5819	13	0.5504	14
新　疆	0.7240	10	0.5033	19	0.4773	20

表 3-43　　　　　　　2015—2017 年失业保险待遇替代率指数排名

地区＼项目	2017 年		2016 年		2015 年	
	指数值	排名	指数值	排名	指数值	排名
全　国	0.1594	17	0.1812	16	0.1529	20
北　京	0.3726	2	0.3961	2	0.3294	2
天　津	0.1864	13	0.1253	26	0.1625	18
河　北	0.1798	14	0.3272	5	0.2047	11
山　西	0.2054	9	0.2027	15	0.2426	9
内蒙古	0.1256	24	0.2138	13	0.1646	17
辽　宁	0.1199	25	0.1660	19	0.1033	30
吉　林	0.2058	8	0.2219	11	0.2029	13
黑龙江	0.2101	7	0.2513	9	0.2717	7
上　海	0.1957	12	0.2153	12	0.2376	10
江　苏	0.1153	26	0.1295	25	0.0969	31
浙　江	0.2571	5	0.3024	6	0.2936	5
安　徽	0.1397	21	0.1459	24	0.1545	19
福　建	0.1439	19	0.1495	22	0.1094	27
江　西	0.1080	29	0.1203	29	0.1703	16
山　东	0.1376	22	0.1475	23	0.1357	22
河　南	0.1419	20	0.1742	17	0.1413	21
湖　北	0.1458	18	0.1699	18	0.1213	24
湖　南	0.1107	27	0.1211	28	0.1069	29
广　东	0.1791	15	0.2493	10	0.1166	26
广　西	0.1292	23	0.1625	21	0.1206	25
海　南	0.1018	30	0.0959	32	0.1072	28
重　庆	0.1615	16	0.1637	20	0.2041	12
四　川	0.0942	32	0.1144	31	0.0904	32
贵　州	0.2021	10	0.2608	8	0.2459	8
云　南	0.0983	31	0.1182	30	0.1317	23
西　藏	1.0000	1	1.0000	1	0.3160	3
陕　西	0.2201	6	0.2040	14	0.1832	15
甘　肃	0.2939	3	0.3815	4	0.2773	6
青　海	0.1962	11	0.3857	3	0.4976	1
宁　夏	0.1093	28	0.1214	27	0.1851	14
新　疆	0.2837	4	0.2896	7	0.3039	4

表 3–44　　2015—2017 年工伤保险待遇替代率指数排名

项目 地区	2017 年		2016 年		2015 年	
	指数值	排名	指数值	排名	指数值	排名
全　国	0.5110	20	0.5047	21	0.5292	23
北　京	0.6276	14	0.5781	14	0.5580	20
天　津	0.3719	30	0.4126	29	0.4328	29
河　北	0.7211	12	0.7236	9	0.7889	7
山　西	0.9708	2	0.4837	23	0.5607	19
内蒙古	0.7448	8	0.6767	11	0.6819	12
辽　宁	0.4095	26	0.4283	27	0.4566	26
吉　林	0.3869	29	0.4755	25	0.1975	32
黑龙江	0.7413	10	0.7381	7	0.7513	9
上　海	0.4023	27	0.4202	28	0.4459	28
江　苏	0.5771	18	0.5563	16	0.6882	11
浙　江	0.3601	31	0.3642	30	0.3445	31
安　徽	0.2836	32	0.3423	31	0.3834	30
福　建	0.5943	16	0.5665	15	0.6295	15
江　西	0.4863	22	0.5384	18	0.5095	24
山　东	0.6127	15	0.6258	12	0.6717	13
河　南	0.8360	4	0.9088	2	0.9923	3
湖　北	0.3915	28	0.2944	32	0.5430	22
湖　南	0.4536	24	0.4804	24	0.6456	14
广　东	0.4902	21	0.5024	22	0.4491	27
广　西	0.5865	17	0.5545	17	0.5519	21
海　南	0.7303	11	0.7380	8	0.8112	5
重　庆	0.4264	25	0.4551	26	0.4792	25
四　川	0.5404	19	0.5333	19	0.5652	18
贵　州	0.7962	6	0.7947	5	0.7869	8
云　南	0.4817	23	0.6091	13	0.6125	16
西　藏	0.7543	7	0.8456	4	1.0000	1
陕　西	0.8609	3	0.7148	10	0.7964	6
甘　肃	0.6380	13	0.5192	20	0.5907	17
青　海	0.8291	5	0.8667	3	0.8256	4
宁　夏	1.0000	1	1.0000	1	1.0000	1
新　疆	0.7427	9	0.7550	6	0.7511	10

表 3-45 2015—2017 年生育保险待遇替代率指数排名

地区 \ 项目	2017 年		2016 年		2015 年	
	指数值	排名	指数值	排名	指数值	排名
全 国	0.7212	18	0.6722	18	0.8165	18
北 京	0.7711	15	0.6551	21	0.7006	23
天 津	0.5975	25	0.3639	32	0.5285	29
河 北	0.6696	20	0.5933	24	0.8591	17
山 西	0.8798	7	0.8772	6	1.0000	1
内蒙古	0.8325	12	0.7968	13	0.8891	12
辽 宁	0.4925	29	0.8652	8	0.9336	9
吉 林	0.6513	21	0.4689	29	0.5243	30
黑龙江	0.9755	4	1.0000	1	1.0000	1
上 海	1.0000	1	1.0000	1	1.0000	1
江 苏	0.4340	32	0.3830	31	0.5325	28
浙 江	0.6355	23	0.6371	23	0.6802	24
安 徽	0.6756	19	0.7680	15	0.7873	20
福 建	0.8470	11	0.9194	5	1.0000	1
江 西	0.8503	9	0.7970	12	0.8884	13
山 东	0.7860	14	0.7836	14	0.8668	16
河 南	1.0000	1	0.9428	4	1.0000	1
湖 北	0.5849	26	0.4634	30	0.5143	31
湖 南	0.5495	27	0.4745	28	0.6446	25
广 东	0.6469	22	0.5638	25	0.7143	21
广 西	0.8284	13	0.8411	9	0.9063	11
海 南	0.5247	28	0.5056	27	0.6207	26
重 庆	0.4868	30	0.6630	19	0.7083	22
四 川	0.8630	8	0.8718	7	0.9167	10
贵 州	0.4843	31	0.5434	26	0.6201	27
云 南	0.9341	5	1.0000	1	1.0000	1
西 藏	0.5986	24	0.7971	11	1.0000	1
陕 西	0.7701	16	0.6566	20	0.8160	19
甘 肃	1.0000	1	0.7217	17	1.0000	1
青 海	0.7473	17	0.6388	22	0.2527	32
宁 夏	0.8491	10	0.7669	16	0.8722	15
新 疆	0.9115	6	0.8323	10	0.8866	14

表 3-46 　　　　　　　　　2015—2017 年地区人均生产总值增长率指数排名

地区 ＼ 项目	2017 年		2016 年		2015 年	
	指数值	排名	指数值	排名	指数值	排名
全　国	0.9856	9	0.6995	20	0.5735	13
北　京	0.8753	15	1.0000	1	0.6231	8
天　津	0.3241	27	0.6296	24	0.2485	23
河　北	0.5174	24	0.6682	23	0.0649	26
山　西	1.0000	1	0.1682	29	−0.0413	30
内蒙古	−1.1037	32	0.1298	30	0.0074	29
辽　宁	0.5162	25	−2.1353	32	0.0225	28
吉　林	0.1726	29	0.5218	27	0.1769	24
黑龙江	0.3517	26	0.2355	28	0.0577	27
上　海	0.8280	16	1.0000	1	0.6324	7
江　苏	1.0000	1	0.9683	5	0.7164	4
浙　江	0.8059	18	0.8975	12	0.6093	9
安　徽	0.9301	11	0.9488	9	0.4376	21
福　建	1.0000	1	0.9504	8	0.6785	6
江　西	0.7173	21	0.9592	6	0.5665	14
山　东	0.5680	23	0.6817	22	0.5177	17
河　南	0.9226	12	0.8455	13	0.5302	16
湖　北	0.7805	19	0.9480	10	0.7132	5
湖　南	0.6562	22	0.8132	16	0.5908	12
广　东	0.8954	13	0.9246	11	0.6091	10
广　西	0.0189	31	0.7726	17	0.6082	11
海　南	0.8823	14	0.8285	15	0.4663	18
重　庆	0.8092	17	1.0000	1	0.8954	3
四　川	1.0000	1	0.8411	14	0.4493	20
贵　州	1.0000	1	1.0000	1	1.0000	1
云　南	0.9640	10	0.7608	18	0.5420	15
西　藏	1.0000	1	0.9538	7	0.8999	2
陕　西	1.0000	1	0.6819	21	0.1423	25
甘　肃	0.2960	28	0.5413	25	−0.0972	31
青　海	0.1136	30	0.5294	26	0.3819	22
宁　夏	0.7251	20	0.7414	19	0.4515	19
新　疆	1.0000	1	0.1264	31	−0.1443	32

表 3-47　　　　　　　　2015—2017 年失业保险基金累计结余系数指数排名

项目 地区	2017 年		2016 年		2015 年	
	指数值	排名	指数值	排名	指数值	排名
全　国	0.0861	24	0.0757	23	0.0957	20
北　京	0.0501	29	0.0498	29	0.0656	28
天　津	0.0250	31	0.0520	28	0.0452	30
河　北	0.0810	25	0.0441	30	0.0840	24
山　西	0.2011	5	0.1934	3	0.1508	11
内蒙古	0.2433	4	0.1192	11	0.1540	10
辽　宁	0.1470	10	0.1070	14	0.1969	5
吉　林	0.1446	11	0.1375	5	0.1852	8
黑龙江	0.1353	13	0.1252	10	0.1316	13
上　海	0.0239	32	0.0269	32	0.0275	32
江　苏	0.0594	28	0.0556	27	0.0796	25
浙　江	0.0902	23	0.0809	21	0.0858	22
安　徽	0.0640	26	0.0600	25	0.0642	29
福　建	0.1435	12	0.1351	8	0.1899	7
江　西	0.2818	2	0.2645	2	0.2107	3
山　东	0.0638	27	0.0590	26	0.0666	27
河　南	0.1322	15	0.1075	13	0.1184	17
湖　北	0.1180	17	0.1006	17	0.1680	9
湖　南	0.1118	18	0.1043	16	0.1254	14
广　东	0.1325	14	0.0933	20	0.2422	2
广　西	0.1224	16	0.0933	19	0.1372	12
海　南	0.0927	21	0.1062	15	0.1117	18
重　庆	0.1017	19	0.0984	18	0.1003	19
四　川	0.0925	22	0.0626	24	0.0750	26
贵　州	0.0983	20	0.0774	22	0.1222	15
云　南	0.1625	7	0.1355	6	0.1207	16
西　藏	0.9112	1	1.0000	1	1.0000	1
陕　西	0.1548	9	0.1821	4	0.1925	6
甘　肃	0.1942	6	0.1323	9	0.2017	4
青　海	0.2568	3	0.1159	12	0.0952	21
宁　夏	0.1554	8	0.1352	7	0.0852	23
新　疆	0.0432	30	0.0430	31	0.0441	31

3.5 贫困保障发展指数排名

贫困保障发展指数排名分为一级指数排名和二级指数排名。贫困保障发展的一级指数包括贫困保障发展总指数、贫困保障覆盖面指数、贫困保障"保障度"指数、贫困保障持续性指数、贫困保障高效性指数。贫困保障发展的二级指数包括贫困保障率指数等 10 个基础性指数。

3.5.1 贫困保障一级发展指数排名

表 3–48 　　　　　　　　　2015—2017 年贫困保障发展总指数排名

地区 \ 项目	2017 年		2016 年		2015 年	
	指数值	排名	指数值	排名	指数值	排名
全　国	0.6792	25	0.6742	23	0.6644	21
北　京	0.8013	2	0.7944	4	0.7869	3
天　津	0.7861	4	0.8128	3	0.8066	2
河　北	0.7013	17	0.7021	15	0.6833	18
山　西	0.6983	18	0.6995	17	0.6804	20
内蒙古	0.7218	11	0.7115	11	0.7154	10
辽　宁	0.6977	19	0.7004	16	0.6943	16
吉　林	0.6910	21	0.6832	20	0.6540	28
黑龙江	0.7438	6	0.7420	6	0.7319	8
上　海	0.8334	1	0.8232	1	0.8167	1
江　苏	0.7352	9	0.7332	7	0.7404	6
浙　江	0.7083	14	0.7126	10	0.7348	7
安　徽	0.7051	15	0.7023	14	0.7008	15
福　建	0.6972	20	0.6633	30	0.6601	24
江　西	0.7110	13	0.7112	12	0.7048	12
山　东	0.6564	30	0.6559	31	0.6576	27
河　南	0.6609	29	0.6660	28	0.6463	30
湖　北	0.7050	16	0.6735	25	0.6635	23
湖　南	0.6382	32	0.6728	26	0.6522	29
广　东	0.7503	5	0.7140	9	0.7021	14
广　西	0.6830	24	0.6787	22	0.6598	25
海　南	0.7364	7	0.7474	5	0.7564	5

续表

项目 地区	2017 年		2016 年		2015 年	
	指数值	排名	指数值	排名	指数值	排名
重　庆	0.6773	26	0.6818	21	0.6839	17
四　川	0.6873	23	0.6741	24	0.6590	26
贵　州	0.7361	8	0.7321	8	0.7221	9
云　南	0.7121	12	0.6965	19	0.6812	19
西　藏	0.7970	3	0.8176	2	0.7745	4
陕　西	0.6899	22	0.6984	18	0.7068	11
甘　肃	0.7314	10	0.7042	13	0.7041	13
青　海	0.6719	27	0.6703	27	0.6639	22
宁　夏	0.6631	28	0.6646	29	0.6286	32
新　疆	0.6474	31	0.6481	32	0.6301	31

2017 年贫困保障发展总指数排名如图 3-13 所示：

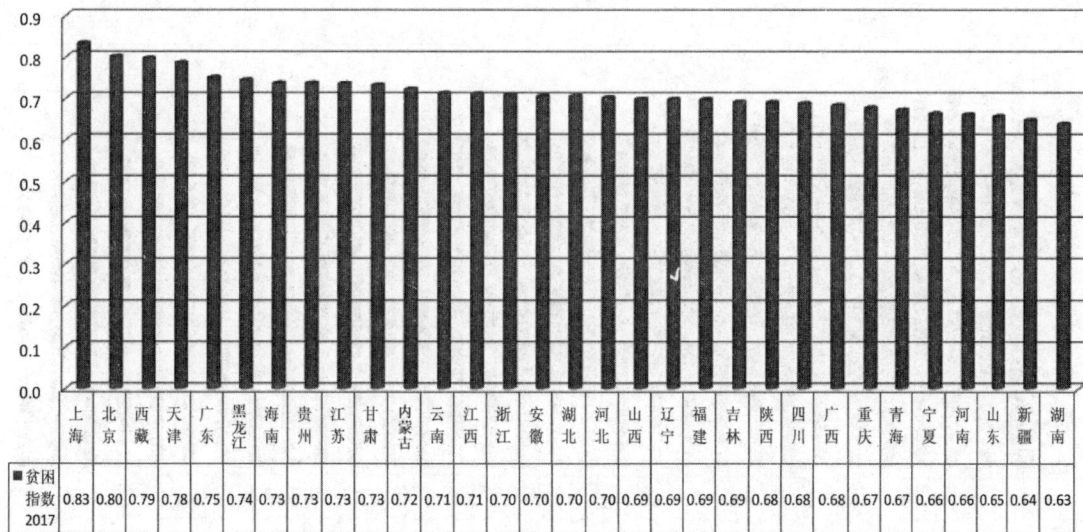

	上海	北京	西藏	天津	广东	黑龙江	海南	贵州	江苏	甘肃	内蒙古	云南	江西	浙江	安徽	湖北	河北	山西	辽宁	福建	吉林	陕西	四川	广西	重庆	青海	宁夏	河南	山东	新疆	湖南
贫困指数 2017	0.83	0.80	0.79	0.78	0.75	0.74	0.73	0.73	0.73	0.73	0.72	0.71	0.71	0.70	0.70	0.70	0.70	0.69	0.69	0.69	0.69	0.68	0.68	0.68	0.67	0.67	0.66	0.66	0.65	0.64	0.63

图 3-13　2017 年贫困保障发展总指数排名示意

2016 年贫困保障发展总指数排名如图 3-14 所示：

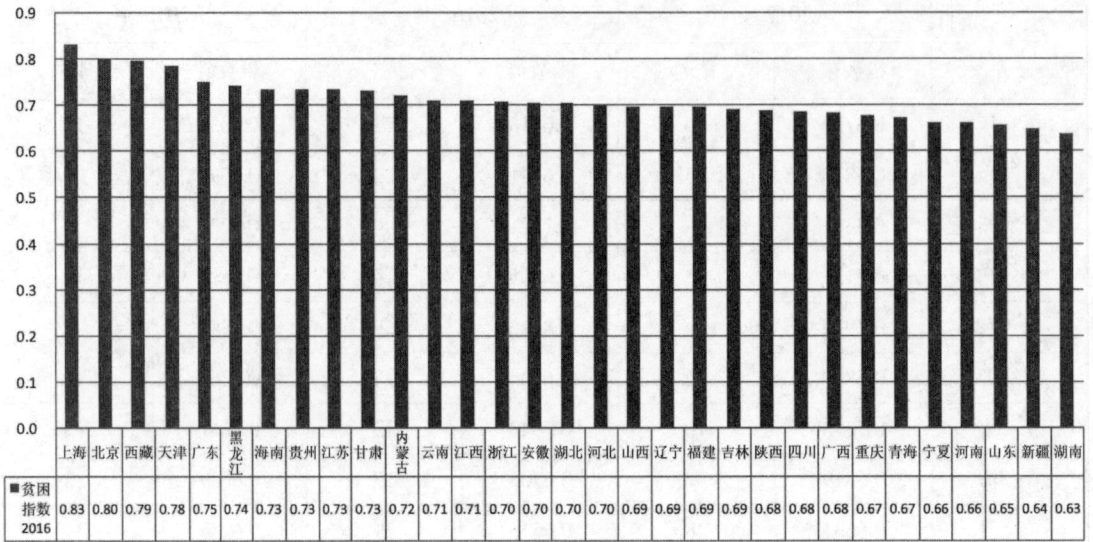

图 **3-14** **2016 年贫困保障发展总指数排名示意**

2015 年贫困保障发展总指数排名如图 3-15 所示：

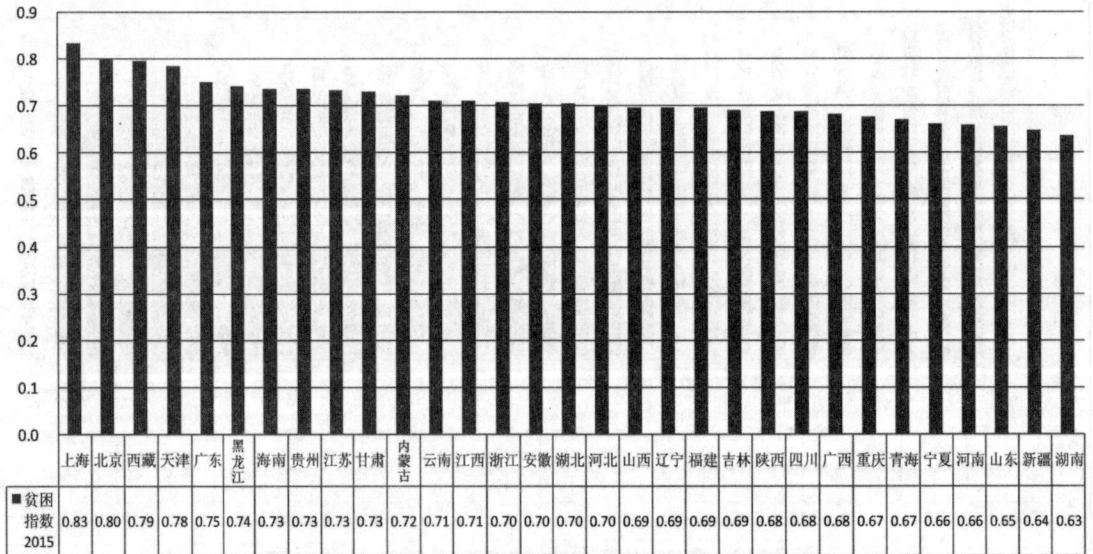

图 **3-15** **2015 年贫困保障发展总指数排名示意**

表 3-49　　　　　　　　2015—2017 年贫困保障覆盖面指数排名

项目 地区	2017 年		2016 年		2015 年	
	指数值	排名	指数值	排名	指数值	排名
全　国	0.9889	17	0.9831	17	0.9792	16
北　京	1.0000	1	1.0000	1	0.9906	10
天　津	1.0000	1	1.0000	1	0.9943	8
河　北	1.0000	1	0.9983	5	0.9962	5
山　西	0.9835	19	0.9792	18	0.9754	18
内蒙古	0.9621	26	0.9617	23	0.9544	25
辽　宁	0.9883	18	0.9853	16	0.9845	14
吉　林	0.9654	25	0.9588	26	0.9557	24
黑龙江	0.9685	24	0.9602	24	0.9597	23
上　海	0.9967	10	0.9970	7	0.9984	4
江　苏	0.9965	11	0.9948	9	0.9943	7
浙　江	1.0000	1	0.9985	4	1.0000	1
安　徽	0.9983	8	0.9973	6	0.9897	11
福　建	1.0000	1	1.0000	1	1.0000	1
江　西	0.9756	21	0.9729	20	0.9730	19
山　东	0.9986	7	0.9957	8	0.9944	6
河　南	0.9979	9	0.9935	11	0.9848	13
湖　北	0.9898	16	0.9893	14	0.9813	15
湖　南	0.9956	12	0.9720	21	0.9645	22
广　东	0.9903	15	0.9904	13	0.9894	12
广　西	0.9784	20	0.9715	22	0.9707	20
海　南	0.9953	13	0.9947	10	0.9940	9
重　庆	0.9924	14	0.9913	12	0.9986	3
四　川	0.9737	22	0.9732	19	0.9654	21
贵　州	0.9706	23	0.9600	25	0.9524	26
云　南	0.9482	29	0.9240	29	0.9134	30
西　藏	0.9526	28	0.9420	27	0.9012	31
陕　西	0.9990	6	0.9862	15	0.9759	17
甘　肃	0.9021	32	0.8915	32	0.8830	32
青　海	0.9332	30	0.9116	31	0.9348	28
宁　夏	0.9543	27	0.9413	28	0.9397	27
新　疆	0.9097	31	0.9179	30	0.9326	29

表 3–50　　　　　　　　　　2015—2017 年贫困保障"保障度"指数排名

项目\地区	2017 年		2016 年		2015 年	
	指数值	排名	指数值	排名	指数值	排名
全　国	0.7841	26	0.7636	25	0.7299	22
北　京	0.8753	11	0.8465	11	0.8132	14
天　津	1.0000	1	1.0000	1	0.9874	1
河　北	0.8560	15	0.8420	14	0.7772	19
山　西	0.8542	16	0.8341	16	0.7835	17
内蒙古	0.9248	5	0.9211	4	0.9169	4
辽　宁	0.8632	14	0.8386	15	0.8132	15
吉　林	0.8220	22	0.7764	23	0.7298	23
黑龙江	0.9565	4	0.9192	5	0.8880	8
上　海	0.8915	8	0.8463	12	0.8145	13
江　苏	0.8747	12	0.8819	8	0.8898	7
浙　江	0.7932	25	0.7695	24	0.7485	21
安　徽	0.8671	13	0.8554	10	0.8306	11
福　建	0.7262	29	0.6869	32	0.6786	27
江　西	0.8367	19	0.8285	17	0.8147	12
山　东	0.7379	28	0.7264	27	0.7234	24
河　南	0.6978	31	0.7024	29	0.6487	31
湖　北	0.8322	20	0.7552	26	0.7099	25
湖　南	0.6872	32	0.6972	30	0.6320	32
广　东	0.8933	7	0.8243	18	0.7679	20
广　西	0.8018	24	0.7992	21	0.6964	26
海　南	0.8903	9	0.9080	6	0.9490	2
重　庆	0.8120	23	0.8088	20	0.8053	16
四　川	0.7591	27	0.7109	28	0.6710	29
贵　州	0.9643	2	0.9395	3	0.9135	5
云　南	0.8540	17	0.8168	19	0.7821	18
西　藏	0.9583	3	0.9605	2	0.9321	3
陕　西	0.8784	10	0.8783	9	0.9005	6
甘　肃	0.9146	6	0.8901	7	0.8516	10
青　海	0.8447	18	0.8422	13	0.8613	9
宁　夏	0.8294	21	0.7986	22	0.6776	28
新　疆	0.6994	30	0.6944	31	0.6665	30

表 3-51　　　　　　　　　　2015—2017 年贫困保障持续性指数排名

项目 地区	2017 年		2016 年		2015 年	
	指数值	排名	指数值	排名	指数值	排名
全　国	0.6879	17	0.7145	19	0.7286	18
北　京	0.3298	32	0.3311	32	0.3437	32
天　津	0.4992	28	0.4633	30	0.4995	30
河　北	0.6485	21	0.6833	20	0.6866	20
山　西	0.7544	11	0.7992	9	0.7747	12
内蒙古	0.7791	8	0.7400	14	0.7903	10
辽　宁	0.7005	15	0.7494	12	0.7694	14
吉　林	0.7546	10	0.7805	10	0.7673	15
黑龙江	0.8469	4	0.9066	3	0.9214	2
上　海	0.4455	31	0.4494	31	0.4538	31
江　苏	0.5605	25	0.5738	24	0.5676	25
浙　江	0.5511	26	0.5396	26	0.5123	29
安　徽	0.7319	13	0.7404	13	0.7833	11
福　建	0.4800	29	0.4670	28	0.5569	26
江　西	0.8665	3	0.8861	4	0.8612	5
山　东	0.5614	24	0.6025	23	0.6255	21
河　南	0.7174	14	0.7683	11	0.7915	9
湖　北	0.7387	12	0.7214	16	0.7576	17
湖　南	0.6899	16	0.8729	5	0.8852	4
广　东	0.5139	27	0.5102	27	0.5245	28
广　西	0.7589	9	0.7301	15	0.8021	8
海　南	0.5635	23	0.5711	25	0.5996	24
重　庆	0.6572	20	0.6469	22	0.6183	23
四　川	0.8264	5	0.8523	6	0.8500	7
贵　州	0.8255	6	0.8489	7	0.8573	6
云　南	0.8895	2	0.9290	2	0.9192	3
西　藏	0.4793	30	0.4651	29	0.5301	27
陕　西	0.6218	22	0.7179	18	0.7578	16
甘　肃	0.9772	1	0.9320	1	0.9723	1
青　海	0.6874	18	0.6636	21	0.6218	22
宁　夏	0.6641	19	0.7180	17	0.7062	19
新　疆	0.7986	7	0.8156	8	0.7718	13

表 3-52 　　　　　　　　　　2015—2017 年贫困保障高效性指数排名

项目 地区	2017 年		2016 年		2015 年	
	指数值	排名	指数值	排名	指数值	排名
全　国	0.2559	14	0.2355	14	0.2198	14
北　京	1.0000	1	1.0000	1	1.0000	1
天　津	0.6451	4	0.7878	4	0.7450	3
河　北	0.3009	11	0.2849	11	0.2731	12
山　西	0.2011	24	0.1856	24	0.1881	21
内蒙古	0.2213	21	0.2232	17	0.2000	17
辽　宁	0.2388	16	0.2284	15	0.2101	15
吉　林	0.2219	20	0.2171	18	0.1631	25
黑龙江	0.2031	23	0.1821	25	0.1586	27
上　海	1.0000	1	1.0000	1	1.0000	1
江　苏	0.5090	7	0.4824	9	0.5098	7
浙　江	0.4890	9	0.5426	5	0.6784	5
安　徽	0.2229	18	0.2161	19	0.1997	18
福　建	0.5825	6	0.4994	8	0.4051	9
江　西	0.1651	30	0.1573	29	0.1701	22
山　东	0.3278	10	0.2989	10	0.2872	11
河　南	0.2303	17	0.1998	23	0.1602	26
湖　北	0.2592	13	0.2279	16	0.2050	16
湖　南	0.1801	29	0.1490	30	0.1268	30
广　东	0.6035	5	0.5309	6	0.5266	6
广　西	0.1929	25	0.2141	20	0.1701	23
海　南	0.4966	8	0.5158	7	0.4830	8
重　庆	0.2474	15	0.2800	12	0.3135	10
四　川	0.1901	26	0.1598	28	0.1496	28
贵　州	0.1840	27	0.1799	26	0.1654	24
云　南	0.1569	31	0.1162	31	0.1102	31
西　藏	0.7979	3	0.9029	3	0.7346	4
陕　西	0.2605	12	0.2112	21	0.1930	19
甘　肃	0.1318	32	0.1031	32	0.1094	32
青　海	0.2221	19	0.2638	13	0.2378	13
宁　夏	0.2045	22	0.2005	22	0.1910	20
新　疆	0.1819	28	0.1643	27	0.1494	29

3.5.2 贫困保障二级发展指数排名（10 个指数）

表 3-53 2015—2017 年城市贫困保障率指数排名

项目 地区	2017 年		2016 年		2015 年	
	指数值	排名	指数值	排名	指数值	排名
全 国	0.9996	16	0.9965	16	0.9923	15
北 京	1.0000	1	1.0000	1	1.0000	1
天 津	1.0000	1	1.0000	1	1.0000	1
河 北	1.0000	1	1.0000	1	0.9984	11
山 西	0.9846	24	0.9795	22	0.9742	22
内 蒙 古	0.9678	27	0.9607	27	0.9478	27
辽 宁	1.0000	1	0.9977	14	0.9938	14
吉 林	0.9860	22	0.9814	21	0.9793	20
黑 龙 江	0.9735	25	0.9670	26	0.9628	25
上 海	1.0000	1	1.0000	1	1.0000	1
江 苏	1.0000	1	1.0000	1	1.0000	1
浙 江	1.0000	1	1.0000	1	1.0000	1
安 徽	0.9984	17	0.9957	17	0.9905	16
福 建	1.0000	1	1.0000	1	1.0000	1
江 西	0.9718	26	0.9681	25	0.9596	26
山 东	1.0000	1	1.0000	1	1.0000	1
河 南	1.0000	1	0.9972	15	0.9895	17
湖 北	1.0000	1	1.0000	1	0.9958	13
湖 南	0.9874	20	0.9740	24	0.9674	24
广 东	1.0000	1	1.0000	1	1.0000	1
广 西	1.0000	1	1.0000	1	0.9989	10
海 南	1.0000	1	1.0000	1	1.0000	1
重 庆	0.9998	15	1.0000	1	0.9977	12
四 川	0.9856	23	0.9824	20	0.9742	21
贵 州	0.9933	19	0.9899	18	0.9814	19
云 南	0.9672	28	0.9536	29	0.9377	28
西 藏	0.9634	29	0.9574	28	0.8720	32
陕 西	0.9984	18	0.9892	19	0.9822	18
甘 肃	0.9432	30	0.9378	30	0.9296	29
青 海	0.9375	31	0.9200	32	0.9019	31
宁 夏	0.9872	21	0.9760	23	0.9730	23
新 疆	0.9338	32	0.9220	31	0.9238	30

表 3-54 　　　　　　　　　　　2015—2017 年农村贫困保障率指数排名

项目 地区	2017 年		2016 年		2015 年	
	指数值	排名	指数值	排名	指数值	排名
全　国	0.9773	16	0.9689	18	0.9660	16
北　京	1.0000	1	1.0000	1	0.9686	15
天　津	1.0000	1	1.0000	1	0.9810	12
河　北	1.0000	1	0.9976	5	0.9967	4
山　西	0.9844	13	0.9807	13	0.9781	13
内蒙古	0.9596	22	0.9647	21	0.9621	20
辽　宁	0.9637	21	0.9599	22	0.9649	17
吉　林	0.9292	29	0.9201	27	0.9156	29
黑龙江	0.9594	23	0.9491	23	0.9532	24
上　海	0.9889	11	0.9899	8	0.9945	5
江　苏	0.9884	12	0.9826	12	0.9811	11
浙　江	1.0000	1	0.9949	6	1.0000	1
安　徽	1.0000	1	1.0000	1	0.9918	6
福　建	1.0000	1	1.0000	1	1.0000	1
江　西	0.9811	15	0.9792	14	0.9864	7
山　东	0.9954	10	0.9857	10	0.9814	10
河　南	0.9987	9	0.9932	7	0.9840	8
湖　北	0.9696	18	0.9698	17	0.9591	23
湖　南	1.0000	1	0.9730	16	0.9647	18
广　东	0.9677	19	0.9682	19	0.9645	19
广　西	0.9579	24	0.9457	24	0.9497	25
海　南	0.9842	14	0.9827	11	0.9822	9
重　庆	0.9772	17	0.9731	15	0.9975	3
四　川	0.9643	20	0.9663	20	0.9596	22
贵　州	0.9578	25	0.9419	25	0.9368	27
云　南	0.9375	27	0.9053	30	0.9003	31
西　藏	0.9512	26	0.9378	26	0.9224	28
陕　西	1.0000	1	0.9859	9	0.9731	14
甘　肃	0.8739	32	0.8593	32	0.8506	32
青　海	0.9336	28	0.9090	29	0.9616	21
宁　夏	0.9185	30	0.9036	31	0.9037	30
新　疆	0.8910	31	0.9159	28	0.9418	26

表 3-55　　　　　　　　　　2015—2017 年城乡贫困保障率指数排名

项目 地区	2017 年		2016 年		2015 年	
	指数值	排名	指数值	排名	指数值	排名
全　国	0.9896	18	0.9838	17	0.9793	16
北　京	1.0000	1	1.0000	1	1.0000	1
天　津	1.0000	1	1.0000	1	1.0000	1
河　北	1.0000	1	0.9976	11	0.9943	11
山　西	0.9821	19	0.9778	18	0.9742	17
内蒙古	0.9595	26	0.9600	25	0.9536	25
辽　宁	0.9980	14	0.9951	14	0.9922	12
吉　林	0.9771	21	0.9709	21	0.9680	20
黑龙江	0.9715	24	0.9633	24	0.9622	24
上　海	1.0000	1	1.0000	1	1.0000	1
江　苏	1.0000	1	1.0000	1	1.0000	1
浙　江	1.0000	1	1.0000	1	1.0000	1
安　徽	0.9970	16	0.9965	12	0.9875	13
福　建	1.0000	1	1.0000	1	1.0000	1
江　西	0.9744	22	0.9719	19	0.9731	19
山　东	1.0000	1	1.0000	1	1.0000	1
河　南	0.9958	17	0.9910	15	0.9820	15
湖　北	0.9974	15	0.9958	13	0.9871	14
湖　南	0.9985	12	0.9698	22	0.9622	23
广　东	1.0000	1	1.0000	1	1.0000	1
广　西	0.9775	20	0.9696	23	0.9654	21
海　南	1.0000	1	0.9997	9	0.9983	10
重　庆	0.9983	13	0.9985	10	1.0000	1
四　川	0.9719	23	0.9715	20	0.9632	22
贵　州	0.9633	25	0.9511	26	0.9423	26
云　南	0.9419	29	0.9157	30	0.9050	31
西　藏	0.9456	28	0.9337	28	0.9072	30
陕　西	0.9987	11	0.9842	16	0.9734	18
甘　肃	0.8925	32	0.8809	32	0.8724	32
青　海	0.9297	30	0.9073	31	0.9394	28
宁　夏	0.9566	27	0.9435	27	0.9417	27
新　疆	0.9056	31	0.9163	29	0.9322	29

表 3-56　　　　　2015—2017 年城市平均最低生活保障标准替代率指数排名

项目 地区	2017 年		2016 年		2015 年	
	指数值	排名	指数值	排名	指数值	排名
全　国	0.7338	26	0.7268	26	0.7144	26
北　京	0.7124	28	0.6900	30	0.6635	30
天　津	1.0000	1	1.0000	1	1.0000	1
河　北	0.8797	5	0.8765	5	0.8338	9
山　西	0.7928	18	0.7967	14	0.7903	13
内蒙古	0.8193	13	0.8093	12	0.8203	10
辽　宁	0.7928	17	0.7856	16	0.7833	15
吉　林	0.8433	8	0.8321	8	0.7967	12
黑龙江	0.9912	3	1.0000	1	1.0000	1
上　海	0.7655	23	0.7535	22	0.7369	21
江　苏	0.7311	27	0.7515	23	0.7730	16
浙　江	0.6806	30	0.7046	29	0.7238	24
安　徽	0.8294	11	0.8423	6	0.8345	8
福　建	0.7471	25	0.7062	28	0.7098	27
江　西	0.8419	9	0.8284	9	0.8426	7
山　东	0.6897	29	0.7188	27	0.7362	22
河　南	0.7681	21	0.7711	17	0.7226	25
湖　北	0.8731	6	0.8202	10	0.8165	11
湖　南	0.6463	32	0.6811	31	0.6164	32
广　东	0.8136	15	0.7553	21	0.7303	23
广　西	0.8389	10	0.7981	13	0.7563	18
海　南	0.7765	20	0.8108	11	0.8749	5
重　庆	0.7673	22	0.7668	18	0.7601	17
四　川	0.7799	19	0.7314	25	0.6918	29
贵　州	0.9462	4	0.9371	4	0.9113	4
云　南	0.8224	12	0.7635	19	0.7416	20
西　藏	1.0000	1	1.0000	1	1.0000	1
陕　西	0.8533	7	0.8329	7	0.8614	6
甘　肃	0.8160	14	0.7900	15	0.7859	14
青　海	0.7630	24	0.7400	24	0.7456	19
宁　夏	0.7932	16	0.7576	20	0.7096	28
新　疆	0.6565	31	0.6663	32	0.6566	31

表 3-57　　　　2015—2017 年农村平均最低生活保障标准替代率指数排名

项目 地区	2017 年		2016 年		2015 年	
	指数值	排名	指数值	排名	指数值	排名
全　国	0.8240	21	0.7848	21	0.7217	20
北　京	1.0000	1	1.0000	1	0.9922	5
天　津	1.0000	1	1.0000	1	0.9581	6
河　北	0.7872	23	0.7589	23	0.6663	23
山　西	0.9071	13	0.8531	15	0.7405	19
内蒙古	1.0000	1	1.0000	1	1.0000	1
辽　宁	0.9267	11	0.8786	12	0.8216	12
吉　林	0.7591	25	0.6689	28	0.6090	27
黑龙江	0.8701	16	0.7537	24	0.6783	21
上　海	1.0000	1	0.9372	8	0.8864	9
江　苏	1.0000	1	1.0000	1	1.0000	1
浙　江	0.9083	12	0.8230	19	0.7498	17
安　徽	0.8837	14	0.8379	16	0.7901	14
福　建	0.6668	31	0.6312	31	0.6067	28
江　西	0.7943	22	0.7938	20	0.7417	18
山　东	0.7744	24	0.7065	25	0.6750	22
河　南	0.5717	32	0.5783	32	0.5194	32
湖　北	0.7411	26	0.6344	30	0.5345	31
湖　南	0.7170	28	0.6910	27	0.6279	25
广　东	0.9696	8	0.8882	11	0.7894	15
广　西	0.7142	29	0.7670	22	0.5791	30
海　南	1.0000	1	1.0000	1	1.0000	1
重　庆	0.8413	20	0.8344	17	0.8359	11
四　川	0.6976	30	0.6520	29	0.6130	26
贵　州	0.9511	9	0.9032	10	0.8780	10
云　南	0.8658	17	0.8634	14	0.8107	13
西　藏	0.8609	18	0.8683	13	0.7737	16
陕　西	0.8788	15	0.9093	9	0.9211	7
甘　肃	1.0000	1	1.0000	1	0.9180	8
青　海	0.9324	10	0.9611	7	1.0000	1
宁　夏	0.8471	19	0.8246	18	0.6021	29
新　疆	0.7324	27	0.7063	26	0.6529	24

表 3-58　　　　　2015—2017 年城乡平均最低生活保障标准替代率指数排名

项目 地区	2017 年		2016 年		2015 年	
	指数值	排名	指数值	排名	指数值	排名
全　国	0.7920	25	0.7754	26	0.7478	25
北　京	0.9040	8	0.8488	13	0.7913	18
天　津	1.0000	1	1.0000	1	1.0000	1
河　北	0.8898	12	0.8785	10	0.8180	15
山　西	0.8606	19	0.8479	15	0.8107	17
内蒙古	0.9475	5	0.9457	5	0.9270	6
辽　宁	0.8683	17	0.8484	14	0.8293	13
吉　林	0.8533	20	0.8152	22	0.7701	21
黑龙江	0.9954	3	0.9828	3	0.9612	4
上　海	0.9045	7	0.8477	16	0.8188	14
江　苏	0.8884	13	0.8911	7	0.8946	8
浙　江	0.7914	26	0.7781	25	0.7660	22
安　徽	0.8830	14	0.8784	11	0.8580	9
福　建	0.7552	28	0.7142	30	0.7092	28
江　西	0.8645	18	0.8545	12	0.8484	11
山　东	0.7468	29	0.7471	27	0.7500	24
河　南	0.7395	30	0.7439	28	0.6903	30
湖　北	0.8697	15	0.7971	24	0.7615	23
湖　南	0.6956	32	0.7140	31	0.6469	32
广　东	0.8958	10	0.8282	18	0.7801	20
广　西	0.8397	23	0.8242	19	0.7394	26
海　南	0.8933	11	0.9120	6	0.9663	3
重　庆	0.8236	24	0.8210	21	0.8162	16
四　川	0.7895	27	0.7398	29	0.6988	29
贵　州	0.9878	4	0.9686	4	0.9418	5
云　南	0.8689	16	0.8218	20	0.7909	19
西　藏	1.0000	1	1.0000	1	1.0000	1
陕　西	0.8970	9	0.8891	8	0.9144	7
甘　肃	0.9246	6	0.8828	9	0.8511	10
青　海	0.8402	22	0.8296	17	0.8441	12
宁　夏	0.8433	21	0.8098	23	0.7101	27
新　疆	0.7066	31	0.7066	32	0.6842	31

表 3-59　　　　　　　　2015—2017 年城市贫困保障财政投入率指数排名

地区 \ 项目	2017 年		2016 年		2015 年	
	指数值	排名	指数值	排名	指数值	排名
全　国	0.4359	18	0.4956	18	0.5498	18
北　京	0.1524	29	0.1469	30	0.1454	31
天　津	0.4510	17	0.3785	21	0.4014	23
河　北	0.2966	22	0.3432	22	0.4224	21
山　西	0.6180	10	0.7391	10	0.7616	10
内蒙古	0.6798	7	0.7414	9	0.9201	8
辽　宁	0.8096	5	0.8869	7	1.0000	1
吉　林	1.0000	1	1.0000	1	1.0000	1
黑龙江	1.0000	1	1.0000	1	1.0000	1
上　海	0.2424	23	0.2472	25	0.2558	25
江　苏	0.1375	30	0.1658	28	0.1630	28
浙　江	0.2095	25	0.1060	32	0.0785	32
安　徽	0.4747	16	0.5510	15	0.6165	16
福　建	0.1073	32	0.1255	31	0.1541	29
江　西	0.8322	4	0.9324	5	0.9240	7
山　东	0.1584	28	0.1918	27	0.2295	26
河　南	0.3385	21	0.4487	19	0.5559	17
湖　北	0.4145	19	0.5332	16	0.7352	12
湖　南	0.6466	9	0.7694	8	0.8624	9
广　东	0.1309	31	0.1560	29	0.1458	30
广　西	0.2211	24	0.2574	24	0.4055	22
海　南	0.2093	26	0.2592	23	0.3147	24
重　庆	0.6099	11	0.5114	17	0.4683	20
四　川	0.5946	13	0.7004	11	0.7483	11
贵　州	0.4009	20	0.4432	20	0.4905	19
云　南	0.6742	8	0.9843	4	0.9371	6
西　藏	0.1798	27	0.2166	26	0.2160	27
陕　西	0.5065	15	0.5815	13	0.6454	14
甘　肃	1.0000	1	1.0000	1	0.9707	5
青　海	0.6056	12	0.5846	12	0.7260	13
宁　夏	0.5899	14	0.5670	14	0.6263	15
新　疆	0.7244	6	0.9103	6	1.0000	1

表 3-60　　　　　　　　　　2015—2017 年农村贫困保障财政投入率指数排名

地区	2017 年		2016 年		2015 年	
	指数值	排名	指数值	排名	指数值	排名
全　国	0.5524	18	0.5617	18	0.5500	16
北　京	0.0516	31	0.0500	31	0.0505	31
天　津	0.2193	30	0.1605	30	0.1369	30
河　北	0.5886	17	0.5851	15	0.5005	19
山　西	0.7380	8	0.7357	11	0.6562	11
内蒙古	0.6718	12	0.5827	16	0.5989	14
辽　宁	0.4200	22	0.3924	22	0.3837	22
吉　林	0.3574	24	0.3654	24	0.4245	20
黑龙江	0.4840	21	0.5618	17	0.6068	13
上　海	0.0261	32	0.0242	32	0.0228	32
江　苏	0.3696	23	0.3806	23	0.3647	24
浙　江	0.3013	27	0.3289	26	0.2704	28
安　徽	0.7684	7	0.7385	10	0.7239	9
福　建	0.3008	28	0.3058	27	0.3722	23
江　西	0.8243	5	0.7952	6	0.6976	10
山　东	0.4942	20	0.5425	19	0.5435	17
河　南	0.6781	11	0.7469	9	0.7758	5
湖　北	0.6860	10	0.6505	13	0.5903	15
湖　南	0.6363	13	0.7685	7	0.7649	7
广　东	0.3300	25	0.3345	25	0.3196	27
广　西	1.0000	1	0.8396	4	0.9322	4
海　南	0.3237	26	0.2961	28	0.3330	26
重　庆	0.5222	19	0.4586	20	0.3546	25
四　川	0.7736	6	0.8254	5	0.7497	8
贵　州	1.0000	1	1.0000	1	1.0000	1
云　南	1.0000	1	1.0000	1	1.0000	1
西　藏	0.2566	29	0.1845	29	0.2364	29
陕　西	0.6056	16	0.7294	12	0.7739	6
甘　肃	1.0000	1	1.0000	1	1.0000	1
青　海	0.6139	15	0.4451	21	0.4200	21
宁　夏	0.7156	9	0.7481	8	0.6416	12
新　疆	0.6316	14	0.5954	14	0.5422	18

表 3-61　　　　　　　　　2015—2017 年城乡贫困保障财政投入率指数排名

项目 地区	2017 年		2016 年		2015 年	
	指数值	排名	指数值	排名	指数值	排名
全　国	0.5501	21	0.5814	19	0.5964	19
北　京	0.0984	32	0.0950	32	0.0948	32
天　津	0.3354	24	0.2659	27	0.2598	28
河　北	0.5155	22	0.5327	21	0.5100	21
山　西	0.7499	8	0.7994	8	0.7561	13
内蒙古	0.7320	9	0.6988	13	0.7849	12
辽　宁	0.6196	17	0.6339	18	0.6788	18
吉　林	0.6771	14	0.6825	15	0.8297	7
黑龙江	0.8353	5	0.9714	3	1.0000	1
上　海	0.1194	31	0.1201	31	0.1228	31
江　苏	0.3031	25	0.3224	24	0.3106	26
浙　江	0.2882	27	0.2629	28	0.2124	30
安　徽	0.7098	12	0.7220	12	0.7399	15
福　建	0.2448	30	0.2558	29	0.3118	25
江　西	0.8974	4	0.9202	5	0.8520	6
山　东	0.3946	23	0.4407	23	0.4573	22
河　南	0.5924	20	0.6845	14	0.7489	14
湖　北	0.6297	16	0.6562	17	0.7013	16
湖　南	0.6944	13	0.8339	7	0.8707	5
广　东	0.2741	28	0.2877	26	0.2735	27
广　西	0.7701	6	0.6655	16	0.7893	10
海　南	0.3029	26	0.3056	25	0.3535	24
重　庆	0.6033	19	0.5196	22	0.4325	23
四　川	0.7637	7	0.8426	6	0.8125	8
贵　州	0.9634	3	0.9639	4	0.9917	4
云　南	0.9673	2	1.0000	1	1.0000	1
西　藏	0.2460	29	0.2136	30	0.2478	29
陕　西	0.6151	18	0.7288	11	0.7853	11
甘　肃	1.0000	1	1.0000	1	1.0000	1
青　海	0.6624	15	0.5415	20	0.5844	20
宁　夏	0.7232	11	0.7351	10	0.6895	17
新　疆	0.7241	10	0.7784	9	0.7896	9

表 3-62　　2015—2017 年城乡最低生活保障标准替代率对财政投入率的弹性指数排名

项目 地区	2017 年		2016 年		2015 年	
	指数值	排名	指数值	排名	指数值	排名
全　国	0.2559	14	0.2355	14	0.2198	14
北　京	1.0000	1	1.0000	1	1.0000	1
天　津	0.6451	4	0.7878	4	0.7450	3
河　北	0.3009	11	0.2849	11	0.2731	12
山　西	0.2011	24	0.1856	24	0.1881	21
内蒙古	0.2213	21	0.2232	17	0.2000	17
辽　宁	0.2388	16	0.2284	15	0.2101	15
吉　林	0.2219	20	0.2171	18	0.1631	25
黑龙江	0.2031	23	0.1821	25	0.1586	27
上　海	1.0000	1	1.0000	1	1.0000	1
江　苏	0.5090	7	0.4824	9	0.5098	7
浙　江	0.4890	9	0.5426	5	0.6784	5
安　徽	0.2229	18	0.2161	19	0.1997	18
福　建	0.5825	6	0.4994	8	0.4051	9
江　西	0.1651	30	0.1573	29	0.1701	22
山　东	0.3278	10	0.2989	10	0.2872	11
河　南	0.2303	17	0.1998	23	0.1602	26
湖　北	0.2592	13	0.2279	16	0.2050	16
湖　南	0.1801	29	0.1490	30	0.1268	30
广　东	0.6035	5	0.5309	6	0.5266	6
广　西	0.1929	25	0.2141	20	0.1701	23
海　南	0.4966	8	0.5158	7	0.4830	8
重　庆	0.2474	15	0.2800	12	0.3135	10
四　川	0.1901	26	0.1598	28	0.1496	28
贵　州	0.1840	27	0.1799	26	0.1654	24
云　南	0.1569	31	0.1162	31	0.1102	31
西　藏	0.7979	3	0.9029	3	0.7346	4
陕　西	0.2605	12	0.2112	21	0.1930	19
甘　肃	0.1318	32	0.1031	32	0.1094	32
青　海	0.2221	19	0.2638	13	0.2378	13
宁　夏	0.2045	22	0.2005	22	0.1910	20
新　疆	0.1819	28	0.1643	27	0.1494	29

第4章 各省份社会保障发展指数分析

社会保障发展指数是社会保障发展水平、发展趋势和发展进度的综合反映。本章将对全国及各个省份的社会保障发展指数的水平、趋势及结构进行分析与评价。

4.1 指数水平与趋势分析

社会保障发展指数水平分析就是判别社会保障发展指数水平的高低程度。本节将分别分析社会保障发展指数、养老保障发展指数、医疗保障发展指数、就业保障发展指数、贫困保障发展指数的水平高低。

社会保障发展指数趋势分析就是判别社会保障发展指数的变动程度及其趋势。本节将分别分析社会保障发展指数、养老保障发展指数、医疗保障发展指数、就业保障发展指数、贫困保障发展指数的变动程度及其趋势。

4.1.1 各省份社会保障发展指数水平与趋势分析

表4-1 　　　　　　　　2015—2017年社会保障发展总指数水平与趋势分析

项目 地区	指数值			发展水平评价			发展趋势评价
	2017年	2016年	2015年	2017年	2016年	2015年	2015—2017年
全　国	0.7009	0.6787	0.6915	中	中	中	波动
北　京	0.7985	0.8053	0.8170	优	优	优	向差
天　津	0.6677	0.6663	0.6477	中	中	差	向好
河　北	0.6930	0.6976	0.6943	中	中	中	波动
山　西	0.7294	0.6710	0.7107	中	中	中	波动
内蒙古	0.6333	0.6195	0.6640	差	差	中	波动
辽　宁	0.6485	0.6084	0.6586	差	差	中	波动
吉　林	0.6239	0.6263	0.6118	差	差	差	波动
黑龙江	0.6385	0.6477	0.6442	差	差	差	波动
上　海	0.7386	0.7388	0.7187	中	中	中	波动
江　苏	0.6909	0.6901	0.6926	中	中	中	波动
浙　江	0.7264	0.7299	0.7288	中	中	中	波动

项目 地区	指数值			发展水平评价			发展趋势评价
	2017 年	2016 年	2015 年	2017 年	2016 年	2015 年	2015—2017 年
安 徽	0.6859	0.6903	0.6816	中	中	中	波动
福 建	0.7444	0.6859	0.7207	中	中	中	波动
江 西	0.7099	0.7198	0.7105	中	中	中	波动
山 东	0.6963	0.7021	0.7037	中	中	中	向差
河 南	0.7077	0.6547	0.7084	中	中	中	波动
湖 北	0.6597	0.6111	0.6633	中	差	中	波动
湖 南	0.6648	0.6330	0.6591	中	差	中	波动
广 东	0.7943	0.7907	0.7712	优	优	优	向好
广 西	0.6592	0.6166	0.6575	中	差	中	波动
海 南	0.6896	0.7260	0.7247	中	中	中	波动
重 庆	0.6731	0.6719	0.6793	中	中	中	波动
四 川	0.6785	0.6371	0.6344	中	差	差	向好
贵 州	0.7492	0.7414	0.7329	优	中	中	向好
云 南	0.6896	0.6866	0.6767	中	中	中	向好
西 藏	0.7282	0.7022	0.7595	中	中	优	波动
陕 西	0.7180	0.7091	0.6990	中	中	中	向好
甘 肃	0.6911	0.6841	0.6751	中	中	中	向好
青 海	0.6711	0.6378	0.6171	中	差	差	向好
宁 夏	0.6946	0.6973	0.6716	中	中	中	波动
新 疆	0.6701	0.6539	0.6726	中	中	中	波动

表 4–2　　　　　2015—2017 年社会保障覆盖面指数水平与趋势分析

项目 地区	指数值			发展水平评价			发展趋势评价
	2017 年	2016 年	2015 年	2017 年	2016 年	2015 年	2015—2017 年
全 国	0.9161	0.8543	0.9041	中	中	中	波动
北 京	0.9687	0.9681	0.9569	优	优	优	向好
天 津	0.8967	0.8789	0.8583	中	中	中	向好
河 北	0.9737	0.9478	0.9511	优	优	优	波动
山 西	0.9744	0.8193	0.9727	优	中	优	波动

续表

项目 地区	指数值			发展水平评价			发展趋势评价
	2017 年	2016 年	2015 年	2017 年	2016 年	2015 年	2015—2017 年
内蒙古	0.8444	0.7225	0.8482	中	差	中	波动
辽 宁	0.9861	0.9795	0.9721	优	优	优	向好
吉 林	0.8998	0.8813	0.8724	中	中	中	向好
黑龙江	0.8825	0.8797	0.8823	中	中	中	波动
上 海	0.9480	0.9475	0.9073	优	优	中	向好
江 苏	0.8637	0.8545	0.8598	中	中	中	波动
浙 江	0.9248	0.9185	0.9199	优	中	中	波动
安 徽	0.8785	0.8755	0.8801	中	中	中	波动
福 建	0.8600	0.6990	0.8626	中	差	中	波动
江 西	0.8550	0.8474	0.8388	中	中	中	向好
山 东	0.9449	0.9372	0.9355	优	优	优	向好
河 南	0.8719	0.6845	0.8733	中	差	中	波动
湖 北	0.8679	0.6990	0.8559	中	差	中	波动
湖 南	0.9816	0.8217	0.8825	优	中	中	波动
广 东	0.9673	0.9732	0.9755	优	优	优	向差
广 西	0.8493	0.6433	0.8361	中	差	中	波动
海 南	0.8003	0.9313	0.9247	中	优	优	波动
重 庆	0.8639	0.8589	0.8611	中	中	中	波动
四 川	0.9368	0.7641	0.8097	优	中	中	波动
贵 州	0.9259	0.9080	0.8917	优	中	中	向好
云 南	0.8362	0.8383	0.8483	中	中	中	向差
西 藏	0.5812	0.5420	0.7413	差	差	中	波动
陕 西	0.9179	0.9018	0.8944	中	中	中	向好
甘 肃	0.8379	0.8271	0.8264	中	中	中	向好
青 海	0.8794	0.7260	0.7216	中	差	差	向好
宁 夏	0.8819	0.8750	0.8501	中	中	中	向好
新 疆	0.6885	0.7441	0.8661	差	中	中	向差

表 4-3　　　　　　　　2015—2017 年社会保障"保障度"指数水平与趋势分析

项目 地区	指数值			发展水平评价			发展趋势评价
	2017 年	2016 年	2015 年	2017 年	2016 年	2015 年	2015—2017 年
全　国	0.6640	0.6564	0.6516	中	中	中	向好
北　京	0.7651	0.7608	0.7747	优	优	优	波动
天　津	0.6923	0.6782	0.6863	中	中	中	波动
河　北	0.6571	0.6769	0.6631	中	中	中	波动
山　西	0.6953	0.6673	0.6570	中	中	中	向好
内蒙古	0.7118	0.6959	0.7073	中	中	中	波动
辽　宁	0.6108	0.6259	0.6370	差	中	中	向差
吉　林	0.5796	0.5723	0.5439	差	差	差	向好
黑龙江	0.6754	0.6673	0.6539	中	中	中	向好
上　海	0.8150	0.7807	0.7676	优	优	优	向好
江　苏	0.7273	0.7291	0.7343	中	中	中	向差
浙　江	0.7470	0.7444	0.7302	中	中	中	向好
安　徽	0.6333	0.6405	0.6404	中	中	中	波动
福　建	0.7028	0.7142	0.6741	中	中	中	波动
江　西	0.6650	0.6497	0.6598	中	中	中	波动
山　东	0.6810	0.6787	0.6860	中	中	中	波动
河　南	0.6667	0.6442	0.6546	中	中	中	波动
湖　北	0.6457	0.6041	0.6116	中	差	差	波动
湖　南	0.5744	0.5750	0.5853	差	差	差	向差
广　东	0.7195	0.6990	0.6752	中	中	中	向好
广　西	0.6561	0.6692	0.6300	中	中	中	波动
海　南	0.6889	0.6827	0.7028	中	中	中	波动
重　庆	0.6913	0.6658	0.6841	中	中	中	波动
四　川	0.6148	0.6400	0.6365	差	中	中	波动
贵　州	0.7268	0.7053	0.7044	中	中	中	向好
云　南	0.6859	0.6642	0.6603	中	中	中	向好
西　藏	0.8172	0.8284	0.8033	优	优	优	波动
陕　西	0.7021	0.6713	0.6920	中	中	中	波动
甘　肃	0.7052	0.6874	0.7021	中	中	中	波动
青　海	0.6883	0.7203	0.6969	中	中	中	波动
宁　夏	0.7193	0.7032	0.6598	中	中	中	向好
新　疆	0.7087	0.6981	0.6778	中	中	中	向好

表 4-4　　　　　　　　2015—2017 年社会保障持续性指数水平与趋势分析

项目 地区	指数值			发展水平评价			发展趋势评价
	2017 年	2016 年	2015 年	2017 年	2016 年	2015 年	2015—2017 年
全　国	0.6590	0.6299	0.6238	中	中	中	向好
北　京	0.6486	0.6767	0.6607	中	中	中	波动
天　津	0.5215	0.5279	0.4811	中	中	差	波动
河　北	0.5746	0.5823	0.5750	中	中	中	波动
山　西	0.7344	0.6732	0.6427	优	中	中	向好
内蒙古	0.4523	0.5592	0.5672	差	中	中	向差
辽　宁	0.5306	0.2859	0.5180	中	差	中	波动
吉　林	0.5597	0.6028	0.5771	中	中	中	波动
黑龙江	0.5536	0.5513	0.5679	中	中	中	波动
上　海	0.5077	0.5383	0.4826	差	中	差	波动
江　苏	0.5853	0.5899	0.5665	中	中	中	波动
浙　江	0.6156	0.6214	0.5987	中	中	中	波动
安　徽	0.6842	0.6870	0.6308	中	中	中	波动
福　建	0.6620	0.6405	0.6490	中	中	中	波动
江　西	0.7488	0.7818	0.7269	优	优	优	波动
山　东	0.5606	0.5884	0.5833	中	中	中	波动
河　南	0.6726	0.7001	0.6556	中	优	中	波动
湖　北	0.6151	0.6540	0.6477	中	中	中	波动
湖　南	0.6006	0.6654	0.6433	中	中	中	波动
广　东	0.7103	0.7171	0.7080	优	优	优	波动
广　西	0.5833	0.6342	0.6332	中	中	中	波动
海　南	0.6706	0.6556	0.6102	中	中	中	向好
重　庆	0.5881	0.6038	0.5944	中	中	中	波动
四　川	0.6781	0.6234	0.5820	中	中	中	向好
贵　州	0.7445	0.7419	0.7496	优	优	优	波动
云　南	0.7191	0.7067	0.6596	优	优	中	向好
西　藏	0.7673	0.6883	0.7307	优	中	优	波动
陕　西	0.6481	0.6592	0.6053	中	中	中	波动
甘　肃	0.6870	0.7111	0.6476	中	优	中	波动
青　海	0.5707	0.5756	0.5579	中	中	中	波动
宁　夏	0.6100	0.6293	0.5868	中	中	中	波动
新　疆	0.7279	0.6263	0.5903	优	中	中	向好

表 4-5 2015—2017 年社会保障高效性指数水平与趋势分析

项目 地区	指数值			发展水平评价			发展趋势评价
	2017 年	2016 年	2015 年	2017 年	2016 年	2015 年	2015—2017 年
全 国	0.5247	0.5342	0.5302	中	中	中	波动
北 京	0.8082	0.8071	0.8384	优	优	优	波动
天 津	0.5476	0.5810	0.5633	中	中	中	波动
河 北	0.5315	0.5464	0.5283	中	中	中	波动
山 西	0.5009	0.5069	0.5151	中	中	中	向差
内蒙古	0.4681	0.4855	0.4858	差	差	差	向差
辽 宁	0.4413	0.4687	0.4761	差	差	差	向差
吉 林	0.4382	0.4272	0.4141	差	差	差	向好
黑龙江	0.4598	0.4985	0.4709	差	中	差	波动
上 海	0.6958	0.7092	0.7142	优	优	优	向差
江 苏	0.5468	0.5429	0.5674	中	中	中	波动
浙 江	0.5928	0.6087	0.6326	中	中	中	向差
安 徽	0.4930	0.4994	0.5075	中	中	中	向差
福 建	0.7152	0.6725	0.6450	优	中	中	向好
江 西	0.5196	0.5509	0.5541	中	中	中	向差
山 东	0.5447	0.5489	0.5489	中	中	中	向差
河 南	0.5729	0.5786	0.5909	中	中	中	向差
湖 北	0.4750	0.4713	0.4843	差	差	差	波动
湖 南	0.4501	0.4516	0.4626	差	差	差	向差
广 东	0.7522	0.7413	0.6769	优	优	中	向好
广 西	0.4900	0.5057	0.4735	中	中	差	波动
海 南	0.5906	0.6108	0.6317	中	中	中	向差
重 庆	0.5111	0.5287	0.5434	中	中	中	向差
四 川	0.4585	0.4886	0.4509	差	差	差	波动
贵 州	0.5487	0.5646	0.5402	中	中	中	波动
云 南	0.4609	0.4829	0.4768	差	差	差	波动
西 藏	0.7722	0.8013	0.7387	优	优	优	波动
陕 西	0.5749	0.5648	0.5563	中	中	中	向好
甘 肃	0.5075	0.4667	0.4710	中	差	差	波动
青 海	0.4878	0.5094	0.4590	差	中	差	波动
宁 夏	0.5203	0.5392	0.5329	中	中	中	波动
新 疆	0.5291	0.5137	0.4892	中	中	中	向好

4.1.2　各省份养老保障发展指数水平与趋势分析

表 4-6　　　　　　　　2015—2017 年养老保障发展总指数水平与趋势分析

项目 地区	指数值			发展水平评价			发展趋势评价
	2017 年	2016 年	2015 年	2017 年	2016 年	2015 年	2015—2017 年
全　国	0.6977	0.7029	0.7037	中	中	中	向差
北　京	0.7775	0.7805	0.8782	优	优	优	向差
天　津	0.6205	0.6015	0.5793	差	差	差	向好
河　北	0.7083	0.7257	0.7365	中	中	中	向差
山　西	0.7508	0.7764	0.7729	中	优	优	波动
内蒙古	0.6691	0.6686	0.6823	中	中	中	波动
辽　宁	0.6306	0.6434	0.6513	差	中	中	向差
吉　林	0.5670	0.5731	0.5828	差	差	差	向差
黑龙江	0.6029	0.6206	0.6207	差	差	差	向差
上　海	0.6472	0.6464	0.6466	中	中	中	波动
江　苏	0.6637	0.6678	0.6752	中	中	中	向差
浙　江	0.6695	0.6776	0.7025	中	中	中	向差
安　徽	0.6889	0.7040	0.7042	中	中	中	向差
福　建	0.7248	0.7209	0.7187	中	中	中	向好
江　西	0.7113	0.7079	0.7167	中	中	中	波动
山　东	0.7382	0.7503	0.7578	中	中	优	向差
河　南	0.7331	0.7258	0.7481	中	中	中	波动
湖　北	0.6619	0.6522	0.6577	中	中	中	波动
湖　南	0.6939	0.6986	0.6844	中	中	中	波动
广　东	0.7861	0.7838	0.7796	优	优	优	向好
广　西	0.6307	0.6457	0.6168	差	中	差	波动
海　南	0.7008	0.6798	0.7095	中	中	中	波动
重　庆	0.6618	0.6472	0.6600	中	中	中	波动
四　川	0.6421	0.6526	0.6310	中	中	差	波动
贵　州	0.7585	0.7353	0.7227	优	中	中	向好
云　南	0.7174	0.7105	0.7141	中	中	中	波动
西　藏	0.7438	0.6632	0.7372	中	中	中	波动
陕　西	0.7579	0.7494	0.7506	优	中	中	波动
甘　肃	0.6994	0.6976	0.6964	中	中	中	向好
青　海	0.7662	0.7649	0.7420	优	优	中	向好
宁　夏	0.7423	0.7489	0.7308	中	中	中	波动
新　疆	0.7508	0.7422	0.7168	中	中	中	向好

表 4-7 **2015—2017 年养老保障覆盖面指数水平与趋势分析**

项目 地区	指数值			发展水平评价			发展趋势评价
	2017 年	2016 年	2015 年	2017 年	2016 年	2015 年	2015—2017 年
全 国	0.8978	0.8739	0.8512	中	中	中	向好
北 京	0.9452	0.9403	0.8959	优	优	中	向好
天 津	0.7259	0.6899	0.6239	差	差	差	向好
河 北	0.9542	0.9282	0.9162	优	优	中	向好
山 西	0.9850	0.9724	0.9612	优	优	优	向好
内蒙古	0.8290	0.7896	0.7564	中	中	差	向好
辽 宁	0.9568	0.9328	0.9039	优	优	中	向好
吉 林	0.8063	0.7602	0.7488	中	差	差	向好
黑龙江	0.7917	0.7674	0.7574	中	中	差	向好
上 海	0.8909	0.8775	0.8620	中	中	中	向好
江 苏	0.8508	0.8272	0.8141	中	中	中	向好
浙 江	0.8711	0.8557	0.8508	中	中	中	向好
安 徽	0.8764	0.8517	0.8459	中	中	中	向好
福 建	0.8026	0.7904	0.7613	中	中	差	向好
江 西	0.9116	0.8935	0.8548	中	中	中	向好
山 东	0.9101	0.8992	0.8876	中	中	中	向好
河 南	0.8853	0.8750	0.8463	中	中	中	向好
湖 北	0.8609	0.8261	0.8156	中	中	中	向好
湖 南	0.9619	0.9335	0.9206	优	优	优	向好
广 东	0.9366	0.9247	0.9127	优	优	中	向好
广 西	0.7998	0.7863	0.7377	中	中	差	向好
海 南	0.8104	0.8130	0.8248	中	中	中	向差
重 庆	0.9315	0.9213	0.8979	优	优	中	向好
四 川	0.8758	0.8590	0.8405	中	中	中	向好
贵 州	0.9518	0.8963	0.8811	优	中	中	向好
云 南	0.8376	0.8372	0.8035	中	中	中	向好
西 藏	0.7969	0.6816	0.7093	中	差	差	波动
陕 西	0.9961	0.9603	0.9473	优	优	优	向好
甘 肃	0.9152	0.8678	0.8640	中	中	中	向好
青 海	0.9534	0.9427	0.8663	优	优	中	向好
宁 夏	0.8581	0.8460	0.7819	中	中	中	向好
新 疆	0.8223	0.8036	0.7501	中	中	差	向好

表 4-8　　　　**2015—2017 年养老保障"保障度"指数水平与趋势分析**

地区\项目	指数值			发展水平评价			发展趋势评价
	2017 年	2016 年	2015 年	2017 年	2016 年	2015 年	2015—2017 年
全　国	0.5669	0.5743	0.5761	中	中	中	向差
北　京	0.6326	0.6500	0.7598	中	中	优	向差
天　津	0.6824	0.6721	0.6486	中	中	中	向好
河　北	0.5991	0.6543	0.7037	中	中	优	向差
山　西	0.6297	0.6379	0.6247	中	中	中	波动
内蒙古	0.6648	0.6681	0.7088	中	中	优	向差
辽　宁	0.5473	0.5870	0.6137	中	中	中	向差
吉　林	0.4571	0.5076	0.4847	差	差	差	波动
黑龙江	0.5868	0.5729	0.5980	中	中	中	波动
上　海	0.7793	0.7669	0.7737	优	优	优	波动
江　苏	0.6391	0.6342	0.6515	中	中	中	波动
浙　江	0.7191	0.7223	0.7226	优	优	优	向差
安　徽	0.4862	0.5505	0.5709	差	中	中	向差
福　建	0.6071	0.5918	0.5871	中	中	中	向好
江　西	0.5313	0.5182	0.5669	差	差	中	波动
山　东	0.6456	0.6713	0.6897	中	中	中	向差
河　南	0.6003	0.5584	0.6519	中	中	中	波动
湖　北	0.6124	0.5552	0.5625	中	中	中	波动
湖　南	0.5433	0.5223	0.4985	中	中	差	向好
广　东	0.5852	0.5822	0.5791	中	中	中	向好
广　西	0.5780	0.6297	0.5701	中	中	中	波动
海　南	0.5801	0.5526	0.5773	中	中	中	波动
重　庆	0.5837	0.4746	0.5326	中	差	差	波动
四　川	0.5303	0.6125	0.5231	差	中	差	波动
贵　州	0.6134	0.5331	0.5461	中	差	中	波动
云　南	0.5820	0.5156	0.5474	中	差	中	波动
西　藏	0.5900	0.5959	0.6279	中	中	中	向差
陕　西	0.6403	0.6075	0.6232	中	中	中	波动
甘　肃	0.5275	0.6109	0.6400	差	中	中	向差
青　海	0.7533	0.7631	0.7135	优	优	优	波动
宁　夏	0.6580	0.6746	0.6474	中	中	中	波动
新　疆	0.6686	0.6885	0.6252	中	中	中	波动

表 4-9   2015—2017 年养老保障持续性指数水平与趋势分析

项目 地区	指数值			发展水平评价			发展趋势评价
	2017 年	2016 年	2015 年	2017 年	2016 年	2015 年	2015—2017 年
全 国	0.6499	0.6466	0.6536	中	中	中	波动
北 京	0.8463	0.8535	0.9639	优	优	优	向差
天 津	0.6304	0.6102	0.6159	中	中	中	波动
河 北	0.5843	0.5872	0.5934	中	中	中	向差
山 西	0.7486	0.7566	0.7397	中	中	中	波动
内蒙古	0.5712	0.5333	0.5347	中	中	中	波动
辽 宁	0.3994	0.4154	0.4389	差	差	差	向差
吉 林	0.4852	0.4418	0.4708	差	差	差	波动
黑龙江	0.4520	0.3914	0.4418	差	差	差	波动
上 海	0.4169	0.4535	0.4323	差	差	差	波动
江 苏	0.5909	0.6125	0.6242	中	中	中	向差
浙 江	0.5100	0.5268	0.5937	差	中	中	向差
安 徽	0.7593	0.7338	0.7094	中	中	中	向好
福 建	0.6772	0.6846	0.6955	中	中	中	向差
江 西	0.7116	0.6704	0.6458	中	中	中	向好
山 东	0.6874	0.7058	0.7099	中	中	中	向差
河 南	0.6413	0.6514	0.6387	中	中	中	波动
湖 北	0.5588	0.5783	0.5733	中	中	中	波动
湖 南	0.6015	0.6149	0.6060	中	中	中	波动
广 东	0.7963	0.8095	0.8325	优	优	优	向差
广 西	0.5608	0.5224	0.5341	中	差	中	波动
海 南	0.7681	0.7369	0.6854	中	中	中	向好
重 庆	0.5349	0.5461	0.5329	中	中	中	波动
四 川	0.6592	0.5412	0.5744	中	中	中	波动
贵 州	0.6917	0.7264	0.7201	中	中	中	波动
云 南	0.7808	0.8115	0.7814	优	优	优	波动
西 藏	0.8981	0.7739	0.8658	优	优	优	波动
陕 西	0.6292	0.6250	0.6173	中	中	中	向好
甘 肃	0.7207	0.6679	0.6474	中	中	中	向好
青 海	0.6262	0.6294	0.6515	中	中	中	向差
宁 夏	0.6954	0.7070	0.6851	中	中	中	波动
新 疆	0.7636	0.7204	0.7530	中	中	中	波动

表 4-10　　　　　　　　2015—2017 年养老保障高效性指数水平与趋势分析

项目 地区	指数值			发展水平评价			发展趋势评价
	2017 年	2016 年	2015 年	2017 年	2016 年	2015 年	2015—2017 年
全　国	0.6764	0.7169	0.7341	中	中	中	向差
北　京	0.6859	0.6781	0.8931	中	中	优	波动
天　津	0.4433	0.4340	0.4290	差	差	差	向好
河　北	0.6955	0.7330	0.7325	中	中	中	波动
山　西	0.6400	0.7388	0.7658	中	中	优	向差
内蒙古	0.6114	0.6835	0.7291	中	中	中	向差
辽　宁	0.6191	0.6384	0.6485	中	中	中	向差
吉　林	0.5193	0.5827	0.6270	差	中	中	向差
黑龙江	0.5812	0.7506	0.6855	中	中	中	波动
上　海	0.5015	0.4878	0.5182	差	差	差	波动
江　苏	0.5739	0.5972	0.6109	中	中	中	向差
浙　江	0.5778	0.6056	0.6428	中	中	中	向差
安　徽	0.6338	0.6798	0.6905	中	中	中	向差
福　建	0.8124	0.8166	0.8309	优	优	优	向差
江　西	0.6909	0.7493	0.7994	中	中	优	向差
山　东	0.7096	0.7248	0.7438	中	中	中	向差
河　南	0.8055	0.8185	0.8552	优	优	优	向差
湖　北	0.6157	0.6492	0.6794	中	中	中	向差
湖　南	0.6691	0.7239	0.7124	中	中	中	波动
广　东	0.8261	0.8189	0.7941	优	优	优	向好
广　西	0.5843	0.6445	0.6251	中	中	中	波动
海　南	0.6445	0.6168	0.7507	中	中	中	波动
重　庆	0.5971	0.6468	0.6767	中	中	中	向差
四　川	0.5030	0.5977	0.5859	差	中	中	波动
贵　州	0.7772	0.7853	0.7433	优	优	中	波动
云　南	0.6691	0.6777	0.7243	中	中	中	向差
西　藏	0.6902	0.6014	0.7460	中	中	中	波动
陕　西	0.7661	0.8047	0.8148	优	优	优	向差
甘　肃	0.6343	0.6438	0.6343	中	中	中	波动
青　海	0.7317	0.7246	0.7368	中	中	中	波动
宁　夏	0.7576	0.7681	0.8086	中	优	优	向差
新　疆	0.7486	0.7563	0.7388	中	中	中	波动

4.1.3 各省份医疗保障发展指数水平与趋势分析

表 4-11   2015—2017 年医疗保障发展总指数水平与趋势分析

项目\地区	指数值			发展水平评价			发展趋势评价
	2017 年	2016 年	2015 年	2017 年	2016 年	2015 年	2015—2017 年
全　国	0.7841	0.7339	0.7915	中	中	中	波动
北　京	0.8258	0.8468	0.8307	优	优	优	波动
天　津	0.7405	0.7292	0.7200	中	中	中	向好
河　北	0.7477	0.7436	0.7713	中	中	中	波动
山　西	0.7334	0.5999	0.7593	中	差	中	波动
内蒙古	0.7104	0.6003	0.7404	中	差	中	波动
辽　宁	0.7168	0.7210	0.7282	中	中	中	向差
吉　林	0.7172	0.7225	0.7205	中	中	中	波动
黑龙江	0.6394	0.6625	0.6714	差	差	中	向差
上　海	0.8057	0.7904	0.7974	优	中	中	波动
江　苏	0.7996	0.8005	0.7951	中	中	中	波动
浙　江	0.8337	0.8359	0.8231	优	优	优	波动
安　徽	0.7923	0.7942	0.7939	中	中	中	波动
福　建	0.8390	0.6853	0.8271	优	中	优	波动
江　西	0.8107	0.8304	0.8288	优	优	优	波动
山　东	0.7630	0.7644	0.7719	中	中	中	向差
河　南	0.7761	0.6062	0.7871	中	差	中	波动
湖　北	0.7271	0.6020	0.7767	中	差	中	波动
湖　南	0.7409	0.6043	0.7592	中	差	中	波动
广　东	0.8586	0.8624	0.8609	优	优	优	波动
广　西	0.8033	0.6154	0.8132	中	差	优	波动
海　南	0.6940	0.8194	0.7988	中	优	中	波动
重　庆	0.7609	0.7577	0.7668	中	中	中	波动
四　川	0.7665	0.6860	0.7552	中	中	中	波动
贵　州	0.8419	0.8391	0.8350	优	优	优	向好
云　南	0.7741	0.7714	0.7625	中	中	中	向好
西　藏	0.6624	0.6387	0.8297	差	差	优	波动
陕　西	0.7362	0.7477	0.7430	中	中	中	波动
甘　肃	0.7368	0.7586	0.7603	中	中	中	向差
青　海	0.6923	0.5502	0.5581	中	差	差	波动
宁　夏	0.7403	0.7306	0.7265	中	中	中	向好
新　疆	0.6421	0.6326	0.7620	差	差	中	波动

表 4-12　　　　**2015—2017 年医疗保障覆盖面指数水平与趋势分析**

项目 地区	指数值			发展水平评价			发展趋势评价
	2017 年	2016 年	2015 年	2017 年	2016 年	2015 年	2015—2017 年
全　国	0.9889	0.7726	1.0000	优	中	优	波动
北　京	1.0000	1.0000	1.0000	优	优	优	波动
天　津	0.8773	0.8601	0.8606	中	中	中	波动
河　北	0.9514	0.9241	0.9434	优	中	优	波动
山　西	0.9357	0.3270	0.9626	中	差	优	波动
内蒙古	0.9143	0.4316	0.9731	中	差	优	波动
辽　宁	0.9991	1.0000	1.0000	优	优	优	波动
吉　林	1.0000	1.0000	1.0000	优	优	优	波动
黑龙江	0.8226	0.8474	0.8655	中	中	中	向差
上　海	0.9981	0.9814	0.9887	优	优	优	波动
江　苏	1.0000	0.9830	1.0000	优	优	优	波动
浙　江	1.0000	0.9992	1.0000	优	优	优	波动
安　徽	1.0000	1.0000	1.0000	优	优	优	波动
福　建	1.0000	0.3568	1.0000	优	差	优	波动
江　西	1.0000	1.0000	1.0000	优	优	优	波动
山　东	0.9760	0.9718	0.9867	优	优	优	波动
河　南	1.0000	0.2373	1.0000	优	差	优	波动
湖　北	0.9809	0.3458	1.0000	优	差	优	波动
湖　南	1.0000	0.3932	1.0000	优	差	优	波动
广　东	1.0000	1.0000	1.0000	优	优	优	波动
广　西	1.0000	0.2212	1.0000	优	差	优	波动
海　南	0.4799	0.9959	1.0000	差	优	优	向差
重　庆	1.0000	1.0000	1.0000	优	优	优	波动
四　川	0.9309	0.6107	0.8608	中	中	中	波动
贵　州	1.0000	1.0000	1.0000	优	优	优	波动
云　南	0.9837	0.9840	0.9903	优	优	优	向差
西　藏	0.2215	0.2108	1.0000	差	差	优	波动
陕　西	1.0000	1.0000	1.0000	优	优	优	波动
甘　肃	0.9782	0.9931	1.0000	优	优	优	向差
青　海	0.9754	0.3523	0.3528	优	差	差	波动
宁　夏	0.9545	0.9265	0.9225	优	中	中	向好
新　疆	0.4616	0.4127	0.9107	差	差	中	波动

表 4-13　　　　　　　2015—2017 年医疗保障"保障度"指数水平与趋势分析

项目 地区	指数值			发展水平评价			发展趋势评价
	2017 年	2016 年	2015 年	2017 年	2016 年	2015 年	2015—2017 年
全　国	0.7354	0.7386	0.7305	中	中	中	波动
北　京	0.7983	0.8208	0.8080	中	中	中	波动
天　津	0.6862	0.6915	0.7175	中	中	中	向差
河　北	0.7039	0.7195	0.6479	中	中	差	波动
山　西	0.7065	0.7059	0.6818	中	中	中	向好
内蒙古	0.7257	0.6758	0.6740	中	中	中	向好
辽　宁	0.6431	0.6120	0.6305	差	差	差	波动
吉　林	0.5859	0.5761	0.5762	差	差	差	波动
黑龙江	0.6531	0.6616	0.6141	差	中	差	波动
上　海	0.8697	0.7826	0.7528	优	中	中	向好
江　苏	0.7700	0.7866	0.7324	中	中	中	波动
浙　江	0.8251	0.8252	0.7858	中	中	中	波动
安　徽	0.7201	0.6891	0.6972	中	中	中	波动
福　建	0.7894	0.8913	0.7432	中	优	中	波动
江　西	0.7996	0.7568	0.7379	中	中	中	向好
山　东	0.7397	0.7232	0.7142	中	中	中	向好
河　南	0.7119	0.6801	0.6727	中	中	中	向好
湖　北	0.6562	0.6554	0.6778	中	差	中	波动
湖　南	0.7082	0.7340	0.7374	中	中	中	向差
广　东	0.7485	0.7529	0.7417	中	中	中	波动
广　西	0.6673	0.7061	0.7277	中	中	中	向差
海　南	0.7620	0.7468	0.7055	中	中	中	向好
重　庆	0.7647	0.7440	0.7547	中	中	中	波动
四　川	0.7171	0.7274	0.8287	中	中	中	向差
贵　州	0.8186	0.8280	0.8307	中	中	优	向差
云　南	0.7841	0.7758	0.7800	中	中	中	波动
西　藏	0.9371	0.9256	0.9237	优	优	优	向好
陕　西	0.7052	0.6734	0.6770	中	中	中	波动
甘　肃	0.7247	0.6789	0.7029	中	中	中	波动
青　海	0.6276	0.7392	0.7482	差	中	中	向差
宁　夏	0.7626	0.7378	0.6908	中	中	中	向好
新　疆	0.7346	0.7382	0.7605	中	中	中	向差

表 4-14　　　　　2015—2017 年医疗保障持续性指数水平与趋势分析

项目 地区	指数值			发展水平评价			发展趋势评价
	2017 年	2016 年	2015 年	2017 年	2016 年	2015 年	2015—2017 年
全　国	0.7089	0.7002	0.7034	中	中	中	波动
北　京	0.7534	0.8072	0.7661	中	优	中	波动
天　津	0.7454	0.6889	0.6133	中	中	差	向好
河　北	0.6892	0.6486	0.8424	中	中	优	波动
山　西	0.6923	0.7371	0.7627	中	中	中	向差
内蒙古	0.6342	0.7165	0.7306	中	中	中	向差
辽　宁	0.6437	0.6772	0.6594	中	中	中	波动
吉　林	0.6979	0.7477	0.7103	中	中	中	波动
黑龙江	0.5833	0.6182	0.6788	差	差	中	向差
上　海	0.6585	0.6641	0.6496	中	中	中	波动
江　苏	0.6741	0.6794	0.6773	中	中	中	波动
浙　江	0.7517	0.7469	0.7420	中	中	中	向好
安　徽	0.7387	0.7751	0.7242	中	中	中	波动
福　建	0.8014	0.7693	0.7994	优	中	优	波动
江　西	0.7457	0.8074	0.8107	中	优	优	向差
山　东	0.6219	0.6446	0.6601	差	中	中	向差
河　南	0.7088	0.8037	0.7572	中	优	中	波动
湖　北	0.6407	0.7501	0.7501	中	中	中	波动
湖　南	0.6501	0.6651	0.6539	中	中	中	波动
广　东	0.8329	0.8510	0.8587	优	优	优	向差
广　西	0.8579	0.8525	0.8246	优	优	优	向好
海　南	0.8199	0.7948	0.7723	优	优	中	向好
重　庆	0.5681	0.5832	0.5882	差	差	差	向差
四　川	0.7428	0.6979	0.6618	中	中	中	向好
贵　州	0.8226	0.7867	0.7487	优	优	中	向好
云　南	0.6701	0.6518	0.6036	中	中	差	向好
西　藏	0.7183	0.5327	0.5669	中	差	差	波动
陕　西	0.6503	0.7152	0.7016	中	中	中	波动
甘　肃	0.5734	0.6881	0.6492	差	中	中	波动
青　海	0.5895	0.5440	0.5620	差	差	差	波动
宁　夏	0.5974	0.6081	0.6364	差	差	中	向差
新　疆	0.7818	0.7744	0.7605	优	中	中	向好

表 4-15　　　　　　2015—2017 年医疗保障高效性指数水平与趋势分析

项目 地区	指数值			发展水平评价			发展趋势评价
	2017 年	2016 年	2015 年	2017 年	2016 年	2015 年	2015—2017 年
全　国	0.7035	0.7243	0.7320	中	中	中	向差
北　京	0.7514	0.7592	0.7485	中	中	中	波动
天　津	0.6530	0.6764	0.6887	中	中	中	向差
河　北	0.6463	0.6821	0.6513	中	中	中	波动
山　西	0.5993	0.6295	0.6302	差	中	中	向差
内蒙古	0.5675	0.5772	0.5839	差	差	差	向差
辽　宁	0.5814	0.5946	0.6228	差	差	差	向差
吉　林	0.5850	0.5662	0.5953	差	差	差	波动
黑龙江	0.4987	0.5230	0.5274	差	差	差	向差
上　海	0.6964	0.7334	0.7984	中	中	优	向差
江　苏	0.7545	0.7528	0.7708	中	中	中	波动
浙　江	0.7578	0.7722	0.7644	中	中	中	波动
安　徽	0.7104	0.7128	0.7542	中	中	中	向差
福　建	0.7651	0.7239	0.7658	中	中	中	波动
江　西	0.6975	0.7572	0.7666	中	中	中	向差
山　东	0.7145	0.7181	0.7264	中	中	中	向差
河　南	0.6840	0.7037	0.7183	中	中	中	向差
湖　北	0.6307	0.6567	0.6790	中	中	中	向差
湖　南	0.6054	0.6251	0.6455	中	中	中	向差
广　东	0.8532	0.8459	0.8431	优	优	优	向好
广　西	0.6880	0.6818	0.7005	中	中	中	波动
海　南	0.7144	0.7401	0.7175	中	中	中	波动
重　庆	0.7109	0.7035	0.7244	中	中	中	波动
四　川	0.6751	0.7080	0.6693	中	中	中	波动
贵　州	0.7264	0.7416	0.7606	中	中	中	向差
云　南	0.6585	0.6741	0.6762	中	中	中	向差
西　藏	0.7727	0.8859	0.8283	优	优	优	波动
陕　西	0.5895	0.6020	0.5935	差	中	差	波动
甘　肃	0.6710	0.6741	0.6892	中	中	中	向差
青　海	0.5769	0.5653	0.5693	差	差	差	波动
宁　夏	0.6468	0.6502	0.6561	中	中	中	向差
新　疆	0.5904	0.6052	0.6162	差	中	中	向差

4.1.4 各省份就业保障发展指数水平与趋势分析

表 4-16   2015—2017 年就业保障发展总指数水平与趋势分析

项目 地区	指数值			发展水平评价			发展趋势评价
	2017 年	2016 年	2015 年	2017 年	2016 年	2015 年	2015—2017 年
全　国	0.6027	0.5638	0.5501	中	中	中	向好
北　京	0.7862	0.7911	0.7349	优	优	优	波动
天　津	0.5111	0.5224	0.4831	中	中	中	波动
河　北	0.5796	0.5820	0.5265	中	中	中	波动
山　西	0.7224	0.5909	0.5749	优	中	中	向好
内蒙古	0.3752	0.4828	0.4705	差	中	中	波动
辽　宁	0.5236	0.2951	0.5294	中	差	中	波动
吉　林	0.5022	0.5048	0.4503	中	中	差	波动
黑龙江	0.5853	0.5717	0.5510	中	中	中	向好
上　海	0.6803	0.7158	0.6111	优	优	中	波动
江　苏	0.5245	0.5150	0.5173	中	中	中	波动
浙　江	0.6687	0.6670	0.6211	中	中	中	向好
安　徽	0.5027	0.5019	0.4599	中	中	差	向好
福　建	0.6790	0.6567	0.6248	优	中	中	向好
江　西	0.5554	0.5804	0.5294	中	中	中	波动
山　东	0.5735	0.5827	0.5664	中	中	中	波动
河　南	0.6140	0.6094	0.5930	中	中	中	向好
湖　北	0.5097	0.5007	0.5016	中	中	中	波动
湖　南	0.5337	0.5379	0.4779	中	中	中	波动
广　东	0.7543	0.7704	0.6931	优	优	优	波动
广　西	0.4618	0.5126	0.4830	差	中	中	波动
海　南	0.6193	0.6337	0.6047	中	中	中	波动
重　庆	0.5544	0.5706	0.5723	中	中	中	向差
四　川	0.5924	0.5034	0.4340	中	中	差	向好
贵　州	0.6094	0.6134	0.6061	中	中	中	波动
云　南	0.4984	0.5137	0.4871	中	中	中	波动
西　藏	0.7348	0.7405	0.6725	优	优	优	波动
陕　西	0.6588	0.6017	0.5476	中	中	中	向好
甘　肃	0.5698	0.5319	0.4863	中	中	中	向好
青　海	0.4959	0.5457	0.4714	中	中	中	波动
宁　夏	0.5859	0.6025	0.5437	中	中	中	波动
新　疆	0.6140	0.5593	0.5146	中	中	中	向好

表 4-17 2015—2017 年就业保障覆盖面指数水平与趋势分析

项目 地区	指数值			发展水平评价			发展趋势评价
	2017 年	2016 年	2015 年	2017 年	2016 年	2015 年	2015—2017 年
全　国	0.7890	0.7877	0.7858	中	中	中	向好
北　京	0.9296	0.9322	0.9410	优	优	优	向差
天　津	0.9836	0.9658	0.9545	优	优	优	向好
河　北	0.9890	0.9408	0.9487	优	优	优	波动
山　西	0.9936	0.9987	0.9916	优	优	优	波动
内蒙古	0.6722	0.7073	0.7090	中	中	中	向差
辽　宁	1.0000	1.0000	1.0000	优	优	优	波动
吉　林	0.8277	0.8062	0.7853	中	中	中	向好
黑龙江	0.9474	0.9437	0.9465	优	优	优	波动
上　海	0.9065	0.9342	0.7802	优	优	中	波动
江　苏	0.6073	0.6132	0.6306	中	中	中	向差
浙　江	0.8282	0.8206	0.8290	中	中	中	波动
安　徽	0.6392	0.6531	0.6849	中	中	中	向差
福　建	0.6374	0.6487	0.6890	中	中	中	向差
江　西	0.5327	0.5231	0.5274	差	差	差	波动
山　东	0.8949	0.8820	0.8730	优	优	中	向好
河　南	0.6046	0.6322	0.6619	中	中	中	向差
湖　北	0.6400	0.6346	0.6267	中	中	中	向好
湖　南	0.9689	0.9880	0.6450	优	优	中	波动
广　东	0.9423	0.9776	1.0000	优	优	优	向差
广　西	0.6192	0.5942	0.6358	中	中	中	波动
海　南	0.9159	0.9215	0.8800	优	优	优	波动
重　庆	0.5316	0.5230	0.5480	差	差	差	波动
四　川	0.9669	0.6135	0.5721	优	中	中	向好
贵　州	0.7814	0.7756	0.7332	中	中	中	向好
云　南	0.5755	0.6081	0.6860	中	中	中	向差
西　藏	0.3540	0.3335	0.3549	差	差	差	波动
陕　西	0.6763	0.6607	0.6546	中	中	中	向好
甘　肃	0.5559	0.5561	0.5584	中	中	中	向差
青　海	0.6556	0.6972	0.7326	中	中	中	向差
宁　夏	0.7606	0.7861	0.7563	中	中	中	波动
新　疆	0.5605	0.8424	0.8710	中	中	中	向差

表 4-18　　　　　　　2015—2017 年就业保障"保障度"指数水平与趋势分析

项目 地区	指数值			发展水平评价			发展趋势评价
	2017 年	2016 年	2015 年	2017 年	2016 年	2015 年	2015—2017 年
全　国	0.5694	0.5489	0.5698	中	中	中	波动
北　京	0.7543	0.7259	0.7176	优	优	优	向好
天　津	0.4006	0.3491	0.3919	差	差	差	波动
河　北	0.4695	0.4918	0.5234	中	中	中	向差
山　西	0.5906	0.4914	0.5379	中	中	中	波动
内蒙古	0.5320	0.5188	0.5294	中	中	中	波动
辽　宁	0.3897	0.4659	0.4904	差	中	中	向差
吉　林	0.4533	0.4292	0.3851	差	差	差	向好
黑龙江	0.5052	0.5155	0.5156	中	中	中	向差
上　海	0.7196	0.7271	0.7293	优	优	优	向差
江　苏	0.6253	0.6138	0.6635	中	中	中	波动
浙　江	0.6505	0.6607	0.6637	中	中	中	向差
安　徽	0.4597	0.4668	0.4628	差	中	差	波动
福　建	0.6885	0.6868	0.6875	优	优	优	波动
江　西	0.4926	0.4955	0.5199	中	中	中	向差
山　东	0.6006	0.5941	0.6165	中	中	中	波动
河　南	0.6568	0.6361	0.6453	中	中	中	波动
湖　北	0.4821	0.4505	0.4961	中	差	中	波动
湖　南	0.3590	0.3463	0.4731	差	差	中	波动
广　东	0.6509	0.6366	0.6122	中	中	中	向好
广　西	0.5773	0.5420	0.5260	中	中	中	向好
海　南	0.5234	0.5233	0.5796	中	中	中	波动
重　庆	0.6050	0.6356	0.6440	中	中	中	向差
四　川	0.4528	0.5093	0.5234	差	中	中	向差
贵　州	0.5110	0.5203	0.5275	中	中	中	向差
云　南	0.5234	0.5487	0.5319	中	中	中	波动
西　藏	0.7836	0.8317	0.7296	优	优	优	波动
陕　西	0.5844	0.5260	0.5674	中	中	中	波动
甘　肃	0.6537	0.5695	0.6139	中	中	中	波动
青　海	0.5276	0.5369	0.4647	中	中	中	波动
宁　夏	0.6274	0.6020	0.6233	中	中	中	波动
新　疆	0.7324	0.6712	0.6590	优	中	中	向好

表 4-19   **2015—2017 年就业保障持续性指数水平与趋势分析**

项目 地区	指数值			发展水平评价			发展趋势评价
	2017 年	2016 年	2015 年	2017 年	2016 年	2015 年	2015—2017 年
全 国	0.5893	0.4583	0.4097	中	中	中	向好
北 京	0.6651	0.7149	0.5689	中	中	中	波动
天 津	0.2110	0.3491	0.1955	中	中	中	波动
河 北	0.3766	0.4101	0.1776	中	中	中	波动
山 西	0.7422	0.3999	0.2937	优	中	中	向好
内蒙古	-0.1755	0.2472	0.2131	差	中	中	波动
辽 宁	0.3788	-0.6985	0.2041	中	差	中	波动
吉 林	0.3012	0.4411	0.3598	中	中	中	波动
黑龙江	0.3323	0.2891	0.2298	中	中	中	向好
上 海	0.5098	0.5864	0.3947	中	中	中	波动
江 苏	0.5155	0.4938	0.3969	中	中	中	向好
浙 江	0.6494	0.6723	0.5470	中	中	中	波动
安 徽	0.5070	0.4986	0.3064	中	中	中	向好
福 建	0.6895	0.6411	0.5442	中	中	中	向好
江 西	0.6715	0.7630	0.5898	中	优	中	波动
山 东	0.3715	0.4008	0.3376	中	中	中	波动
河 南	0.6229	0.5770	0.4351	中	中	中	向好
湖 北	0.5221	0.5661	0.5098	中	中	中	波动
湖 南	0.4610	0.5087	0.4280	中	中	中	波动
广 东	0.6979	0.6978	0.6163	中	中	中	向好
广 西	0.1557	0.4319	0.3720	中	中	中	波动
海 南	0.5310	0.5196	0.3835	中	中	中	向好
重 庆	0.5920	0.6392	0.6381	中	中	中	波动
四 川	0.4840	0.4020	0.2417	中	中	中	向好
贵 州	0.6383	0.6058	0.6721	中	中	中	波动
云 南	0.5358	0.4343	0.3342	中	中	中	向好
西 藏	0.9734	0.9815	0.9600	优	优	优	波动
陕 西	0.6912	0.5788	0.3447	中	中	中	向好
甘 肃	0.4767	0.5562	0.3216	中	中	中	波动
青 海	0.3796	0.4651	0.3964	中	中	中	波动
宁 夏	0.4831	0.4841	0.3196	中	中	中	波动
新 疆	0.5675	0.1946	0.0759	中	中	差	向好

表 4-20 2015—2017 年就业保障高效性指数水平与趋势分析

项目\地区	指数值			发展水平评价			发展趋势评价
	2017 年	2016 年	2015 年	2017 年	2016 年	2015 年	2015—2017 年
全 国	0.4631	0.4602	0.4350	中	中	中	向好
北 京	0.7957	0.7912	0.7122	优	优	优	向好
天 津	0.4491	0.4258	0.3905	中	中	差	向好
河 北	0.4833	0.4854	0.4561	中	中	中	波动
山 西	0.5634	0.4739	0.4765	中	中	中	波动
内蒙古	0.4721	0.4579	0.4304	中	中	中	向好
辽 宁	0.3259	0.4132	0.4229	差	中	中	向差
吉 林	0.4265	0.3425	0.2708	中	差	差	向好
黑龙江	0.5564	0.5383	0.5122	中	中	中	向好
上 海	0.5852	0.6156	0.5401	中	中	中	波动
江 苏	0.3498	0.3392	0.3781	差	差	差	波动
浙 江	0.5465	0.5144	0.4448	中	中	中	向好
安 徽	0.4050	0.3891	0.3854	中	差	差	向好
福 建	0.7007	0.6501	0.5783	优	优	中	向好
江 西	0.5248	0.5399	0.4803	中	中	中	波动
山 东	0.4270	0.4539	0.4383	中	中	中	波动
河 南	0.5717	0.5924	0.6298	中	中	中	向差
湖 北	0.3945	0.3516	0.3738	差	差	差	波动
湖 南	0.3458	0.3084	0.3655	差	差	差	波动
广 东	0.7260	0.7695	0.5439	优	优	中	波动
广 西	0.4949	0.4824	0.3982	中	中	差	向好
海 南	0.5069	0.5703	0.5756	中	中	中	向差
重 庆	0.4891	0.4845	0.4591	中	中	中	向好
四 川	0.4658	0.4887	0.3988	中	中	差	波动
贵 州	0.5070	0.5518	0.4917	中	中	中	波动
云 南	0.3589	0.4638	0.3965	差	中	差	波动
西 藏	0.8281	0.8152	0.6458	优	优	优	向好
陕 西	0.6834	0.6413	0.6237	优	中	中	向好
甘 肃	0.5929	0.4459	0.4511	中	中	中	波动
青 海	0.4206	0.4838	0.2920	中	中	差	波动
宁 夏	0.4724	0.5379	0.4757	中	中	中	波动
新 疆	0.5955	0.5291	0.4524	中	中	中	向好

4.1.5 各省份贫困保障发展指数水平与趋势分析

表 4-21 2015—2017 年贫困保障发展总指数水平与趋势分析

项目 地区	指数值			发展水平评价			发展趋势评价
	2017 年	2016 年	2015 年	2017 年	2016 年	2015 年	2015—2017 年
全 国	0.6792	0.6742	0.6644	中	中	差	向好
北 京	0.8013	0.7944	0.7869	优	优	优	向好
天 津	0.7861	0.8128	0.8066	优	优	优	波动
河 北	0.7013	0.7021	0.6833	中	中	中	波动
山 西	0.6983	0.6995	0.6804	中	中	中	波动
内蒙古	0.7218	0.7115	0.7154	中	中	中	波动
辽 宁	0.6977	0.7004	0.6943	中	中	中	波动
吉 林	0.6910	0.6832	0.6540	中	中	差	向好
黑龙江	0.7438	0.7420	0.7319	中	中	中	向好
上 海	0.8334	0.8232	0.8167	优	优	优	向好
江 苏	0.7352	0.7332	0.7404	中	中	中	波动
浙 江	0.7083	0.7126	0.7348	中	中	中	向差
安 徽	0.7051	0.7023	0.7008	中	中	中	向好
福 建	0.6972	0.6633	0.6601	中	差	差	向好
江 西	0.7110	0.7112	0.7048	中	中	中	波动
山 东	0.6564	0.6559	0.6576	差	差	差	波动
河 南	0.6609	0.6660	0.6463	差	差	差	波动
湖 北	0.7050	0.6735	0.6635	中	中	差	向好
湖 南	0.6382	0.6728	0.6522	差	中	差	波动
广 东	0.7503	0.7140	0.7021	中	中	中	向好
广 西	0.6830	0.6787	0.6598	中	中	差	向好
海 南	0.7364	0.7474	0.7564	中	中	中	向差
重 庆	0.6773	0.6818	0.6839	中	中	中	向差
四 川	0.6873	0.6741	0.6590	中	中	差	向好
贵 州	0.7361	0.7321	0.7221	中	中	中	向好
云 南	0.7121	0.6965	0.6812	中	中	中	向好
西 藏	0.7970	0.8176	0.7745	优	优	优	波动
陕 西	0.6899	0.6984	0.7068	中	中	中	向差
甘 肃	0.7314	0.7042	0.7041	中	中	中	向好
青 海	0.6719	0.6703	0.6639	差	差	差	向好
宁 夏	0.6631	0.6646	0.6286	差	差	差	波动
新 疆	0.6474	0.6481	0.6301	差	差	差	波动

表 4-22　　　　　2015—2017 年贫困保障覆盖面指数水平与趋势分析

地区 项目	指数值			发展水平评价			发展趋势评价
	2017 年	2016 年	2015 年	2017 年	2016 年	2015 年	2015—2017 年
全　国	0.9889	0.9831	0.9792	优	中	中	向好
北　京	1.0000	1.0000	0.9906	优	优	优	波动
天　津	1.0000	1.0000	0.9943	优	优	优	波动
河　北	1.0000	0.9983	0.9962	优	优	优	向好
山　西	0.9835	0.9792	0.9754	中	中	中	向好
内蒙古	0.9621	0.9617	0.9544	中	中	中	向好
辽　宁	0.9883	0.9853	0.9845	优	中	中	向好
吉　林	0.9654	0.9588	0.9557	中	中	中	向好
黑龙江	0.9685	0.9602	0.9597	中	中	中	向好
上　海	0.9967	0.9970	0.9984	优	优	优	向差
江　苏	0.9965	0.9948	0.9943	优	优	优	向好
浙　江	1.0000	0.9985	1.0000	优	优	优	波动
安　徽	0.9983	0.9973	0.9897	优	优	优	向好
福　建	1.0000	1.0000	1.0000	优	优	优	波动
江　西	0.9756	0.9729	0.9730	中	中	中	波动
山　东	0.9986	0.9957	0.9944	优	优	优	向好
河　南	0.9979	0.9935	0.9848	优	优	中	向好
湖　北	0.9898	0.9893	0.9813	优	优	中	向好
湖　南	0.9956	0.9720	0.9645	优	中	中	向好
广　东	0.9903	0.9904	0.9894	优	优	优	波动
广　西	0.9784	0.9715	0.9707	中	中	中	向好
海　南	0.9953	0.9947	0.9940	优	优	优	向好
重　庆	0.9924	0.9913	0.9986	优	优	优	波动
四　川	0.9737	0.9732	0.9654	中	中	中	向好
贵　州	0.9706	0.9600	0.9524	中	中	中	向好
云　南	0.9482	0.9240	0.9134	中	差	差	向好
西　藏	0.9526	0.9420	0.9012	中	中	差	向好
陕　西	0.9990	0.9862	0.9759	优	中	中	向好
甘　肃	0.9021	0.8915	0.8830	差	差	差	向好
青　海	0.9332	0.9116	0.9348	中	差	中	波动
宁　夏	0.9543	0.9413	0.9397	中	中	中	向好
新　疆	0.9097	0.9179	0.9326	差	差	差	向差

表 4–23　　　　　　　　2015—2017 年贫困保障"保障度"指数水平与趋势分析

项目 地区	指数值			发展水平评价			发展趋势评价
	2017 年	2016 年	2015 年	2017 年	2016 年	2015 年	2015—2017 年
全　国	0.7841	0.7636	0.7299	中	中	差	向好
北　京	0.8753	0.8465	0.8132	中	中	中	向好
天　津	1.0000	1.0000	0.9874	优	优	优	波动
河　北	0.8560	0.8420	0.7772	中	中	中	向好
山　西	0.8542	0.8341	0.7835	中	中	中	向好
内蒙古	0.9248	0.9211	0.9169	优	优	优	向好
辽　宁	0.8632	0.8386	0.8132	中	中	中	向好
吉　林	0.8220	0.7764	0.7298	中	中	差	向好
黑龙江	0.9565	0.9192	0.8880	优	优	中	向好
上　海	0.8915	0.8463	0.8145	中	中	中	向好
江　苏	0.8747	0.8819	0.8898	中	中	中	向差
浙　江	0.7932	0.7695	0.7485	中	中	中	向好
安　徽	0.8671	0.8554	0.8306	中	中	中	向好
福　建	0.7262	0.6869	0.6786	差	差	差	向好
江　西	0.8367	0.8285	0.8147	中	中	中	向好
山　东	0.7379	0.7264	0.7234	差	差	差	向好
河　南	0.6978	0.7024	0.6487	差	差	差	波动
湖　北	0.8322	0.7552	0.7099	中	中	差	向好
湖　南	0.6872	0.6972	0.6320	差	差	差	波动
广　东	0.8933	0.8243	0.7679	中	中	中	向好
广　西	0.8018	0.7992	0.6964	中	中	差	向好
海　南	0.8903	0.9080	0.9490	中	中	优	向差
重　庆	0.8120	0.8088	0.8053	中	中	中	向好
四　川	0.7591	0.7109	0.6710	中	差	差	向好
贵　州	0.9643	0.9395	0.9135	优	优	优	向好
云　南	0.8540	0.8168	0.7821	中	中	中	向好
西　藏	0.9583	0.9605	0.9321	优	优	优	波动
陕　西	0.8784	0.8783	0.9005	中	中	中	波动
甘　肃	0.9146	0.8901	0.8516	优	中	中	向好
青　海	0.8447	0.8422	0.8613	中	中	中	波动
宁　夏	0.8294	0.7986	0.6776	中	中	差	向好
新　疆	0.6994	0.6944	0.6665	差	差	差	向好

表 4-24　　　　　　　2015—2017 年贫困保障持续性指数水平与趋势分析

项目 地区	指数值			发展水平评价			发展趋势评价
	2017 年	2016 年	2015 年	2017 年	2016 年	2015 年	2015—2017 年
全　国	0.6879	0.7145	0.7286	中	中	中	向差
北　京	0.3298	0.3311	0.3437	差	差	差	向差
天　津	0.4992	0.4633	0.4995	差	差	差	波动
河　北	0.6485	0.6833	0.6866	中	中	中	向差
山　西	0.7544	0.7992	0.7747	中	中	中	波动
内蒙古	0.7791	0.7400	0.7903	中	中	中	波动
辽　宁	0.7005	0.7494	0.7694	中	中	中	向差
吉　林	0.7546	0.7805	0.7673	中	中	中	波动
黑龙江	0.8469	0.9066	0.9214	优	优	优	向差
上　海	0.4455	0.4494	0.4538	差	差	差	向差
江　苏	0.5605	0.5738	0.5676	中	中	中	波动
浙　江	0.5511	0.5396	0.5123	中	中	差	向好
安　徽	0.7319	0.7404	0.7833	中	中	中	向差
福　建	0.4800	0.4670	0.5569	差	差	中	波动
江　西	0.8665	0.8861	0.8612	优	优	优	波动
山　东	0.5614	0.6025	0.6255	中	中	中	向差
河　南	0.7174	0.7683	0.7915	中	中	中	向差
湖　北	0.7387	0.7214	0.7576	中	中	中	波动
湖　南	0.6899	0.8729	0.8852	中	优	优	向差
广　东	0.5139	0.5102	0.5245	中	差	中	波动
广　西	0.7589	0.7301	0.8021	中	中	中	波动
海　南	0.5635	0.5711	0.5996	中	中	中	向差
重　庆	0.6572	0.6469	0.6183	中	中	中	向好
四　川	0.8264	0.8523	0.8500	优	优	优	波动
贵　州	0.8255	0.8489	0.8573	中	优	优	向差
云　南	0.8895	0.9290	0.9192	优	优	优	波动
西　藏	0.4793	0.4651	0.5301	差	差	中	波动
陕　西	0.6218	0.7179	0.7578	中	中	中	向差
甘　肃	0.9772	0.9320	0.9723	优	优	优	波动
青　海	0.6874	0.6636	0.6218	中	中	中	向好
宁　夏	0.6641	0.7180	0.7062	中	中	中	波动
新　疆	0.7986	0.8156	0.7718	中	中	中	波动

表 4-25 **2015—2017 年贫困保障高效性指数水平与趋势分析**

项目 地区	指数值			发展水平评价			发展趋势评价
	2017 年	2016 年	2015 年	2017 年	2016 年	2015 年	2015—2017 年
全 国	0.2559	0.2355	0.2198	中	中	差	向好
北 京	1.0000	1.0000	1.0000	优	优	优	波动
天 津	0.6451	0.7878	0.7450	中	优	优	波动
河 北	0.3009	0.2849	0.2731	中	中	中	向好
山 西	0.2011	0.1856	0.1881	差	差	差	波动
内蒙古	0.2213	0.2232	0.2000	差	差	差	波动
辽 宁	0.2388	0.2284	0.2101	中	中	差	向好
吉 林	0.2219	0.2171	0.1631	差	差	差	向好
黑龙江	0.2031	0.1821	0.1586	差	差	差	向好
上 海	1.0000	1.0000	1.0000	优	优	优	波动
江 苏	0.5090	0.4824	0.5098	中	中	中	波动
浙 江	0.4890	0.5426	0.6784	中	中	优	向差
安 徽	0.2229	0.2161	0.1997	差	差	差	向好
福 建	0.5825	0.4994	0.4051	中	中	中	向好
江 西	0.1651	0.1573	0.1701	差	差	差	波动
山 东	0.3278	0.2989	0.2872	中	中	中	向好
河 南	0.2303	0.1998	0.1602	中	差	差	向好
湖 北	0.2592	0.2279	0.2050	中	中	差	向好
湖 南	0.1801	0.1490	0.1268	差	差	差	向好
广 东	0.6035	0.5309	0.5266	中	中	中	向好
广 西	0.1929	0.2141	0.1701	差	差	差	波动
海 南	0.4966	0.5158	0.4830	中	中	中	波动
重 庆	0.2474	0.2800	0.3135	中	中	中	向差
四 川	0.1901	0.1598	0.1496	差	差	差	向好
贵 州	0.1840	0.1799	0.1654	差	差	差	向好
云 南	0.1569	0.1162	0.1102	差	差	差	向好
西 藏	0.7979	0.9029	0.7346	优	优	优	波动
陕 西	0.2605	0.2112	0.1930	中	差	差	向好
甘 肃	0.1318	0.1031	0.1094	差	差	差	波动
青 海	0.2221	0.2638	0.2378	差	中	中	波动
宁 夏	0.2045	0.2005	0.1910	差	差	差	向好
新 疆	0.1819	0.1643	0.1494	差	差	差	向好

4.2 指数结构分析

社会保障发展指数结构分析就是判别社会保障发展指数在"项目"之间与"要素"之间的发展均衡程度。本节将分别分析社会保障项目指数、社会保障要素指数、养老保障要素指数、医疗保障要素指数、就业保障要素指数、贫困保障要素指数之间的发展均衡程度。

4.2.1 各省份社会保障项目指数结构分析

社会保障项目指数结构分析就是分析养老保障发展指数、医疗保障发展指数、就业保障发展指数、贫困保障发展指数之间的均衡程度。

表 4–26   2017 年社会保障项目指数结构均衡分析

地 区	养老保障指数	医疗保障指数	就业保障指数	贫困保障指数	指数均值	指数标准差	指数结构评价
全 国	0.6977	0.7841	0.6027	0.6792	0.6910	0.0745	均衡
北 京	0.7775	0.8258	0.7862	0.8013	0.7977	0.0212	均衡
天 津	0.6205	0.7405	0.5111	0.7861	0.6645	0.1239	均衡
河 北	0.7083	0.7477	0.5796	0.7013	0.6842	0.0727	均衡
山 西	0.7508	0.7334	0.7224	0.6983	0.7263	0.0220	均衡
内蒙古	0.6691	0.7104	0.3752	0.7218	0.6191	0.1642	不均衡
辽 宁	0.6306	0.7168	0.5236	0.6977	0.6422	0.0873	均衡
吉 林	0.5670	0.7172	0.5022	0.6910	0.6193	0.1020	均衡
黑龙江	0.6029	0.6394	0.5853	0.7438	0.6429	0.0710	均衡
上 海	0.6472	0.8057	0.6803	0.8334	0.7416	0.0917	均衡
江 苏	0.6637	0.7996	0.5245	0.7352	0.6807	0.1181	均衡
浙 江	0.6695	0.8337	0.6687	0.7083	0.7201	0.0780	均衡
安 徽	0.6889	0.7923	0.5027	0.7051	0.6722	0.1218	均衡
福 建	0.7248	0.8390	0.6790	0.6972	0.7350	0.0718	均衡
江 西	0.7113	0.8107	0.5554	0.7110	0.6971	0.1055	均衡
山 东	0.7382	0.7630	0.5735	0.6564	0.6828	0.0859	均衡
河 南	0.7331	0.7761	0.6140	0.6609	0.6960	0.0725	均衡
湖 北	0.6619	0.7271	0.5097	0.7050	0.6509	0.0980	均衡
湖 南	0.6939	0.7409	0.5337	0.6382	0.6517	0.0892	均衡
广 东	0.7861	0.8586	0.7543	0.7503	0.7873	0.0502	均衡

地　区	养老保障指数	医疗保障指数	就业保障指数	贫困保障指数	指数均值	指数标准差	指数结构评价
广　西	0.6307	0.8033	0.4618	0.6830	0.6447	0.1417	均衡
海　南	0.7008	0.6940	0.6193	0.7364	0.6876	0.0492	均衡
重　庆	0.6618	0.7609	0.5544	0.6773	0.6636	0.0848	均衡
四　川	0.6421	0.7665	0.5924	0.6873	0.6721	0.0739	均衡
贵　州	0.7585	0.8419	0.6094	0.7361	0.7365	0.0962	均衡
云　南	0.7174	0.7741	0.4984	0.7121	0.6755	0.1214	均衡
西　藏	0.7438	0.6624	0.7348	0.7970	0.7345	0.0554	均衡
陕　西	0.7579	0.7362	0.6588	0.6899	0.7107	0.0447	均衡
甘　肃	0.6994	0.7368	0.5698	0.7314	0.6844	0.0781	均衡
青　海	0.7662	0.6923	0.4959	0.6719	0.6566	0.1145	均衡
宁　夏	0.7423	0.7403	0.5859	0.6631	0.6829	0.0745	均衡
新　疆	0.7508	0.6421	0.6140	0.6474	0.6636	0.0600	均衡

表 4-27　　　　　　　　　2016 年社会保障项目指数结构均衡分析

地　区	养老保障指数	医疗保障指数	就业保障指数	贫困保障指数	指数均值	指数标准差	指数结构评价
全　国	0.7029	0.7339	0.5638	0.6742	0.6687	0.0741	均衡
北　京	0.7805	0.8468	0.7911	0.7944	0.8032	0.0297	均衡
天　津	0.6015	0.7292	0.5224	0.8128	0.6665	0.1295	均衡
河　北	0.7257	0.7436	0.5820	0.7021	0.6883	0.0729	均衡
山　西	0.7764	0.5999	0.5909	0.6995	0.6667	0.0882	均衡
内蒙古	0.6686	0.6003	0.4828	0.7115	0.6158	0.0998	均衡
辽　宁	0.6434	0.7210	0.2951	0.7004	0.5900	0.1993	不均衡
吉　林	0.5731	0.7225	0.5048	0.6832	0.6209	0.1000	均衡
黑龙江	0.6206	0.6625	0.5717	0.7420	0.6492	0.0722	均衡
上　海	0.6464	0.7904	0.7158	0.8232	0.7439	0.0790	均衡
江　苏	0.6678	0.8005	0.5150	0.7332	0.6791	0.1221	均衡
浙　江	0.6776	0.8359	0.6670	0.7126	0.7233	0.0776	均衡
安　徽	0.7040	0.7942	0.5019	0.7023	0.6756	0.1235	均衡

续表

地　区	养老保障指数	医疗保障指数	就业保障指数	贫困保障指数	指数均值	指数标准差	指数结构评价
福　建	0.7209	0.6853	0.6567	0.6633	0.6815	0.0289	均衡
江　西	0.7079	0.8304	0.5804	0.7112	0.7075	0.1021	均衡
山　东	0.7503	0.7644	0.5827	0.6559	0.6883	0.0853	均衡
河　南	0.7258	0.6062	0.6094	0.6660	0.6519	0.0564	均衡
湖　北	0.6522	0.6020	0.5007	0.6735	0.6071	0.0770	均衡
湖　南	0.6986	0.6043	0.5379	0.6728	0.6284	0.0723	均衡
广　东	0.7838	0.8624	0.7704	0.7140	0.7827	0.0612	均衡
广　西	0.6457	0.6154	0.5126	0.6787	0.6131	0.0718	均衡
海　南	0.6798	0.8194	0.6337	0.7474	0.7201	0.0810	均衡
重　庆	0.6472	0.7577	0.5706	0.6818	0.6643	0.0777	均衡
四　川	0.6526	0.6860	0.5034	0.6741	0.6290	0.0849	均衡
贵　州	0.7353	0.8391	0.6134	0.7321	0.7300	0.0922	均衡
云　南	0.7105	0.7714	0.5137	0.6965	0.6730	0.1111	均衡
西　藏	0.6632	0.6387	0.7405	0.8176	0.7150	0.0810	均衡
陕　西	0.7494	0.7477	0.6017	0.6984	0.6993	0.0692	均衡
甘　肃	0.6976	0.7586	0.5319	0.7042	0.6731	0.0980	均衡
青　海	0.7649	0.5502	0.5457	0.6703	0.6328	0.1053	均衡
宁　夏	0.7489	0.7306	0.6025	0.6646	0.6867	0.0668	均衡
新　疆	0.7422	0.6326	0.5593	0.6481	0.6456	0.0752	均衡

表 4-28　　　　　　　　　　2015 年社会保障项目指数结构均衡分析

地　区	养老保障指数	医疗保障指数	就业保障指数	贫困保障指数	指数均值	指数标准差	指数结构评价
全　国	0.7037	0.7915	0.5501	0.6644	0.6774	0.1001	均衡
北　京	0.8782	0.8307	0.7349	0.7869	0.8077	0.0612	均衡
天　津	0.5793	0.7200	0.4831	0.8066	0.6473	0.1440	均衡
河　北	0.7365	0.7713	0.5265	0.6833	0.6794	0.1082	均衡
山　西	0.7729	0.7593	0.5749	0.6804	0.6969	0.0910	均衡
内蒙古	0.6823	0.7404	0.4705	0.7154	0.6521	0.1234	均衡

地 区	养老保障指数	医疗保障指数	就业保障指数	贫困保障指数	指数均值	指数标准差	指数结构评价
辽 宁	0.6513	0.7282	0.5294	0.6943	0.6508	0.0868	均衡
吉 林	0.5828	0.7205	0.4503	0.6540	0.6019	0.1157	均衡
黑龙江	0.6207	0.6714	0.5510	0.7319	0.6438	0.0767	均衡
上 海	0.6466	0.7974	0.6111	0.8167	0.7179	0.1042	均衡
江 苏	0.6752	0.7951	0.5173	0.7404	0.6820	0.1203	均衡
浙 江	0.7025	0.8231	0.6211	0.7348	0.7204	0.0835	均衡
安 徽	0.7042	0.7939	0.4599	0.7008	0.6647	0.1432	均衡
福 建	0.7187	0.8271	0.6248	0.6601	0.7077	0.0885	均衡
江 西	0.7167	0.8288	0.5294	0.7048	0.6949	0.1237	均衡
山 东	0.7578	0.7719	0.5664	0.6576	0.6884	0.0959	均衡
河 南	0.7481	0.7871	0.5930	0.6463	0.6936	0.0895	均衡
湖 北	0.6577	0.7767	0.5016	0.6635	0.6499	0.1130	均衡
湖 南	0.6844	0.7592	0.4779	0.6522	0.6434	0.1191	均衡
广 东	0.7796	0.8609	0.6931	0.7021	0.7589	0.0783	均衡
广 西	0.6168	0.8132	0.4830	0.6598	0.6432	0.1361	均衡
海 南	0.7095	0.7988	0.6047	0.7564	0.7174	0.0835	均衡
重 庆	0.6600	0.7668	0.5723	0.6839	0.6708	0.0800	均衡
四 川	0.6310	0.7552	0.4340	0.6590	0.6198	0.1348	均衡
贵 州	0.7227	0.8350	0.6061	0.7221	0.7215	0.0934	均衡
云 南	0.7141	0.7625	0.4871	0.6812	0.6612	0.1208	均衡
西 藏	0.7372	0.8297	0.6725	0.7745	0.7535	0.0660	均衡
陕 西	0.7506	0.7430	0.5476	0.7068	0.6870	0.0949	均衡
甘 肃	0.6964	0.7603	0.4863	0.7041	0.6618	0.1204	均衡
青 海	0.7420	0.5581	0.4714	0.6639	0.6089	0.1186	均衡
宁 夏	0.7308	0.7265	0.5437	0.6286	0.6574	0.0893	均衡
新 疆	0.7168	0.7620	0.5146	0.6301	0.6559	0.1089	均衡

4.2.2　各省份社会保障要素指数结构分析

社会保障要素指数结构分析就是分析社会保障覆盖面指数、保障度指数、持续性指数与高效性指数之间的发展均衡程度。

表 4-29　　　　　　　　　2017 年社会保障要素指数结构均衡分析

地　区	覆盖面指数	保障度指数	持续性指数	高效性指数	指数均值	指数标准差	指数结构评价
全　国	0.9161	0.6640	0.6590	0.5247	0.6910	0.1634	均衡
北　京	0.9687	0.7651	0.6486	0.8082	0.7977	0.1325	均衡
天　津	0.8967	0.6923	0.5215	0.5476	0.6645	0.1720	不均衡
河　北	0.9737	0.6571	0.5746	0.5315	0.6842	0.1999	不均衡
山　西	0.9744	0.6953	0.7344	0.5009	0.7263	0.1944	不均衡
内蒙古	0.8444	0.7118	0.4523	0.4681	0.6191	0.1915	不均衡
辽　宁	0.9861	0.6108	0.5306	0.4413	0.6422	0.2395	不均衡
吉　林	0.8998	0.5796	0.5597	0.4382	0.6193	0.1972	不均衡
黑龙江	0.8825	0.6754	0.5536	0.4598	0.6429	0.1825	不均衡
上　海	0.9480	0.8150	0.5077	0.6958	0.7416	0.1869	不均衡
江　苏	0.8637	0.7273	0.5853	0.5468	0.6807	0.1446	均衡
浙　江	0.9248	0.7470	0.6156	0.5928	0.7201	0.1525	均衡
安　徽	0.8785	0.6333	0.6842	0.4930	0.6722	0.1595	均衡
福　建	0.8600	0.7028	0.6620	0.7152	0.7350	0.0864	均衡
江　西	0.8550	0.6650	0.7488	0.5196	0.6971	0.1416	均衡
山　东	0.9449	0.6810	0.5606	0.5447	0.6828	0.1850	不均衡
河　南	0.8719	0.6667	0.6726	0.5729	0.6960	0.1259	均衡
湖　北	0.8679	0.6457	0.6151	0.4750	0.6509	0.1626	均衡
湖　南	0.9816	0.5744	0.6006	0.4501	0.6517	0.2295	不均衡
广　东	0.9673	0.7195	0.7103	0.7522	0.7873	0.1213	均衡
广　西	0.8493	0.6561	0.5833	0.4900	0.6447	0.1524	均衡
海　南	0.8003	0.6889	0.6706	0.5906	0.6876	0.0864	均衡
重　庆	0.8639	0.6913	0.5881	0.5111	0.6636	0.1526	均衡
四　川	0.9368	0.6148	0.6781	0.4585	0.6721	0.1992	不均衡
贵　州	0.9259	0.7268	0.7445	0.5487	0.7365	0.1542	均衡
云　南	0.8362	0.6859	0.7191	0.4609	0.6755	0.1570	均衡
西　藏	0.5812	0.8172	0.7673	0.7722	0.7345	0.1046	均衡
陕　西	0.9179	0.7021	0.6481	0.5749	0.7107	0.1476	均衡
甘　肃	0.8379	0.7052	0.6870	0.5075	0.6844	0.1358	均衡
青　海	0.8794	0.6883	0.5707	0.4878	0.6566	0.1698	不均衡
宁　夏	0.8819	0.7193	0.6100	0.5203	0.6829	0.1556	均衡
新　疆	0.6885	0.7087	0.7279	0.5291	0.6636	0.0911	均衡

表 4-30 2016 年社会保障要素指数结构均衡分析

地 区	覆盖面指数	保障度指数	持续性指数	高效性指数	指数均值	指数标准差	指数结构评价
全 国	0.8543	0.6564	0.6299	0.5342	0.6687	0.1344	均衡
北 京	0.9681	0.7608	0.6767	0.8071	0.8032	0.1225	均衡
天 津	0.8789	0.6782	0.5279	0.5810	0.6665	0.1547	均衡
河 北	0.9478	0.6769	0.5823	0.5464	0.6883	0.1815	不均衡
山 西	0.8193	0.6673	0.6732	0.5069	0.6667	0.1276	均衡
内蒙古	0.7225	0.6959	0.5592	0.4855	0.6158	0.1126	均衡
辽 宁	0.9795	0.6259	0.2859	0.4687	0.5900	0.2945	不均衡
吉 林	0.8813	0.5723	0.6028	0.4272	0.6209	0.1898	不均衡
黑龙江	0.8797	0.6673	0.5513	0.4985	0.6492	0.1691	不均衡
上 海	0.9475	0.7807	0.5383	0.7092	0.7439	0.1696	均衡
江 苏	0.8545	0.7291	0.5899	0.5429	0.6791	0.1412	均衡
浙 江	0.9185	0.7444	0.6214	0.6087	0.7233	0.1438	均衡
安 徽	0.8755	0.6405	0.6870	0.4994	0.6756	0.1553	均衡
福 建	0.6990	0.7142	0.6405	0.6725	0.6815	0.0323	均衡
江 西	0.8474	0.6497	0.7818	0.5509	0.7075	0.1328	均衡
山 东	0.9372	0.6787	0.5884	0.5489	0.6883	0.1746	不均衡
河 南	0.6845	0.6442	0.7001	0.5786	0.6519	0.0542	均衡
湖 北	0.6990	0.6041	0.6540	0.4713	0.6071	0.0984	均衡
湖 南	0.8217	0.5750	0.6654	0.4516	0.6284	0.1558	均衡
广 东	0.9732	0.6990	0.7171	0.7413	0.7827	0.1282	均衡
广 西	0.6433	0.6692	0.6342	0.5057	0.6131	0.0731	均衡
海 南	0.9313	0.6827	0.6556	0.6108	0.7201	0.1439	均衡
重 庆	0.8589	0.6658	0.6038	0.5287	0.6643	0.1413	均衡
四 川	0.7641	0.6400	0.6234	0.4886	0.6290	0.1127	均衡
贵 州	0.9080	0.7053	0.7419	0.5646	0.7300	0.1412	均衡
云 南	0.8383	0.6642	0.7067	0.4829	0.6730	0.1468	均衡
西 藏	0.5420	0.8284	0.6883	0.8013	0.7150	0.1303	均衡
陕 西	0.9018	0.6713	0.6592	0.5648	0.6993	0.1432	均衡
甘 肃	0.8271	0.6874	0.7111	0.4667	0.6731	0.1505	均衡
青 海	0.7260	0.7203	0.5756	0.5094	0.6328	0.1078	均衡
宁 夏	0.8750	0.7032	0.6293	0.5392	0.6867	0.1423	均衡
新 疆	0.7441	0.6981	0.6263	0.5137	0.6456	0.1004	均衡

表 4-31　　　　　　　2015 年社会保障要素指数结构均衡分析

地　区	覆盖面指数	保障度指数	持续性指数	高效性指数	指数均值	指数标准差	指数结构评价
全　国	0.9041	0.6516	0.6238	0.5302	0.6774	0.1598	均衡
北　京	0.9569	0.7747	0.6607	0.8384	0.8077	0.1237	均衡
天　津	0.8583	0.6863	0.4811	0.5633	0.6473	0.1641	不均衡
河　北	0.9511	0.6631	0.5750	0.5283	0.6794	0.1896	不均衡
山　西	0.9727	0.6570	0.6427	0.5151	0.6969	0.1946	不均衡
内蒙古	0.8482	0.7073	0.5672	0.4858	0.6521	0.1595	均衡
辽　宁	0.9721	0.6370	0.5180	0.4761	0.6508	0.2248	不均衡
吉　林	0.8724	0.5439	0.5771	0.4141	0.6019	0.1936	不均衡
黑龙江	0.8823	0.6539	0.5679	0.4709	0.6438	0.1757	不均衡
上　海	0.9073	0.7676	0.4826	0.7142	0.7179	0.1767	均衡
江　苏	0.8598	0.7343	0.5665	0.5674	0.6820	0.1424	均衡
浙　江	0.9199	0.7302	0.5987	0.6326	0.7204	0.1442	均衡
安　徽	0.8801	0.6404	0.6308	0.5075	0.6647	0.1558	均衡
福　建	0.8626	0.6741	0.6490	0.6450	0.7077	0.1041	均衡
江　西	0.8388	0.6598	0.7269	0.5541	0.6949	0.1194	均衡
山　东	0.9355	0.6860	0.5833	0.5489	0.6884	0.1747	不均衡
河　南	0.8733	0.6546	0.6556	0.5909	0.6936	0.1235	均衡
湖　北	0.8559	0.6116	0.6477	0.4843	0.6499	0.1542	均衡
湖　南	0.8825	0.5853	0.6433	0.4626	0.6434	0.1763	不均衡
广　东	0.9755	0.6752	0.7080	0.6769	0.7589	0.1452	均衡
广　西	0.8361	0.6300	0.6332	0.4735	0.6432	0.1486	均衡
海　南	0.9247	0.7028	0.6102	0.6317	0.7174	0.1438	均衡
重　庆	0.8611	0.6841	0.5944	0.5434	0.6708	0.1396	均衡
四　川	0.8097	0.6365	0.5820	0.4509	0.6198	0.1487	均衡
贵　州	0.8917	0.7044	0.7496	0.5402	0.7215	0.1448	均衡
云　南	0.8483	0.6603	0.6596	0.4768	0.6612	0.1517	均衡
西　藏	0.7413	0.8033	0.7307	0.7387	0.7535	0.0335	均衡
陕　西	0.8944	0.6920	0.6053	0.5563	0.6870	0.1492	均衡
甘　肃	0.8264	0.7021	0.6476	0.4710	0.6618	0.1476	均衡
青　海	0.7216	0.6969	0.5579	0.4590	0.6089	0.1232	均衡
宁　夏	0.8501	0.6598	0.5868	0.5329	0.6574	0.1386	均衡
新　疆	0.8661	0.6778	0.5903	0.4892	0.6559	0.1600	均衡

4.2.3 各省份养老保障要素指数结构分析

养老保障要素指数结构分析就是分析养老保障覆盖面指数、保障度指数、持续性指数与高效性指数之间的发展均衡程度。

表 4-32   2017 年养老保障要素指数结构均衡分析

地　区	覆盖面指数	保障度指数	持续性指数	高效性指数	指数均值	指数标准差	指数结构评价
全　国	0.8978	0.5669	0.6499	0.6764	0.6977	0.1413	均衡
北　京	0.9452	0.6326	0.8463	0.6859	0.7775	0.1441	均衡
天　津	0.7259	0.6824	0.6304	0.4433	0.6205	0.1244	均衡
河　北	0.9542	0.5991	0.5843	0.6955	0.7083	0.1712	均衡
山　西	0.9850	0.6297	0.7486	0.6400	0.7508	0.1651	均衡
内蒙古	0.8290	0.6648	0.5712	0.6114	0.6691	0.1133	均衡
辽　宁	0.9568	0.5473	0.3994	0.6191	0.6306	0.2359	不均衡
吉　林	0.8063	0.4571	0.4852	0.5193	0.5670	0.1615	不均衡
黑龙江	0.7917	0.5868	0.4520	0.5812	0.6029	0.1404	均衡
上　海	0.8909	0.7793	0.4169	0.5015	0.6472	0.2244	不均衡
江　苏	0.8508	0.6391	0.5909	0.5739	0.6637	0.1278	均衡
浙　江	0.8711	0.7191	0.5100	0.5778	0.6695	0.1601	均衡
安　徽	0.8764	0.4862	0.7593	0.6338	0.6889	0.1676	均衡
福　建	0.8026	0.6071	0.6772	0.8124	0.7248	0.0997	均衡
江　西	0.9116	0.5313	0.7116	0.6909	0.7113	0.1559	均衡
山　东	0.9101	0.6456	0.6874	0.7096	0.7382	0.1176	均衡
河　南	0.8853	0.6003	0.6413	0.8055	0.7331	0.1347	均衡
湖　北	0.8609	0.6124	0.5588	0.6157	0.6619	0.1352	均衡
湖　南	0.9619	0.5433	0.6015	0.6691	0.6939	0.1859	不均衡
广　东	0.9366	0.5852	0.7963	0.8261	0.7861	0.1469	均衡
广　西	0.7998	0.5780	0.5608	0.5843	0.6307	0.1131	均衡
海　南	0.8104	0.5801	0.7681	0.6445	0.7008	0.1069	均衡
重　庆	0.9315	0.5837	0.5349	0.5971	0.6618	0.1818	不均衡
四　川	0.8758	0.5303	0.6592	0.5030	0.6421	0.1701	不均衡
贵　州	0.9518	0.6134	0.6917	0.7772	0.7585	0.1451	均衡
云　南	0.8376	0.5820	0.7808	0.6691	0.7174	0.1142	均衡

地　区	覆盖面指数	保障度指数	持续性指数	高效性指数	指数均值	指数标准差	指数结构评价
西　藏	0.7969	0.5900	0.8981	0.6902	0.7438	0.1331	均衡
陕　西	0.9961	0.6403	0.6292	0.7661	0.7579	0.1705	均衡
甘　肃	0.9152	0.5275	0.7207	0.6343	0.6994	0.1641	均衡
青　海	0.9534	0.7533	0.6262	0.7317	0.7662	0.1366	均衡
宁　夏	0.8581	0.6580	0.6954	0.7576	0.7423	0.0875	均衡
新　疆	0.8223	0.6686	0.7636	0.7486	0.7508	0.0634	均衡

表 4-33　　　　　　　　　　2016 年养老保障要素指数结构均衡分析

地　区	覆盖面指数	保障度指数	持续性指数	高效性指数	指数均值	指数标准差	指数结构评价
全　国	0.8739	0.5743	0.6466	0.7169	0.7029	0.1280	均衡
北　京	0.9403	0.6500	0.8535	0.6781	0.7805	0.1395	均衡
天　津	0.6899	0.6721	0.6102	0.4340	0.6015	0.1168	均衡
河　北	0.9282	0.6543	0.5872	0.7330	0.7257	0.1476	均衡
山　西	0.9724	0.6379	0.7566	0.7388	0.7764	0.1407	均衡
内蒙古	0.7896	0.6681	0.5333	0.6835	0.6686	0.1051	均衡
辽　宁	0.9328	0.5870	0.4154	0.6384	0.6434	0.2152	不均衡
吉　林	0.7602	0.5076	0.4418	0.5827	0.5731	0.1374	均衡
黑龙江	0.7674	0.5729	0.3914	0.7506	0.6206	0.1763	不均衡
上　海	0.8775	0.7669	0.4535	0.4878	0.6464	0.2084	不均衡
江　苏	0.8272	0.6342	0.6125	0.5972	0.6678	0.1074	均衡
浙　江	0.8557	0.7223	0.5268	0.6056	0.6776	0.1433	均衡
安　徽	0.8517	0.5505	0.7338	0.6798	0.7040	0.1249	均衡
福　建	0.7904	0.5918	0.6846	0.8166	0.7209	0.1032	均衡
江　西	0.8935	0.5182	0.6704	0.7493	0.7079	0.1566	均衡
山　东	0.8992	0.6713	0.7058	0.7248	0.7503	0.1017	均衡
河　南	0.8750	0.5584	0.6514	0.8185	0.7258	0.1465	均衡
湖　北	0.8261	0.5552	0.5783	0.6492	0.6522	0.1226	均衡
湖　南	0.9335	0.5223	0.6149	0.7239	0.6986	0.1769	不均衡

地 区	覆盖面指数	保障度指数	持续性指数	高效性指数	指数均值	指数标准差	指数结构评价
广 东	0.9247	0.5822	0.8095	0.8189	0.7838	0.1442	均衡
广 西	0.7863	0.6297	0.5224	0.6445	0.6457	0.1083	均衡
海 南	0.8130	0.5526	0.7369	0.6168	0.6798	0.1171	均衡
重 庆	0.9213	0.4746	0.5461	0.6468	0.6472	0.1959	不均衡
四 川	0.8590	0.6125	0.5412	0.5977	0.6526	0.1410	均衡
贵 州	0.8963	0.5331	0.7264	0.7853	0.7353	0.1521	均衡
云 南	0.8372	0.5156	0.8115	0.6777	0.7105	0.1475	均衡
西 藏	0.6816	0.5959	0.7739	0.6014	0.6632	0.0836	均衡
陕 西	0.9603	0.6075	0.6250	0.8047	0.7494	0.1665	均衡
甘 肃	0.8678	0.6109	0.6679	0.6438	0.6976	0.1158	均衡
青 海	0.9427	0.7631	0.6294	0.7246	0.7649	0.1312	均衡
宁 夏	0.8460	0.6746	0.7070	0.7681	0.7489	0.0754	均衡
新 疆	0.8036	0.6885	0.7204	0.7563	0.7422	0.0494	均衡

表 4–34　　　　　　　　　2015 年养老保障要素指数结构均衡分析

地 区	覆盖面指数	保障度指数	持续性指数	高效性指数	指数均值	指数标准差	指数结构评价
全 国	0.8512	0.5761	0.6536	0.7341	0.7037	0.1176	均衡
北 京	0.8959	0.7598	0.9639	0.8931	0.8782	0.0854	均衡
天 津	0.6239	0.6486	0.6159	0.4290	0.5793	0.1012	均衡
河 北	0.9162	0.7037	0.5934	0.7325	0.7365	0.1340	均衡
山 西	0.9612	0.6247	0.7397	0.7658	0.7729	0.1397	均衡
内蒙古	0.7564	0.7088	0.5347	0.7291	0.6823	0.1003	均衡
辽 宁	0.9039	0.6137	0.4389	0.6485	0.6513	0.1918	不均衡
吉 林	0.7488	0.4847	0.4708	0.6270	0.5828	0.1313	均衡
黑龙江	0.7574	0.5980	0.4418	0.6855	0.6207	0.1359	均衡
上 海	0.8620	0.7737	0.4323	0.5182	0.6466	0.2041	不均衡
江 苏	0.8141	0.6515	0.6242	0.6109	0.6752	0.0942	均衡
浙 江	0.8508	0.7226	0.5937	0.6428	0.7025	0.1122	均衡
安 徽	0.8459	0.5709	0.7094	0.6905	0.7042	0.1126	均衡

续表

地　区	覆盖面指数	保障度指数	持续性指数	高效性指数	指数均值	指数标准差	指数结构评价
福　建	0.7613	0.5871	0.6955	0.8309	0.7187	0.1037	均衡
江　西	0.8548	0.5669	0.6458	0.7994	0.7167	0.1334	均衡
山　东	0.8876	0.6897	0.7099	0.7438	0.7578	0.0894	均衡
河　南	0.8463	0.6519	0.6387	0.8552	0.7481	0.1188	均衡
湖　北	0.8156	0.5625	0.5733	0.6794	0.6577	0.1177	均衡
湖　南	0.9206	0.4985	0.6060	0.7124	0.6844	0.1801	不均衡
广　东	0.9127	0.5791	0.8325	0.7941	0.7796	0.1425	均衡
广　西	0.7377	0.5701	0.5341	0.6251	0.6168	0.0889	均衡
海　南	0.8248	0.5773	0.6854	0.7507	0.7095	0.1050	均衡
重　庆	0.8979	0.5326	0.5329	0.6767	0.6600	0.1725	不均衡
四　川	0.8405	0.5231	0.5744	0.5859	0.6310	0.1423	均衡
贵　州	0.8811	0.5461	0.7201	0.7433	0.7227	0.1375	均衡
云　南	0.8035	0.5474	0.7814	0.7243	0.7141	0.1161	均衡
西　藏	0.7093	0.6279	0.8658	0.7460	0.7372	0.0989	均衡
陕　西	0.9473	0.6232	0.6173	0.8148	0.7506	0.1600	均衡
甘　肃	0.8640	0.6400	0.6474	0.6343	0.6964	0.1119	均衡
青　海	0.8663	0.7135	0.6515	0.7368	0.7420	0.0904	均衡
宁　夏	0.7819	0.6474	0.6851	0.8086	0.7308	0.0768	均衡
新　疆	0.7501	0.6252	0.7530	0.7388	0.7168	0.0613	均衡

4.2.4　各省份医疗保障要素指数结构分析

医疗保障要素指数结构分析就是分析医疗保障覆盖面指数、保障度指数、持续性指数与高效性指数之间的发展均衡程度。

表 4-35　　　　　　　　2017 年医疗保障要素指数结构均衡分析

地　区	覆盖面指数	保障度指数	持续性指数	高效性指数	指数均值	指数标准差	指数结构评价
全　国	0.9889	0.7354	0.7089	0.8110	0.8110	0.1262	均衡
北　京	1.0000	0.7983	0.7534	0.8506	0.8506	0.1072	均衡
天　津	0.8773	0.6862	0.7454	0.7697	0.7697	0.0799	均衡
河　北	0.9514	0.7039	0.6892	0.7815	0.7815	0.1203	均衡

地 区	覆盖面指数	保障度指数	持续性指数	高效性指数	指数均值	指数标准差	指数结构评价
山 西	0.9357	0.7065	0.6923	0.7782	0.7782	0.1115	均衡
内蒙古	0.9143	0.7257	0.6342	0.7581	0.7581	0.1166	均衡
辽 宁	0.9991	0.6431	0.6437	0.7620	0.7620	0.1677	均衡
吉 林	1.0000	0.5859	0.6979	0.7613	0.7613	0.1749	均衡
黑龙江	0.8226	0.6531	0.5833	0.6863	0.6863	0.1005	均衡
上 海	0.9981	0.8697	0.6585	0.8421	0.8421	0.1400	均衡
江 苏	1.0000	0.7700	0.6741	0.8147	0.8147	0.1367	均衡
浙 江	1.0000	0.8251	0.7517	0.8590	0.8590	0.1041	均衡
安 徽	1.0000	0.7201	0.7387	0.8196	0.8196	0.1278	均衡
福 建	1.0000	0.7894	0.8014	0.8636	0.8636	0.0966	均衡
江 西	1.0000	0.7996	0.7457	0.8484	0.8484	0.1094	均衡
山 东	0.9760	0.7397	0.6219	0.7792	0.7792	0.1472	均衡
河 南	1.0000	0.7119	0.7088	0.8069	0.8069	0.1366	均衡
湖 北	0.9809	0.6562	0.6407	0.7593	0.7593	0.1569	均衡
湖 南	1.0000	0.7082	0.6501	0.7861	0.7861	0.1531	均衡
广 东	1.0000	0.7485	0.8329	0.8605	0.8605	0.1045	均衡
广 西	1.0000	0.6673	0.8579	0.8417	0.8417	0.1363	均衡
海 南	0.4799	0.7620	0.8199	0.6873	0.6873	0.1485	均衡
重 庆	1.0000	0.7647	0.5681	0.7776	0.7776	0.1766	均衡
四 川	0.9309	0.7171	0.7428	0.7969	0.7969	0.0953	均衡
贵 州	1.0000	0.8186	0.8226	0.8804	0.8804	0.0846	均衡
云 南	0.9837	0.7841	0.6701	0.8126	0.8126	0.1296	均衡
西 藏	0.2215	0.9371	0.7183	0.6256	0.6256	0.2994	不均衡
陕 西	1.0000	0.7052	0.6503	0.7852	0.7852	0.1535	均衡
甘 肃	0.9782	0.7247	0.5734	0.7588	0.7588	0.1670	均衡
青 海	0.9754	0.6276	0.5895	0.7308	0.7308	0.1737	均衡
宁 夏	0.9545	0.7626	0.5974	0.7715	0.7715	0.1459	均衡
新 疆	0.4616	0.7346	0.7818	0.6593	0.6593	0.1411	均衡

表 4-36　　　　　　　**2016 年医疗保障要素指数结构均衡分析**

地　区	覆盖面指数	保障度指数	持续性指数	高效性指数	指数均值	指数标准差	指数结构评价
全　国	0.7726	0.7386	0.7002	0.7243	0.7339	0.0302	均衡
北　京	1.0000	0.8208	0.8072	0.7592	0.8468	0.1055	均衡
天　津	0.8601	0.6915	0.6889	0.6764	0.7292	0.0875	均衡
河　北	0.9241	0.7195	0.6486	0.6821	0.7436	0.1238	均衡
山　西	0.3270	0.7059	0.7371	0.6295	0.5999	0.1874	不均衡
内蒙古	0.4316	0.6758	0.7165	0.5772	0.6003	0.1268	均衡
辽　宁	1.0000	0.6120	0.6772	0.5946	0.7210	0.1894	不均衡
吉　林	1.0000	0.5761	0.7477	0.5662	0.7225	0.2029	不均衡
黑龙江	0.8474	0.6616	0.6182	0.5230	0.6625	0.1361	均衡
上　海	0.9814	0.7826	0.6641	0.7334	0.7904	0.1363	均衡
江　苏	0.9830	0.7866	0.6794	0.7528	0.8005	0.1297	均衡
浙　江	0.9992	0.8252	0.7469	0.7722	0.8359	0.1137	均衡
安　徽	1.0000	0.6891	0.7751	0.7128	0.7942	0.1419	均衡
福　建	0.3568	0.8913	0.7693	0.7239	0.6853	0.2301	不均衡
江　西	1.0000	0.7568	0.8074	0.7572	0.8304	0.1156	均衡
山　东	0.9718	0.7232	0.6446	0.7181	0.7644	0.1428	均衡
河　南	0.2373	0.6801	0.8037	0.7037	0.6062	0.2517	不均衡
湖　北	0.3458	0.6554	0.7501	0.6567	0.6020	0.1764	不均衡
湖　南	0.3932	0.7340	0.6651	0.6251	0.6043	0.1478	均衡
广　东	1.0000	0.7529	0.8510	0.8459	0.8624	0.1022	均衡
广　西	0.2212	0.7061	0.8525	0.6818	0.6154	0.2734	不均衡
海　南	0.9959	0.7468	0.7948	0.7401	0.8194	0.1202	均衡
重　庆	1.0000	0.7440	0.5832	0.7035	0.7577	0.1754	均衡
四　川	0.6107	0.7274	0.6979	0.7080	0.6860	0.0517	均衡
贵　州	1.0000	0.8280	0.7867	0.7416	0.8391	0.1129	均衡
云　南	0.9840	0.7758	0.6518	0.6741	0.7714	0.1517	均衡
西　藏	0.2108	0.9256	0.5327	0.8859	0.6387	0.3355	不均衡
陕　西	1.0000	0.6734	0.7152	0.6020	0.7477	0.1746	均衡
甘　肃	0.9931	0.6789	0.6881	0.6741	0.7586	0.1565	均衡
青　海	0.3523	0.7392	0.5440	0.5653	0.5502	0.1583	不均衡
宁　夏	0.9265	0.7378	0.6081	0.6502	0.7306	0.1413	均衡
新　疆	0.4127	0.7382	0.7744	0.6052	0.6326	0.1637	不均衡

表 4-37　　　　　　　2015 年医疗保障要素指数结构均衡分析

地　区	覆盖面指数	保障度指数	持续性指数	高效性指数	指数均值	指数标准差	指数结构评价
全　国	1.0000	0.7305	0.7034	0.7320	0.7915	0.1396	均衡
北　京	1.0000	0.8080	0.7661	0.7485	0.8307	0.1156	均衡
天　津	0.8606	0.7175	0.6133	0.6887	0.7200	0.1035	均衡
河　北	0.9434	0.6479	0.8424	0.6513	0.7713	0.1464	均衡
山　西	0.9626	0.6818	0.7627	0.6302	0.7593	0.1461	均衡
内蒙古	0.9731	0.6740	0.7306	0.5839	0.7404	0.1665	均衡
辽　宁	1.0000	0.6305	0.6594	0.6228	0.7282	0.1819	均衡
吉　林	1.0000	0.5762	0.7103	0.5953	0.7205	0.1955	不均衡
黑龙江	0.8655	0.6141	0.6788	0.5274	0.6714	0.1435	均衡
上　海	0.9887	0.7528	0.6496	0.7984	0.7974	0.1419	均衡
江　苏	1.0000	0.7324	0.6773	0.7708	0.7951	0.1419	均衡
浙　江	1.0000	0.7858	0.7420	0.7644	0.8231	0.1193	均衡
安　徽	1.0000	0.6972	0.7242	0.7542	0.7939	0.1394	均衡
福　建	1.0000	0.7432	0.7994	0.7658	0.8271	0.1176	均衡
江　西	1.0000	0.7379	0.8107	0.7666	0.8288	0.1180	均衡
山　东	0.9867	0.7142	0.6601	0.7264	0.7719	0.1461	均衡
河　南	1.0000	0.6727	0.7572	0.7183	0.7871	0.1461	均衡
湖　北	1.0000	0.6778	0.7501	0.6790	0.7767	0.1527	均衡
湖　南	1.0000	0.7374	0.6539	0.6455	0.7592	0.1658	均衡
广　东	1.0000	0.7417	0.8587	0.8431	0.8609	0.1063	均衡
广　西	1.0000	0.7277	0.8246	0.7005	0.8132	0.1355	均衡
海　南	1.0000	0.7055	0.7723	0.7175	0.7988	0.1372	均衡
重　庆	1.0000	0.7547	0.5882	0.7244	0.7668	0.1715	均衡
四　川	0.8608	0.8287	0.6618	0.6693	0.7552	0.1044	均衡
贵　州	1.0000	0.8307	0.7487	0.7606	0.8350	0.1158	均衡
云　南	0.9903	0.7800	0.6036	0.6762	0.7625	0.1682	均衡
西　藏	1.0000	0.9237	0.5669	0.8283	0.8297	0.1888	均衡
陕　西	1.0000	0.6770	0.7016	0.5935	0.7430	0.1774	均衡
甘　肃	1.0000	0.7029	0.6492	0.6892	0.7603	0.1614	均衡
青　海	0.3528	0.7482	0.5620	0.5693	0.5581	0.1617	不均衡
宁　夏	0.9225	0.6908	0.6364	0.6561	0.7265	0.1326	均衡
新　疆	0.9107	0.7605	0.7605	0.6162	0.7620	0.1203	均衡

4.2.5 各省份就业保障要素指数结构分析

就业保障要素指数结构分析就是分析就业保障覆盖面指数、保障度指数、持续性指数与高效性指数之间的发展均衡程度。

表 4–38 **2017 年就业保障要素指数结构均衡分析**

地 区	覆盖面指数	保障度指数	持续性指数	高效性指数	指数均值	指数标准差	指数结构评价
全 国	0.7890	0.5694	0.5893	0.4631	0.6027	0.1360	均衡
北 京	0.9296	0.7543	0.6651	0.7957	0.7862	0.1101	均衡
天 津	0.9836	0.4006	0.2110	0.4491	0.5111	0.3314	不均衡
河 北	0.9890	0.4695	0.3766	0.4833	0.5796	0.2770	不均衡
山 西	0.9936	0.5906	0.7422	0.5634	0.7224	0.1971	不均衡
内蒙古	0.6722	0.5320	−0.1755	0.4721	0.3752	0.3766	不均衡
辽 宁	1.0000	0.3897	0.3788	0.3259	0.5236	0.3188	不均衡
吉 林	0.8277	0.4533	0.3012	0.4265	0.5022	0.2269	不均衡
黑龙江	0.9474	0.5052	0.3323	0.5564	0.5853	0.2597	不均衡
上 海	0.9065	0.7196	0.5098	0.5852	0.6803	0.1740	不均衡
江 苏	0.6073	0.6253	0.5155	0.3498	0.5245	0.1260	均衡
浙 江	0.8282	0.6505	0.6494	0.5465	0.6687	0.1170	均衡
安 徽	0.6392	0.4597	0.5070	0.4050	0.5027	0.1001	均衡
福 建	0.6374	0.6885	0.6895	0.7007	0.6790	0.0283	均衡
江 西	0.5327	0.4926	0.6715	0.5248	0.5554	0.0793	均衡
山 东	0.8949	0.6006	0.3715	0.4270	0.5735	0.2355	不均衡
河 南	0.6046	0.6568	0.6229	0.5717	0.6140	0.0355	均衡
湖 北	0.6400	0.4821	0.5221	0.3945	0.5097	0.1019	均衡
湖 南	0.9689	0.3590	0.4610	0.3458	0.5337	0.2947	不均衡
广 东	0.9423	0.6509	0.6979	0.7260	0.7543	0.1291	均衡
广 西	0.6192	0.5773	0.1557	0.4949	0.4618	0.2105	不均衡
海 南	0.9159	0.5234	0.5310	0.5069	0.6193	0.1980	不均衡
重 庆	0.5316	0.6050	0.5920	0.4891	0.5544	0.0540	均衡
四 川	0.9669	0.4528	0.4840	0.4658	0.5924	0.2500	不均衡
贵 州	0.7814	0.5110	0.6383	0.5070	0.6094	0.1298	均衡

地 区	覆盖面指数	保障度指数	持续性指数	高效性指数	指数均值	指数标准差	指数结构评价
云 南	0.5755	0.5234	0.5358	0.3589	0.4984	0.0956	均衡
西 藏	0.3540	0.7836	0.9734	0.8281	0.7348	0.2665	不均衡
陕 西	0.6763	0.5844	0.6912	0.6834	0.6588	0.0500	均衡
甘 肃	0.5559	0.6537	0.4767	0.5929	0.5698	0.0740	均衡
青 海	0.6556	0.5276	0.3796	0.4206	0.4959	0.1234	均衡
宁 夏	0.7606	0.6274	0.4831	0.4724	0.5859	0.1363	均衡
新 疆	0.5605	0.7324	0.5675	0.5955	0.6140	0.0804	均衡

表 4-39　　　　　　　2016 年就业保障要素指数结构均衡分析

地 区	覆盖面指数	保障度指数	持续性指数	高效性指数	指数均值	指数标准差	指数结构评价
全 国	0.7877	0.5489	0.4583	0.4602	0.5638	0.1552	不均衡
北 京	0.9322	0.7259	0.7149	0.7912	0.7911	0.0999	均衡
天 津	0.9658	0.3491	0.3491	0.4258	0.5224	0.2978	不均衡
河 北	0.9408	0.4918	0.4101	0.4854	0.5820	0.2420	不均衡
山 西	0.9987	0.4914	0.3999	0.4739	0.5909	0.2747	不均衡
内蒙古	0.7073	0.5188	0.2472	0.4579	0.4828	0.1896	不均衡
辽 宁	1.0000	0.4659	-0.6985	0.4132	0.2951	0.7135	不均衡
吉 林	0.8062	0.4292	0.4411	0.3425	0.5048	0.2057	不均衡
黑龙江	0.9437	0.5155	0.2891	0.5383	0.5717	0.2724	不均衡
上 海	0.9342	0.7271	0.5864	0.6156	0.7158	0.1577	均衡
江 苏	0.6132	0.6138	0.4938	0.3392	0.5150	0.1300	不均衡
浙 江	0.8206	0.6607	0.6723	0.5144	0.6670	0.1251	均衡
安 徽	0.6531	0.4668	0.4986	0.3891	0.5019	0.1108	均衡
福 建	0.6487	0.6868	0.6411	0.6501	0.6567	0.0204	均衡
江 西	0.5231	0.4955	0.7630	0.5399	0.5804	0.1231	均衡
山 东	0.8820	0.5941	0.4008	0.4539	0.5827	0.2156	不均衡
河 南	0.6322	0.6361	0.5770	0.5924	0.6094	0.0293	均衡
湖 北	0.6346	0.4505	0.5661	0.3516	0.5007	0.1251	均衡

地区	覆盖面指数	保障度指数	持续性指数	高效性指数	指数均值	指数标准差	指数结构评价
湖　南	0.9880	0.3463	0.5087	0.3084	0.5379	0.3124	不均衡
广　东	0.9776	0.6366	0.6978	0.7695	0.7704	0.1484	均衡
广　西	0.5942	0.5420	0.4319	0.4824	0.5126	0.0706	均衡
海　南	0.9215	0.5233	0.5196	0.5703	0.6337	0.1932	不均衡
重　庆	0.5230	0.6356	0.6392	0.4845	0.5706	0.0788	均衡
四　川	0.6135	0.5093	0.4020	0.4887	0.5034	0.0869	均衡
贵　州	0.7756	0.5203	0.6058	0.5518	0.6134	0.1138	均衡
云　南	0.6081	0.5487	0.4343	0.4638	0.5137	0.0795	均衡
西　藏	0.3335	0.8317	0.9815	0.8152	0.7405	0.2814	不均衡
陕　西	0.6607	0.5260	0.5788	0.6413	0.6017	0.0614	均衡
甘　肃	0.5561	0.5695	0.5562	0.4459	0.5319	0.0577	均衡
青　海	0.6972	0.5369	0.4651	0.4838	0.5457	0.1054	均衡
宁　夏	0.7861	0.6020	0.4841	0.5379	0.6025	0.1315	均衡
新　疆	0.8424	0.6712	0.1946	0.5291	0.5593	0.2748	不均衡

表 4-40　　　　　　　　　2015 年就业保障要素指数结构均衡分析

地　区	覆盖面指数	保障度指数	持续性指数	高效性指数	指数均值	指数标准差	指数结构评价
全　国	0.7858	0.5698	0.4097	0.4350	0.5501	0.1722	不均衡
北　京	0.9410	0.7176	0.5689	0.7122	0.7349	0.1537	均衡
天　津	0.9545	0.3919	0.1955	0.3905	0.4831	0.3275	不均衡
河　北	0.9487	0.5234	0.1776	0.4561	0.5265	0.3188	不均衡
山　西	0.9916	0.5379	0.2937	0.4765	0.5749	0.2965	不均衡
内蒙古	0.7090	0.5294	0.2131	0.4304	0.4705	0.2067	不均衡
辽　宁	1.0000	0.4904	0.2041	0.4229	0.5294	0.3367	不均衡
吉　林	0.7853	0.3851	0.3598	0.2708	0.4503	0.2287	不均衡
黑龙江	0.9465	0.5156	0.2298	0.5122	0.5510	0.2957	不均衡
上　海	0.7802	0.7293	0.3947	0.5401	0.6111	0.1774	不均衡
江　苏	0.6306	0.6635	0.3969	0.3781	0.5173	0.1507	不均衡

地 区	覆盖面指数	保障度指数	持续性指数	高效性指数	指数均值	指数标准差	指数结构评价
浙 江	0.8290	0.6637	0.5470	0.4448	0.6211	0.1649	不均衡
安 徽	0.6849	0.4628	0.3064	0.3854	0.4599	0.1630	不均衡
福 建	0.6890	0.6875	0.5442	0.5783	0.6248	0.0746	均衡
江 西	0.5274	0.5199	0.5898	0.4803	0.5294	0.0453	均衡
山 东	0.8730	0.6165	0.3376	0.4383	0.5664	0.2347	不均衡
河 南	0.6619	0.6453	0.4351	0.6298	0.5930	0.1061	均衡
湖 北	0.6267	0.4961	0.5098	0.3738	0.5016	0.1034	均衡
湖 南	0.6450	0.4731	0.4280	0.3655	0.4779	0.1198	不均衡
广 东	1.0000	0.6122	0.6163	0.5439	0.6931	0.2073	不均衡
广 西	0.6358	0.5260	0.3720	0.3982	0.4830	0.1221	不均衡
海 南	0.8800	0.5796	0.3835	0.5756	0.6047	0.2051	不均衡
重 庆	0.5480	0.6440	0.6381	0.4591	0.5723	0.0873	均衡
四 川	0.5721	0.5234	0.2417	0.3988	0.4340	0.1475	不均衡
贵 州	0.7332	0.5275	0.6721	0.4917	0.6061	0.1152	均衡
云 南	0.6860	0.5319	0.3342	0.3965	0.4871	0.1562	不均衡
西 藏	0.3549	0.7296	0.9600	0.6458	0.6725	0.2500	不均衡
陕 西	0.6546	0.5674	0.3447	0.6237	0.5476	0.1400	不均衡
甘 肃	0.5584	0.6139	0.3216	0.4511	0.4863	0.1289	不均衡
青 海	0.7326	0.4647	0.3964	0.2920	0.4714	0.1880	不均衡
宁 夏	0.7563	0.6233	0.3196	0.4757	0.5437	0.1883	不均衡
新 疆	0.8710	0.6590	0.0759	0.4524	0.5146	0.3387	不均衡

4.2.6 各省份贫困保障要素指数结构分析

贫困保障要素指数结构分析就是分析贫困保障覆盖面指数、保障度指数、持续性指数与高效性指数之间的发展均衡程度。

表 4-41 　　　　　　　　　 2017 年贫困保障要素指数结构均衡分析

地 区	覆盖面指数	保障度指数	持续性指数	高效性指数	指数均值	指数标准差	指数结构评价
全 国	0.9889	0.7841	0.6879	0.2559	0.6792	0.3089	均衡
北 京	1.0000	0.8753	0.3298	1.0000	0.8013	0.3198	均衡
天 津	1.0000	1.0000	0.4992	0.6451	0.7861	0.2541	均衡
河 北	1.0000	0.8560	0.6485	0.3009	0.7013	0.3035	均衡
山 西	0.9835	0.8542	0.7544	0.2011	0.6983	0.3445	均衡
内蒙古	0.9621	0.9248	0.7791	0.2213	0.7218	0.3429	均衡
辽 宁	0.9883	0.8632	0.7005	0.2388	0.6977	0.3278	均衡
吉 林	0.9654	0.8220	0.7546	0.2219	0.6910	0.3248	均衡
黑龙江	0.9685	0.9565	0.8469	0.2031	0.7438	0.3646	均衡
上 海	0.9967	0.8915	0.4455	1.0000	0.8334	0.2635	均衡
江 苏	0.9965	0.8747	0.5605	0.5090	0.7352	0.2377	均衡
浙 江	1.0000	0.7932	0.5511	0.4890	0.7083	0.2346	均衡
安 徽	0.9983	0.8671	0.7319	0.2229	0.7051	0.3393	均衡
福 建	1.0000	0.7262	0.4800	0.5825	0.6972	0.2257	均衡
江 西	0.9756	0.8367	0.8665	0.1651	0.7110	0.3688	不均衡
山 东	0.9986	0.7379	0.5614	0.3278	0.6564	0.2833	均衡
河 南	0.9979	0.6978	0.7174	0.2303	0.6609	0.3181	均衡
湖 北	0.9898	0.8322	0.7387	0.2592	0.7050	0.3147	均衡
湖 南	0.9956	0.6872	0.6899	0.1801	0.6382	0.3380	不均衡
广 东	0.9903	0.8933	0.5139	0.6035	0.7503	0.2276	均衡
广 西	0.9784	0.8018	0.7589	0.1929	0.6830	0.3403	均衡
海 南	0.9953	0.8903	0.5635	0.4966	0.7364	0.2436	均衡
重 庆	0.9924	0.8120	0.6572	0.2474	0.6773	0.3176	均衡
四 川	0.9737	0.7591	0.8264	0.1901	0.6873	0.3434	均衡
贵 州	0.9706	0.9643	0.8255	0.1840	0.7361	0.3741	不均衡
云 南	0.9482	0.8540	0.8895	0.1569	0.7121	0.3722	不均衡
西 藏	0.9526	0.9583	0.4793	0.7979	0.7970	0.2245	均衡
陕 西	0.9990	0.8784	0.6218	0.2605	0.6899	0.3267	均衡
甘 肃	0.9021	0.9146	0.9772	0.1318	0.7314	0.4011	不均衡
青 海	0.9332	0.8447	0.6874	0.2221	0.6719	0.3166	均衡
宁 夏	0.9543	0.8294	0.6641	0.2045	0.6631	0.3280	均衡
新 疆	0.9097	0.6994	0.7986	0.1819	0.6474	0.3220	均衡

表 4-42　　　　　　　　　　**2016 年贫困保障要素指数结构均衡分析**

地　区	覆盖面指数	保障度指数	持续性指数	高效性指数	指数均值	指数标准差	指数结构评价
全　国	0.9831	0.7636	0.7145	0.2355	0.6742	0.3149	均衡
北　京	1.0000	0.8465	0.3311	1.0000	0.7944	0.3172	均衡
天　津	1.0000	1.0000	0.4633	0.7878	0.8128	0.2536	均衡
河　北	0.9983	0.8420	0.6833	0.2849	0.7021	0.3065	均衡
山　西	0.9792	0.8341	0.7992	0.1856	0.6995	0.3514	不均衡
内蒙古	0.9617	0.9211	0.7400	0.2232	0.7115	0.3395	均衡
辽　宁	0.9853	0.8386	0.7494	0.2284	0.7004	0.3293	均衡
吉　林	0.9588	0.7764	0.7805	0.2171	0.6832	0.3222	均衡
黑龙江	0.9602	0.9192	0.9066	0.1821	0.7420	0.3740	不均衡
上　海	0.9970	0.8463	0.4494	1.0000	0.8232	0.2593	均衡
江　苏	0.9948	0.8819	0.5738	0.4824	0.7332	0.2442	均衡
浙　江	0.9985	0.7695	0.5396	0.5426	0.7126	0.2189	均衡
安　徽	0.9973	0.8554	0.7404	0.2161	0.7023	0.3408	均衡
福　建	1.0000	0.6869	0.4670	0.4994	0.6633	0.2445	均衡
江　西	0.9729	0.8285	0.8861	0.1573	0.7112	0.3740	不均衡
山　东	0.9957	0.7264	0.6025	0.2989	0.6559	0.2891	均衡
河　南	0.9935	0.7024	0.7683	0.1998	0.6660	0.3349	不均衡
湖　北	0.9893	0.7552	0.7214	0.2279	0.6735	0.3200	均衡
湖　南	0.9720	0.6972	0.8729	0.1490	0.6728	0.3672	不均衡
广　东	0.9904	0.8243	0.5102	0.5309	0.7140	0.2336	均衡
广　西	0.9715	0.7992	0.7301	0.2141	0.6787	0.3260	均衡
海　南	0.9947	0.9080	0.5711	0.5158	0.7474	0.2392	均衡
重　庆	0.9913	0.8088	0.6469	0.2800	0.6818	0.3025	均衡
四　川	0.9732	0.7109	0.8523	0.1598	0.6741	0.3592	不均衡
贵　州	0.9600	0.9395	0.8489	0.1799	0.7321	0.3713	不均衡
云　南	0.9240	0.8168	0.9290	0.1162	0.6965	0.3903	不均衡
西　藏	0.9420	0.9605	0.4651	0.9029	0.8176	0.2362	均衡
陕　西	0.9862	0.8783	0.7179	0.2112	0.6984	0.3430	均衡
甘　肃	0.8915	0.8901	0.9320	0.1031	0.7042	0.4012	不均衡
青　海	0.9116	0.8422	0.6636	0.2638	0.6703	0.2905	均衡
宁　夏	0.9413	0.7986	0.7180	0.2005	0.6646	0.3229	均衡
新　疆	0.9179	0.6944	0.8156	0.1643	0.6481	0.3352	不均衡

表 4-43　　　　　　　　2015 年贫困保障要素指数结构均衡分析

地　区	覆盖面指数	保障度指数	持续性指数	高效性指数	指数均值	指数标准差	指数结构评价
全　国	0.9792	0.7299	0.7286	0.2198	0.6644	0.3190	均衡
北　京	0.9906	0.8132	0.3437	1.0000	0.7869	0.3077	均衡
天　津	0.9943	0.9874	0.4995	0.7450	0.8066	0.2353	均衡
河　北	0.9962	0.7772	0.6866	0.2731	0.6833	0.3028	均衡
山　西	0.9754	0.7835	0.7747	0.1881	0.6804	0.3410	不均衡
内蒙古	0.9544	0.9169	0.7903	0.2000	0.7154	0.3507	均衡
辽　宁	0.9845	0.8132	0.7694	0.2101	0.6943	0.3359	均衡
吉　林	0.9557	0.7298	0.7673	0.1631	0.6540	0.3418	不均衡
黑龙江	0.9597	0.8880	0.9214	0.1586	0.7319	0.3833	不均衡
上　海	0.9984	0.8145	0.4538	1.0000	0.8167	0.2571	均衡
江　苏	0.9943	0.8898	0.5676	0.5098	0.7404	0.2379	均衡
浙　江	1.0000	0.7485	0.5123	0.6784	0.7348	0.2027	均衡
安　徽	0.9897	0.8306	0.7833	0.1997	0.7008	0.3455	均衡
福　建	1.0000	0.6786	0.5569	0.4051	0.6601	0.2527	均衡
江　西	0.9730	0.8147	0.8612	0.1701	0.7048	0.3626	不均衡
山　东	0.9944	0.7234	0.6255	0.2872	0.6576	0.2921	均衡
河　南	0.9848	0.6487	0.7915	0.1602	0.6463	0.3521	不均衡
湖　北	0.9813	0.7099	0.7576	0.2050	0.6635	0.3277	均衡
湖　南	0.9645	0.6320	0.8852	0.1268	0.6522	0.3778	不均衡
广　东	0.9894	0.7679	0.5245	0.5266	0.7021	0.2230	均衡
广　西	0.9707	0.6964	0.8021	0.1701	0.6598	0.3455	不均衡
海　南	0.9940	0.9490	0.5996	0.4830	0.7564	0.2536	均衡
重　庆	0.9986	0.8053	0.6183	0.3135	0.6839	0.2917	均衡
四　川	0.9654	0.6710	0.8500	0.1496	0.6590	0.3606	不均衡
贵　州	0.9524	0.9135	0.8573	0.1654	0.7221	0.3732	不均衡
云　南	0.9134	0.7821	0.9192	0.1102	0.6812	0.3859	不均衡
西　藏	0.9012	0.9321	0.5301	0.7346	0.7745	0.1846	均衡
陕　西	0.9759	0.9005	0.7578	0.1930	0.7068	0.3543	不均衡
甘　肃	0.8830	0.8516	0.9723	0.1094	0.7041	0.3998	不均衡
青　海	0.9348	0.8613	0.6218	0.2378	0.6639	0.3140	均衡
宁　夏	0.9397	0.6776	0.7062	0.1910	0.6286	0.3145	不均衡
新　疆	0.9326	0.6665	0.7718	0.1494	0.6301	0.3386	不均衡

第5章 综合评价与主要结论

要全面分析中国社会保障发展状况,需要利用指数与指标工具进行综合评价,并得出相关结论。

5.1 基于指数均值的综合评价

指标值是事物属性的直接反映,指数值是指标值的标准化处理结果,指数均值是样本指数的平均值。对正向指标(指标数值越大越好的指标)与负向指标(指标数值越小越好的指标)进行无量纲化处理,形成与指标运行态势基本一致正向数据序列,并以该指数数据序列作为评价工具。

5.1.1 社会保障项目指数均值分析

社会保障项目指数包括社会保障发展总指数、养老保障发展总指数、医疗保障发展总指数、就业保障发展总指数和贫困保障发展总指数。社会保障项目指数均值是相应项目所有指数值的平均值。指数值在[0,1]分布,指数值越大,表明项目发展状况越好。指数值大于0.8时,用"指数高位运行"表示;指数值在0.6—0.8时,用"指数中位运行表示";指数值小于0.6时,用"指数低位运行"表示。

根据对2015—2017年中国31个省份的社会保障发展总指数均值、养老保障发展总指数均值、医疗保障发展总指数均值、贫困保障发展总指数均值的测算,指数均值大致分布在0.6—0.8之间,表明现阶段中国社会保障总体上在中位运行。

测算同时表明,2015—2017年的全国社会保障发展总指数均值、养老保障发展总指数均值、贫困保障发展总指数均值呈波动上升态势,医疗保障发展总指数均值和就业保障发展总指数均值呈上升态势,说明中国社会保障发展势头总体向好。

表 5-1　　　　　　　　**2015—2017年社会保障发展总指数均值与趋势**

年　份	2017年	2016年	2015年	指数趋势
平均指数值	0.6958	0.6822	0.6906	波动上升

表 5-2　　　　　　　　**2015—2017年养老保障发展总指数均值与趋势**

年　份	2017年	2016年	2015年	指数趋势
平均指数值	0.6973	0.6958	0.7008	波动上升

表 5-3　　　　　　　2015—2017 年医疗保障发展总指数均值与趋势

年　　份	2017 年	2016 年	2015 年	指数趋势
平均指数值	0.7567	0.7213	0.7708	波动上升

表 5-4　　　　　　　2015—2017 年就业保障发展总指数均值与趋势

年　　份	2017 年	2016 年	2015 年	指数趋势
平均指数值	0.5868	0.5772	0.5465	上升

表 5-5　　　　　　　2015—2017 年贫困保障发展总指数均值与趋势

年　　份	2017 年	2016 年	2015 年	指数趋势
平均指数值	0.7111	0.7082	0.6990	上升

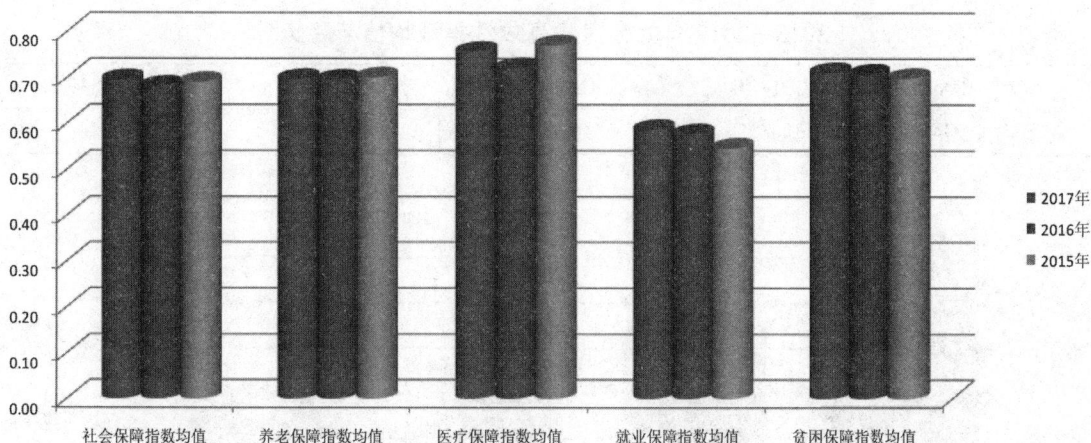

图 5-1　2015—2017 年社会保障、养老保障、医疗保障、就业保障、贫困保障发展总指数均值

5.1.2　社会保障要素指数均值分析

社会保障要素指数包括社会保障覆盖面指数、保障度指数、持续性指数和高效性指数。社会保障要素指数均值是相应要素所有指数值的平均值。指数值在[0,1]分布,指数值越大,表明该要素发展状况越好。指数值大于 0.8 时,用"指数高位运行"表示;指数值在 0.6—0.8 时,用"指数中位运行表示";指数值小于 0.6 时,用"指数低位运行"表示。

2015—2017 年的数据表明,全国社会保障覆盖面指数均值在高位运行,保障度指数与持续性指数在中位运行,高效性指数在低位运行。全国社会保障覆盖面指数均值呈波动上升态势、全国社会保障"保障度"指数均值和可持续指数均值呈上升态势,全国社会保障高效性指数均值呈波动下降态势。

表 5–6   **2015—2017 年社会保障覆盖面指数均值与趋势**

年　份	2017 年	2016 年	2015 年	指数趋势
平均指数值	0.8845	0.8359	0.8775	波动上升

表 5–7   **2015—2017 年社会保障"保障度"指数均值与趋势**

年　份	2017 年	2016 年	2015 年	指数趋势
平均指数值	0.6886	0.6811	0.6764	上升

表 5–8   **2015—2017 年社会保障持续性指数均值与趋势**

年　份	2017 年	2016 年	2015 年	指数趋势
平均指数值	0.6310	0.6290	0.6142	上升

表 5–9   **2015—2017 年社会保障高效性指数均值与趋势**

年　份	2017 年	2016 年	2015 年	指数趋势
平均指数值	0.5478	0.5565	0.5491	波动下降

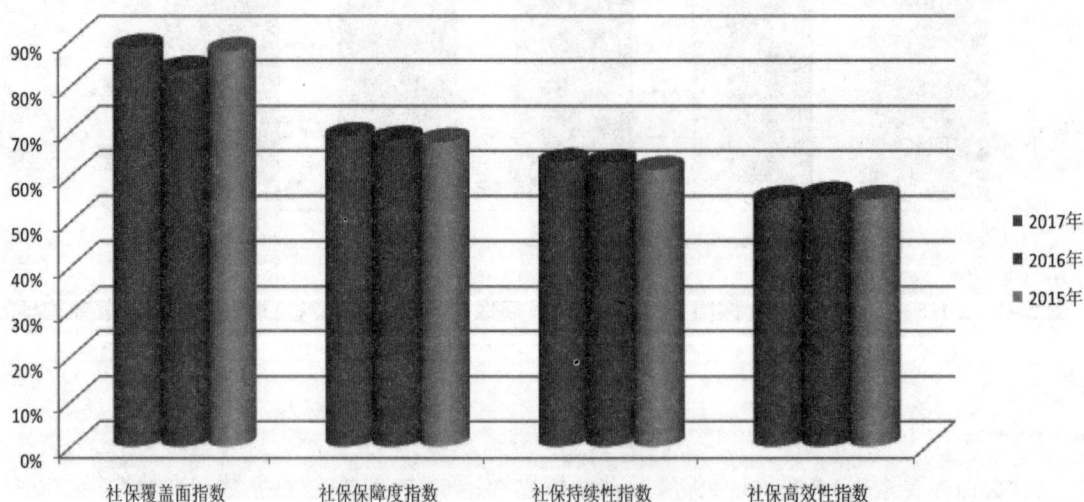

图 5–2   2015—2017 年社会保障覆盖面、保障度、持续性、高效性指数均值

5.1.3 养老保障要素指数均值分析

养老保障要素指数包括养老保障覆盖面指数、保障度指数、持续性指数和高效性指数。养老保障要素指数均值是相应要素所有指数值的平均值。指数值在[0,1]分布,指数值越大,表明项目发展状况越好。指数值大于 0.8 时,用"指数高位运行"表示;指数值在 0.6—0.8 时,用"指数中位运行表示";指数值小于 0.6 时,用"指数低位运行"表示。

2015—2017 年的数据表明,全国养老保障覆盖面指数均值在高位运行,呈上升态势。全国养老保障"保障度"指数均值、持续性指数均值和高效性指数均值在中位运行,保障度指数均值和高效性指数均值呈下降态势,持续性指数均值呈波动上升态势。

表 5–10　　　　　**2015—2017 年养老保障覆盖面指数均值与趋势**

年　份	2017 年	2016 年	2015 年	指数趋势
平均指数值	0.8812	0.8570	0.8341	上升

表 5–11　　　　　**2015—2017 年养老保障"保障度"指数均值与趋势**

年　份	2017 年	2016 年	2015 年	指数趋势
平均指数值	0.6069	0.6080	0.6171	下降

表 5–12　　　　　**2015—2017 年养老保障持续性指数均值与趋势**

年　份	2017 年	2016 年	2015 年	指数趋势
平均指数值	0.6452	0.6339	0.6426	波动上升

表 5–13　　　　　**2015—2017 年养老保障高效性指数均值与趋势**

年　份	2017 年	2016 年	2015 年	指数趋势
平均指数值	0.6560	0.6842	0.7096	下降

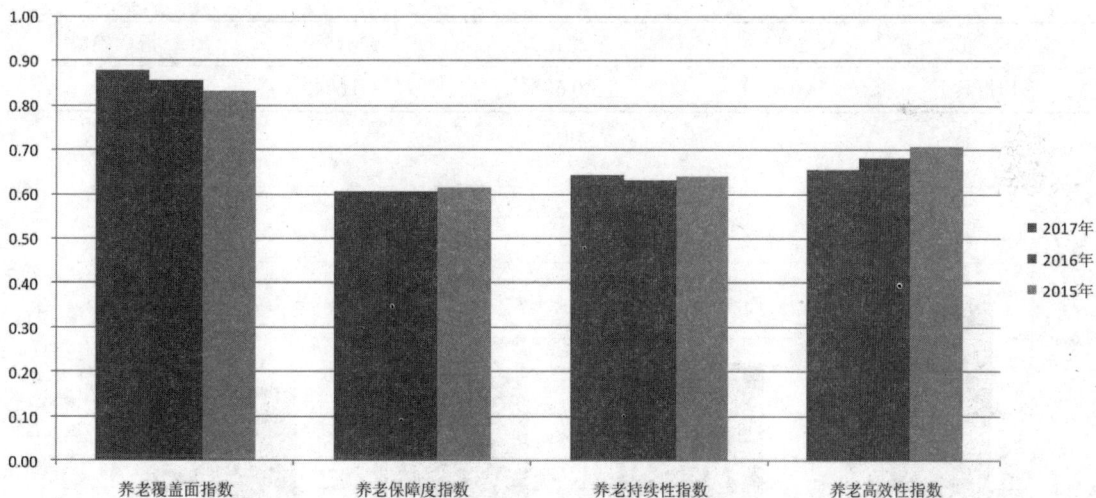

图 5–3　2015—2017 年养老保障覆盖面、保障度、持续性、高效性指数均值

5.1.4　医疗保障要素指数均值分析

医疗保障要素指数包括医疗保障覆盖面指数、保障度指数、持续性指数和高效性指数。医疗保障要素指数均值是相应要素所有指数值的平均值。指数值在[0,1]分布,指数值越大,表明项目发展状况越好。指数值大于 0.8 时,用"指数高位运行"表示;指数值在 0.6—0.8 时,用"指数中位运行表示";指数值小于 0.6 时,用"指数低位运行"表示。

2015—2017 年的数据表明,全国医疗保障覆盖面指数均值在高位运行,呈波动上升态势。全国医疗保障"保障度"指数均值、持续性指数均值和高效性指数均值在中位运行。全国医疗保障"保障度"指数均值呈上升态势,持续性指数均值呈波动下降态势,高效性指数均值呈下降态势。

表 5-14　2015—2017 年医疗保障覆盖面指数均值与趋势

年　份	2017 年	2016 年	2015 年	指数趋势
平均指数值	0.9197	0.7543	0.9568	波动上升

表 5-15　2015—2017 年医疗保障"保障度"指数均值与趋势

年　份	2017 年	2016 年	2015 年	指数趋势
平均指数值	0.7369	0.7344	0.7251	上升

表 5-16　2015—2017 年医疗保障持续性指数均值与趋势

年　份	2017 年	2016 年	2015 年	指数趋势
平均指数值	0.69891	0.71024	0.70707	波动下降

表 5-17　2015—2017 年医疗保障高效性指数均值与趋势

年　份	2017 年	2016 年	2015 年	指数趋势
平均指数值	0.6711	0.6864	0.6942	下降

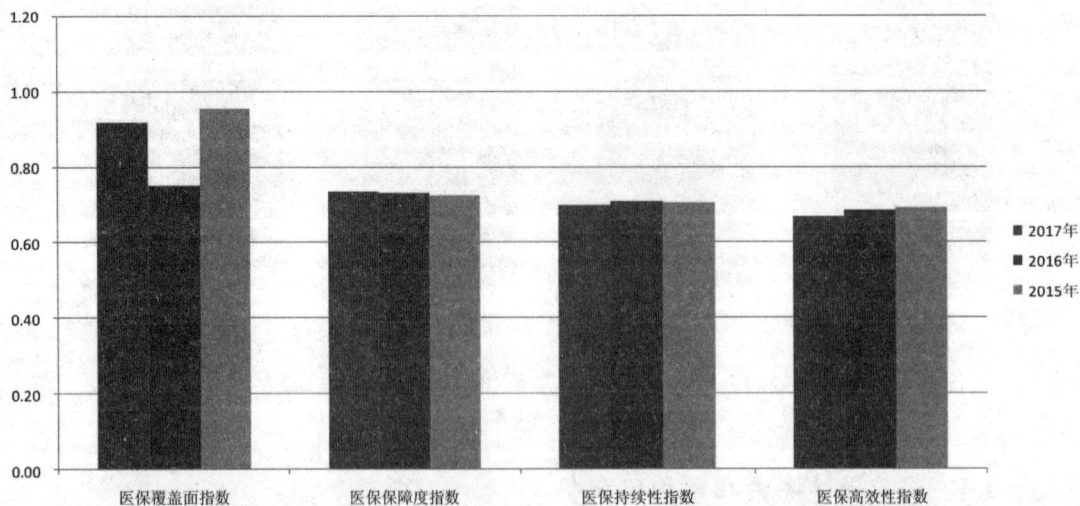

图 5-4　2015—2017 年医疗保障覆盖面、保障度、持续性、高效性指数均值

5.1.5 就业保障要素指数均值分析

就业保障要素指数包括就业保障覆盖面指数、保障度指数、持续性指数和高效性指数。就业保障要素指数均值是相应要素所有指数值的平均值。指数值在[0,1]分布,指数值越大,表明项目发展状况越好。指数值大于 0.8 时,用"指数高位运行"表示;指数值在 0.6—0.8 时,用"指数中位运行表示";指数值小于 0.6 时,用"指数低位运行"表示。

2015—2017 年的数据表明,全国就业保障覆盖面指数均值在中位运行,呈波动上升态势。全国就业保障"保障度"指数均值、持续性指数均值和高效性指数均值在低位运行,保障度指数均值呈波动上升态势,持续性指数均值与高效性指数均值呈上升态势。

表 5–18　　　　　　　2015—2017 年就业保障覆盖面指数均值与趋势

年　份	2017 年	2016 年	2015 年	指数趋势
平均指数值	0.7590	0.7594	0.7498	波动上升

表 5–19　　　　　　2015—2017 年就业保障"保障度"指数均值与趋势

年　份	2017 年	2016 年	2015 年	指数趋势
平均指数值	0.5673	0.5583	0.5694	波动上升

表 5–20　　　　　　　2015—2017 年就业保障持续性指数均值与趋势

年　份	2017 年	2016 年	2015 年	指数趋势
平均指数值	0.5046	0.4784	0.4006	上升

表 5–21　　　　　　　2015—2017 年就业保障高效性指数均值与趋势

年　份	2017 年	2016 年	2015 年	指数趋势
平均指数值	0.5165	0.5127	0.4664	上升

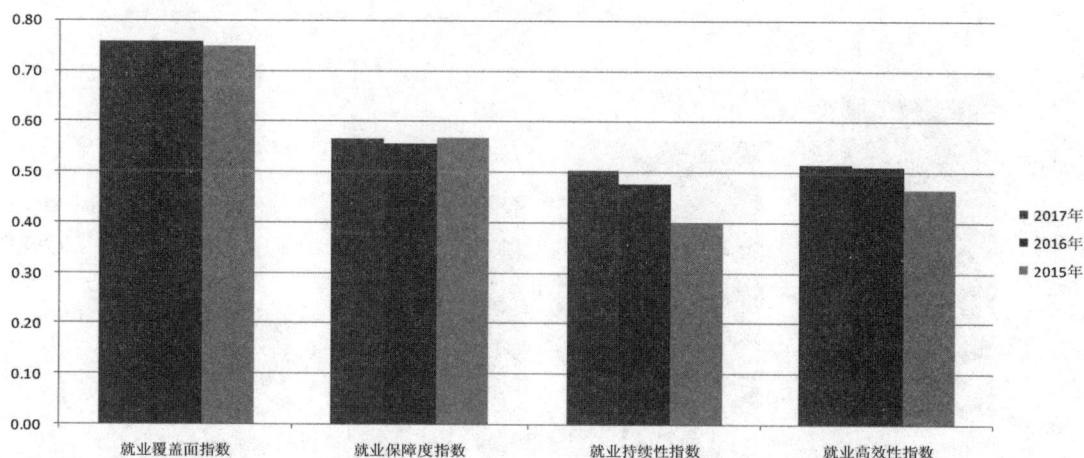

图 5–5　2015—2017 年就业保障覆盖面、保障度、持续性、高效性指数均值

5.1.6 贫困保障要素指数均值分析

贫困保障要素指数包括贫困保障覆盖面指数、保障度指数、持续性指数和高效性指数。贫困保障要素指数均值是相应要素所有指数值的平均值。指数值在[0,1]分布,指数值越大,表明项目发展状况越好。指数值大于 0.8 时,用"指数高位运行"表示;指数值在 0.6—0.8 时,用"指数中位运行表示";指数值小于 0.6 时,用"指数低位运行"表示。

2015—2017 年的数据表明,全国贫困保障覆盖面指数均值、保障度指数均值在高位运行,并呈上升态势。全国贫困保障持续性指数均值在中位运行,呈下降态势。全国贫困保障高效性指数均值在低位运行,呈上升态势。

表 5-22　　　　　　2015—2017 年贫困保障覆盖面指数均值与趋势

年　份	2017 年	2016 年	2015 年	指数趋势
平均指数值	0.9783	0.9729	0.9694	上升

表 5-23　　　　　　2015—2017 年贫困保障"保障度"指数均值与趋势

年　份	2017 年	2016 年	2015 年	指数趋势
平均指数值	0.8431	0.8238	0.7939	上升

表 5-24　　　　　　2015—2017 年贫困保障持续性指数均值与趋势

年　份	2017 年	2016 年	2015 年	指数趋势
平均指数值	0.6752	0.6934	0.7065	下降

表 5-25　　　　　　2015—2017 年贫困保障高效性指数均值与趋势

年　份	2017 年	2016 年	2015 年	指数趋势
平均指数值	0.34763	0.34251	0.32606	上升

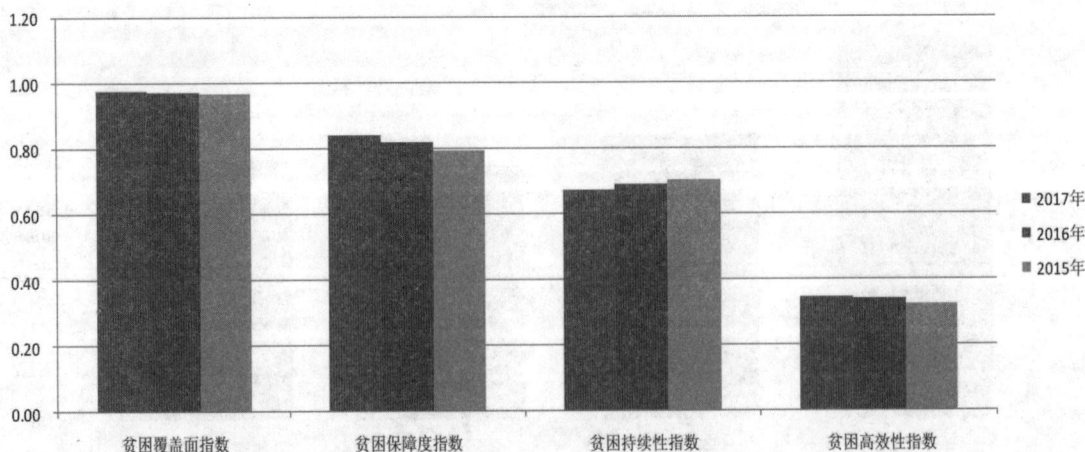

图 5-6　2015—2017 年贫困保障覆盖面、保障度、持续性、高效性指数均值

5.2　基于指标水平与趋势的综合评价

社会保障发展指标呈现三种态势：一是发展水平高低，用指标"优良度"反映；二是发展趋势好坏，用指标"向好度"反映；三是发展进度快慢，用指标"正常度"反映。

社会保障发展指标优良度是"指标水平优良"的个数占样本指标总个数的百分比。社会保障发展指标向好度是"指标趋势向好"的个数占样本指标总个数的百分比。社会保障发展指标正常度是"指标进度正常"的个数占样本指标总个数的百分比。

根据各省份社会保障发展指标的"优良度""向好度"和"正常度"，对全国及各省份的社会保障、养老保障、医疗保障、就业保障和贫困保障发展情况进行评价，并得出相关结论。

5.2.1　指标优良度评价——中位运行，总体呈上升态势

在监测的 58 个社会保障发展指标中，根据指标值的正态分布情况确定优良指标的参数值，并将指标分为"优""中""差"三个档次。从地区维度分析，有的省份"优良指标"较多，有的省份"优良指标"较少，各地区指标的优良度有所不同。从时间维度分析，有的年份"优良指标"较多，有的年份"优良指标"较少，各年份的"指标优良度"有所不同。通常认为，社会保障发展指标优良度越高，社会保障发展水平也越高。因此，根据社会保障发展指标优良度的数值，可以对全国、各省份、各年份的社会保障发展水平进行总体判断。

各省份的社会保障发展指标优良度用各省份优良指标的个数占各省份样本指标的总个数的百分比表示，全国社会保障发展指标优良度用各省份指标优良度的平均值表示（称为社会保障发展指标优良度均值）。

5.2.1.1　全国指标优良度评价

根据全国社会保障发展指标优良度的正态分布情况，将指标优良度均值低于 10% 表述为"指标优良度在低位运行"，将指标优良度均值在 10% 到 20% 之间表述为"指标优良度在中位运行"，将指标优良度均值高于 20% 表述为"指标优良度在高位运行"。

（1）2015—2017 年全国社会保障发展指标优良度在中位运行，呈上升态势。

表 5-26　　　　2015—2017 年全国社会保障发展指标优良度均值与趋势

年　份	2017 年	2016 年	2015 年	指标趋势
优良度值	12.24%	10.87%	10.77%	上升

（2）2015—2017 年全国养老保障发展指标优良度均值在中低位运行，呈上升态势。

表 5-27　　　　2015—2017 年全国养老保障发展指标优良度均值与趋势

年　份	2017 年	2016 年	2015 年	指标趋势
优良度值	11.13%	8.59%	8.40%	上升

（3）2015—2017 年全国医疗保障发展指标优良度均值在中位运行，呈波动上升态势。

表 5-28　　　　　　2015—2017 年全国医疗保障发展指标优良度均值与趋势

年　份	2017 年	2016 年	2015 年	指标趋势
优良度值	10.74%	10.16%	10.94%	波动上升

（4）2015—2017 年全国就业保障发展指标的优良度均值在中低位运行，呈上升态势。

表 5-29　　　　　　2015—2017 年全国就业保障发展指标优良度均值与趋势

年　份	2017 年	2016 年	2015 年	指标趋势
优良度值	11.13%	8.59%	8.40%	上升

（5）2015—2017 年全国贫困保障发展指标优良度均值在中位运行，呈上升态势。

表 5-30　　　　　　2015—2017 年全国贫困保障发展指标优良度均值与趋势

年　份	2017 年	2016 年	2015 年	指标趋势
优良度值	16.67%	16.15%	14.84%	上升

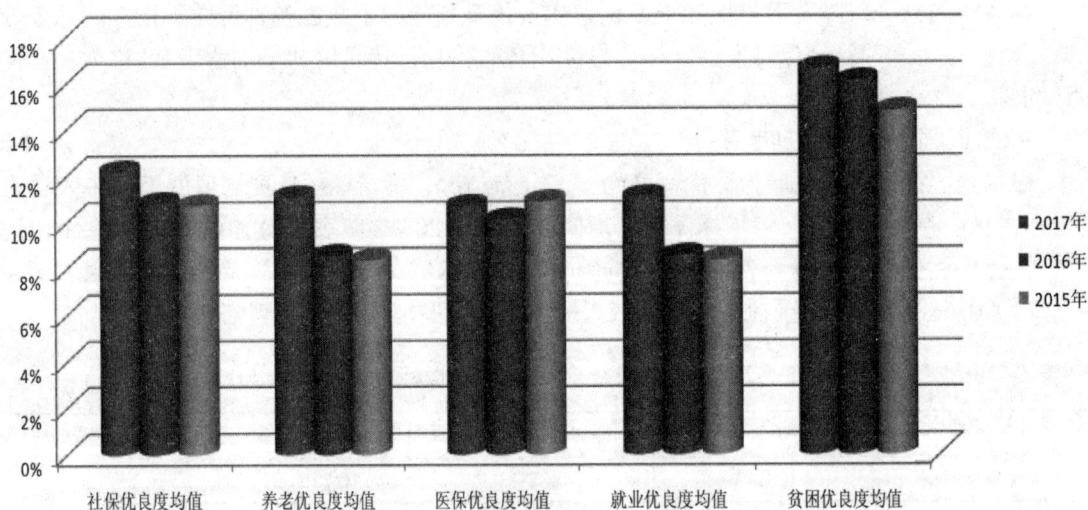

图 5-7　2015—2017 年社会保障、养老保障、医疗保障、就业保障、贫困保障指标优良度均值

5.2.1.2　各省份指标优良度评价

根据各省份社会保障发展指标优良度的正态分布情况，计算指标优良度的"上限均值"与"下限均值"。上限均值=(最大值+均值)/2，下限均值=(最小值+均值)/2。数值高于"上限均值"的指标为"优"，数值低于"下限均值"的指标为"差"，数值位于"上限均值"与"下限均值"之间的指标为"中"。

表 5–31　　　　　　**2015—2017 年各省份社会保障发展指标优良度评价**

项目 地区	优良度值			优良度水平评价		
	2017 年	2016 年	2015 年	2017 年	2016 年	2015 年
北　京	32.76%	37.93%	36.21%	优	优	优
天　津	22.41%	20.69%	15.52%	中	中	中
河　北	8.62%	6.90%	8.62%	中	中	中
山　西	13.79%	10.34%	10.34%	中	中	中
内蒙古	3.45%	3.45%	3.45%	差	差	差
辽　宁	10.34%	10.34%	12.07%	中	中	中
吉　林	5.17%	5.17%	3.45%	差	差	差
黑龙江	6.90%	12.07%	15.52%	中	中	中
上　海	22.41%	22.41%	13.79%	中	中	中
江　苏	15.52%	12.07%	13.79%	中	中	中
浙　江	20.69%	18.97%	20.69%	中	中	中
安　徽	3.45%	3.45%	1.72%	差	差	差
福　建	20.69%	15.52%	20.69%	中	中	中
江　西	8.62%	12.07%	15.52%	中	中	中
山　东	6.90%	3.45%	3.45%	中	差	差
河　南	8.62%	3.45%	5.17%	中	差	差
湖　北	8.62%	6.90%	5.17%	中	中	差
湖　南	10.34%	6.90%	5.17%	中	中	差
广　东	32.76%	32.76%	34.48%	优	优	优
广　西	8.62%	6.90%	6.90%	中	中	中
海　南	12.07%	8.62%	12.07%	中	中	中
重　庆	6.90%	10.34%	6.90%	中	中	中
四　川	13.79%	6.90%	5.17%	中	中	差
贵　州	8.62%	8.62%	6.90%	中	中	中
云　南	6.90%	6.90%	6.90%	中	中	中
西　藏	32.76%	31.03%	32.76%	优	优	优
陕　西	12.07%	3.45%	1.72%	中	差	差
甘　肃	15.52%	10.34%	10.34%	中	中	中
青　海	5.17%	6.90%	5.17%	差	中	差
宁　夏	5.17%	5.17%	5.17%	差	差	差
新　疆	12.07%	6.90%	6.90%	中	中	中

说明:各年份的"上限均值"与"下限均值"由各年份的数据序列计算得到,比如 2017 年各省份社会保障发展指标优良度的"上限均值"为 22.66%,"下限均值"为 6.28%。

表 5-32　　　　　　2015—2017 年各省份养老保障发展指标优良度评价

地区 项目	优良度值			优良度水平评价		
	2017 年	2016 年	2015 年	2017 年	2016 年	2015 年
北 京	37.50%	37.50%	56.25%	优	优	优
天 津	12.50%	12.50%	6.25%	中	中	中
河 北	0.00%	0.00%	0.00%	差	差	差
山 西	25.00%	18.75%	12.50%	中	中	中
内蒙古	6.25%	6.25%	6.25%	中	中	中
辽 宁	6.25%	6.25%	6.25%	中	中	中
吉 林	6.25%	0.00%	0.00%	中	差	差
黑龙江	0.00%	0.00%	6.25%	差	差	中
上 海	6.25%	6.25%	6.25%	中	中	中
江 苏	0.00%	0.00%	0.00%	差	差	差
浙 江	12.50%	12.50%	6.25%	中	中	中
安 徽	0.00%	0.00%	0.00%	差	差	差
福 建	12.50%	12.50%	12.50%	中	中	中
江 西	6.25%	6.25%	12.50%	中	中	中
山 东	6.25%	0.00%	0.00%	中	差	差
河 南	6.25%	6.25%	0.00%	中	中	差
湖 北	6.25%	0.00%	0.00%	中	差	差
湖 南	6.25%	0.00%	6.25%	中	差	中
广 东	43.75%	37.50%	37.50%	优	优	优
广 西	6.25%	0.00%	0.00%	中	差	差
海 南	12.50%	6.25%	6.25%	中	中	中
重 庆	6.25%	6.25%	6.25%	中	中	中
四 川	12.50%	12.50%	12.50%	中	中	中
贵 州	0.00%	0.00%	0.00%	差	差	差
云 南	18.75%	6.25%	6.25%	中	中	中
西 藏	37.50%	25.00%	18.75%	优	优	中
陕 西	12.50%	0.00%	0.00%	中	差	差
甘 肃	6.25%	6.25%	6.25%	中	中	中
青 海	12.50%	18.75%	12.50%	中	中	中
宁 夏	12.50%	12.50%	12.50%	中	中	中
新 疆	18.75%	18.75%	12.50%	中	中	中

说明：各年份的"上限均值"与"下限均值"由各年份的数据序列计算得到，比如 2017 年各省份养老保障发展指标优良度的"上限均值"为 27.44%，"下限均值"为 5.57%。

表 5-33 **2015—2017 年各省份医疗保障发展指标优良度评价**

项目 地区	优良度值			优良度水平评价		
	2017 年	2016 年	2015 年	2017 年	2016 年	2015 年
北 京	18.75%	31.25%	25.00%	中	优	中
天 津	18.75%	12.50%	12.50%	中	中	中
河 北	0.00%	0.00%	6.25%	差	差	中
山 西	0.00%	0.00%	0.00%	差	差	差
内蒙古	0.00%	0.00%	0.00%	差	差	差
辽 宁	6.25%	12.50%	12.50%	中	中	中
吉 林	6.25%	6.25%	6.25%	中	中	中
黑龙江	6.25%	0.00%	0.00%	中	差	差
上 海	25.00%	25.00%	12.50%	优	中	中
江 苏	12.50%	0.00%	6.25%	中	差	中
浙 江	18.75%	18.75%	25.00%	中	中	中
安 徽	6.25%	6.25%	6.25%	中	中	中
福 建	25.00%	12.50%	18.75%	优	中	中
江 西	12.50%	25.00%	31.25%	中	中	优
山 东	0.00%	0.00%	0.00%	差	差	差
河 南	6.25%	0.00%	6.25%	中	差	中
湖 北	12.50%	18.75%	18.75%	中	中	中
湖 南	12.50%	6.25%	6.25%	中	中	中
广 东	37.50%	37.50%	37.50%	优	优	优
广 西	12.50%	12.50%	25.00%	中	中	中
海 南	0.00%	0.00%	6.25%	差	差	中
重 庆	12.50%	12.50%	6.25%	中	中	中
四 川	12.50%	12.50%	0.00%	中	中	差
贵 州	18.75%	18.75%	12.50%	中	中	中
云 南	0.00%	0.00%	0.00%	差	差	差
西 藏	37.50%	43.75%	43.75%	优	优	优
陕 西	12.50%	6.25%	6.25%	中	中	中
甘 肃	0.00%	0.00%	6.25%	差	差	中
青 海	6.25%	0.00%	0.00%	中	差	差
宁 夏	0.00%	0.00%	0.00%	差	差	差
新 疆	6.25%	6.25%	6.25%	中	中	中

说明：各年份的"上限均值"与"下限均值"由各年份的数据序列计算得到，比如 2017 年各省份医疗保障发展指标优良度的"上限均值"为 24.12%，"下限均值"为 5.37%。

表 5-34 　　　　　　2015—2017 年各省份就业保障发展指标优良度评价

项目 地区	优良度值			优良度水平评价		
	2017 年	2016 年	2015 年	2017 年	2016 年	2015 年
北 京	35.71%	42.86%	35.71%	优	优	优
天 津	14.29%	14.29%	14.29%	中	中	中
河 北	14.29%	14.29%	14.29%	中	中	中
山 西	28.57%	21.43%	28.57%	优	中	优
内蒙古	0.00%	0.00%	0.00%	差	差	差
辽 宁	21.43%	21.43%	21.43%	中	中	中
吉 林	0.00%	0.00%	0.00%	差	差	差
黑龙江	14.29%	21.43%	21.43%	中	中	中
上 海	28.57%	35.71%	14.29%	优	优	中
江 苏	21.43%	14.29%	14.29%	中	中	中
浙 江	21.43%	14.29%	14.29%	中	中	中
安 徽	0.00%	0.00%	0.00%	差	差	差
福 建	21.43%	14.29%	21.43%	中	中	中
江 西	7.14%	7.14%	7.14%	中	中	中
山 东	7.14%	0.00%	0.00%	中	差	差
河 南	7.14%	0.00%	7.14%	中	差	中
湖 北	0.00%	0.00%	0.00%	差	差	差
湖 南	14.29%	14.29%	0.00%	中	中	差
广 东	21.43%	28.57%	35.71%	中	优	优
广 西	0.00%	0.00%	0.00%	差	差	差
海 南	7.14%	7.14%	14.29%	中	中	中
重 庆	7.14%	14.29%	7.14%	中	中	中
四 川	14.29%	0.00%	0.00%	中	差	差
贵 州	7.14%	7.14%	7.14%	中	中	中
云 南	0.00%	7.14%	7.14%	差	中	中
西 藏	35.71%	28.57%	42.86%	优	优	优
陕 西	14.29%	7.14%	0.00%	中	中	差
甘 肃	21.43%	7.14%	14.29%	中	中	中
青 海	0.00%	0.00%	0.00%	差	差	差
宁 夏	7.14%	7.14%	7.14%	中	中	中
新 疆	14.29%	0.00%	0.00%	中	差	差

说明：各年份的"上限均值"与"下限均值"由各年份的数据序列计算得到,比如 2017 年各省份就业保障发展指标优良度的"上限均值"为 24.22%,"下限均值"为 6.36%。

表 5-35　　　　　　2015—2017 年各省份贫困保障发展指标优良度评价

项目 地区	优良度值			优良度水平评价		
	2017 年	2016 年	2015 年	2017 年	2016 年	2015 年
北　京	41.67%	41.67%	25.00%	优	优	中
天　津	50.00%	50.00%	33.33%	优	优	优
河　北	25.00%	16.67%	16.67%	中	中	中
山　西	0.00%	0.00%	0.00%	差	差	差
内蒙古	8.33%	8.33%	8.33%	中	中	中
辽　宁	8.33%	0.00%	8.33%	中	差	中
吉　林	8.33%	16.67%	8.33%	中	中	中
黑龙江	8.33%	33.33%	41.67%	中	优	优
上　海	33.33%	25.00%	25.00%	中	中	中
江　苏	33.33%	41.67%	41.67%	中	优	优
浙　江	33.33%	33.33%	41.67%	中	优	优
安　徽	8.33%	8.33%	0.00%	中	中	差
福　建	25.00%	25.00%	33.33%	中	中	优
江　西	8.33%	8.33%	8.33%	中	中	中
山　东	16.67%	16.67%	16.67%	中	中	中
河　南	16.67%	8.33%	8.33%	中	中	中
湖　北	16.67%	8.33%	0.00%	中	中	差
湖　南	8.33%	8.33%	8.33%	中	中	中
广　东	25.00%	25.00%	25.00%	中	中	中
广　西	16.67%	16.67%	0.00%	中	中	差
海　南	33.33%	25.00%	25.00%	中	中	中
重　庆	0.00%	8.33%	8.33%	差	中	中
四　川	16.67%	0.00%	8.33%	中	差	中
贵　州	8.33%	8.33%	8.33%	中	中	中
云　南	8.33%	16.67%	16.67%	中	中	中
西　藏	16.67%	25.00%	25.00%	中	中	中
陕　西	8.33%	0.00%	0.00%	中	差	差
甘　肃	41.67%	33.33%	16.67%	优	优	中
青　海	0.00%	8.33%	8.33%	差	中	中
宁　夏	0.00%	0.00%	0.00%	差	差	差
新　疆	8.33%	0.00%	8.33%	中	差	中

说明:各年份的"上限均值"与"下限均值"由各年份的数据序列计算得到,比如 2017 年各省份贫困保障发展指标优良度的"上限均值"为 33.33%,"下限均值"为 8.335%。

5.2.2　指标向好度评价——中高位运行，总体呈上升态势

在监测的 58 个社会保障发展指标中，根据指标值的正态分布情况确定向好指标的参数值，并将指标分为"向好""波动""向差"三个档次。从地区维度分析，有的省份"向好指标"较多，有的省份"向好指标"较少，各地区指标的向好度有所不同。从时间维度分析，有的年份"向好指标"较多，有的年份"向好指标"较少，各年份的"指标向好度"有所不同。通常认为，社会保障发展指标向好度越高，社会保障发展趋势越好。因此，根据社会保障发展指标向好度的数值，可以对全国、各省份、各年份的社会保障发展趋势进行总体判断。

各省份的社会保障发展指标向好度用各省份向好指标的个数占各省份样本指标的总个数的百分比表示，全国社会保障发展指标向好度用各省份指标向好度的平均值表示（称为社会保障发展指标向好度均值）。

5.2.2.1　全国指标向好度评价

根据全国社会保障发展指标向好度的正态分布情况，将指标向好度高于 55% 表述为"指标向好度在高位运行"，将指标向好度在 40% 到 55% 之间表述为"指标向好度在中位运行"，将指标向好度低于 40% 表述为"指标向好度在低位运行"。

（1）全国社会保障发展指标的向好度均值在高位运行，呈上升态势。

表 5-36　　　　　2015—2017 年全国社会保障发展指标向好度均值

年　度	2015—2016 年	2016—2017 年	指标趋势
向好度值	57.17%	57.49%	上升

（2）全国养老保障指标向好度均值在高位运行，呈上升态势。

表 5-37　　　　　2015—2017 年全国养老保障发展指标向好度均值

年　度	2015—2016 年	2016—2017 年	指标趋势
向好度值	58.20%	59.96%	上升

（3）全国医疗保障发展指标向好度均值在中高位运行，呈下降态势

表 5-38　　　　　2015—2017 年全国医疗保障发展指标向好度均值

年　度	2015—2016 年	2016—2017 年	指标趋势
向好度值	54.69%	55.27%	下降

（4）就业保障发展指标向好度均值在中位运行，呈上升态势

表 5-39　　　　　2015—2017 年全国就业保障发展指标向好度均值

年　度	2015—2016 年	2016—2017 年	指标趋势
向好度值	50.45%	51.12%	上升

（5）贫困保障发展指标向好度均值在高位运行,呈下降态势

表 5-40　　　　　　　　2015—2017 年全国贫困保障发展指标向好度均值

年　度	2015—2016 年	2016—2017 年	指标趋势
向好度值	66.93%	64.58%	下降

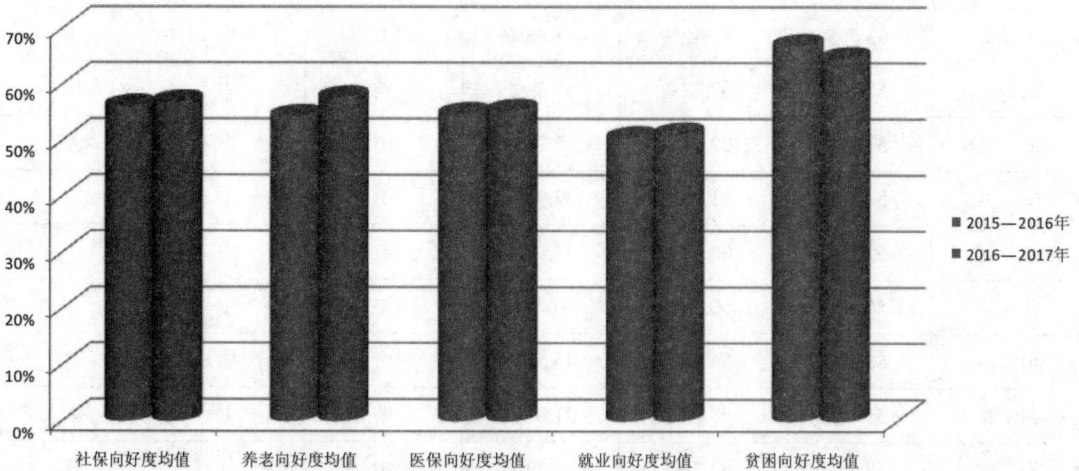

图 5-8　2015—2017 年社会保障、养老保障、医疗保障、就业保障、贫困保障指标向好度均值

5.2.2.2　各省份指标向好度评价

根据各省份社会保障发展指标向好度的正态分布情况,计算指标向好度的"上限均值"与"下限均值"。上限均值=(最大值+均值)/2,下限均值=(最小值+均值)/2。数值高于"上限均值"的指标为"优",数值低于"下限均值"的指标为"差",数值位于"上限均值"与"下限均值"之间的指标为"中"。

表 5-41　　　　　　　2015—2017 年各省份社会保障发展指标向好度评价

项目 地区	向好度值			向好度水平评价		
	2015—2016 年	2016—2017 年	2015—2017 年	2015—2016 年	2016—2017 年	2015—2017 年
北　京	65.52%	60.34%	41.38%	中	中	中
天　津	68.97%	65.52%	44.83%	优	优	优
河　北	55.17%	62.07%	34.48%	中	中	中
山　西	51.72%	68.97%	43.10%	差	优	优
内蒙古	58.62%	51.72%	29.31%	中	中	差
辽　宁	53.45%	55.17%	36.21%	中	中	中

续表

项目 地区	向好度值			向好度水平评价		
	2015—2016 年	2016—2017 年	2015—2017 年	2015—2016 年	2016—2017 年	2015—2017 年
吉　林	56.90%	62.07%	43.10%	中	中	优
黑龙江	46.55%	60.34%	34.48%	差	中	中
上　海	63.79%	53.45%	41.38%	中	中	中
江　苏	51.72%	62.07%	41.38%	差	中	中
浙　江	53.45%	62.07%	32.76%	中	中	差
安　徽	56.90%	51.72%	37.93%	中	中	中
福　建	51.72%	60.34%	37.93%	差	中	中
江　西	56.90%	60.34%	36.21%	中	中	中
山　东	60.34%	56.90%	46.55%	中	中	优
河　南	51.72%	48.28%	31.03%	差	差	差
湖　北	58.62%	63.79%	44.83%	中	优	优
湖　南	56.90%	58.62%	36.21%	中	中	中
广　东	63.79%	44.83%	32.76%	中	差	差
广　西	55.17%	56.90%	34.48%	中	中	中
海　南	55.17%	53.45%	37.93%	中	中	中
重　庆	53.45%	50.00%	34.48%	中	差	中
四　川	75.86%	58.62%	46.55%	优	中	优
贵　州	56.90%	62.07%	44.83%	中	中	优
云　南	56.90%	50.00%	41.38%	中	差	中
西　藏	53.45%	56.90%	27.59%	中	中	差
陕　西	46.55%	63.79%	41.38%	差	优	中
甘　肃	68.97%	58.62%	39.66%	优	中	中
青　海	48.28%	50.00%	27.59%	差	差	差
宁　夏	58.62%	60.34%	36.21%	中	中	中
新　疆	58.62%	48.28%	36.21%	中	差	中

说明:各年份的"上限均值"与"下限均值"由各年份的数据序列计算得到,比如 2016—2017 年各省份社会保障发展指标向好度的"上限均值"为 62.04%,"下限均值"为 49.97%。

表 5-42　2015—2017 年各省份养老保障发展指标向好度评价

项目 地区	向好值			向好度水平评价		
	2015—2016 年	2016—2017 年	2015—2017 年	2015—2016 年	2016—2017 年	2015—2017 年
北　京	56.25%	68.75%	37.50%	中	优	中
天　津	68.75%	62.50%	43.75%	中	中	中
河　北	43.75%	56.25%	37.50%	差	中	中
山　西	56.25%	62.50%	56.25%	中	中	优
内蒙古	62.50%	68.75%	43.75%	中	优	中
辽　宁	50.00%	56.25%	43.75%	差	中	中
吉　林	43.75%	62.50%	37.50%	差	中	中
黑龙江	43.75%	68.75%	25.00%	差	优	差
上　海	68.75%	62.50%	43.75%	中	中	中
江　苏	50.00%	62.50%	43.75%	差	中	中
浙　江	50.00%	62.50%	31.25%	差	中	差
安　徽	56.25%	62.50%	50.00%	中	中	优
福　建	56.25%	68.75%	50.00%	中	优	优
江　西	62.50%	62.50%	50.00%	中	中	优
山　东	56.25%	62.50%	50.00%	中	中	优
河　南	50.00%	50.00%	31.25%	差	中	差
湖　北	56.25%	68.75%	50.00%	中	优	优
湖　南	56.25%	75.00%	43.75%	中	优	中
广　东	62.50%	50.00%	43.75%	中	中	中
广　西	68.75%	62.50%	43.75%	中	中	中
海　南	62.50%	50.00%	37.50%	中	中	中
重　庆	62.50%	50.00%	43.75%	中	中	中
四　川	75.00%	68.75%	50.00%	优	优	优
贵　州	62.50%	50.00%	43.75%	中	中	中
云　南	50.00%	50.00%	31.25%	差	中	差
西　藏	43.75%	68.75%	25.00%	差	优	差
陕　西	50.00%	56.25%	50.00%	差	中	优
甘　肃	68.75%	62.50%	50.00%	中	中	优
青　海	62.50%	37.50%	25.00%	中	差	差
宁　夏	62.50%	56.25%	31.25%	中	中	差
新　疆	81.25%	56.25%	50.00%	优	中	优

说明:各年份的"上限均值"与"下限均值"由各年份的数据序列计算得到,比如 2016—2017 年各省份养老保障发展指标向好度的"上限均值"为 66.31%,"下限均值"为 50.68%。

表 5-43　　　　　2015—2017 年各省份医疗保障发展指标向好度评价

项目 地区	向好度值			向好度水平评价		
	2015—2016 年	2016—2017 年	2015—2017 年	2015—2016 年	2016—2017 年	2015—2017 年
北　京	68.75%	50.00%	37.50%	优	中	中
天　津	62.50%	56.25%	37.50%	优	中	中
河　北	62.50%	56.25%	25.00%	优	中	差
山　西	37.50%	62.50%	18.75%	差	中	差
内蒙古	56.25%	50.00%	37.50%	中	中	中
辽　宁	56.25%	56.25%	37.50%	中	中	中
吉　林	50.00%	43.75%	31.25%	中	差	中
黑龙江	56.25%	43.75%	37.50%	中	差	中
上　海	62.50%	62.50%	43.75%	优	中	优
江　苏	56.25%	68.75%	50.00%	中	优	优
浙　江	62.50%	75.00%	43.75%	优	优	优
安　徽	56.25%	50.00%	31.25%	中	中	中
福　建	50.00%	62.50%	25.00%	中	中	差
江　西	37.50%	43.75%	18.75%	差	差	差
山　东	62.50%	56.25%	50.00%	优	中	优
河　南	62.50%	62.50%	37.50%	优	中	中
湖　北	50.00%	56.25%	37.50%	中	中	中
湖　南	50.00%	50.00%	37.50%	中	中	中
广　东	56.25%	50.00%	31.25%	中	中	中
广　西	43.75%	50.00%	31.25%	差	中	中
海　南	56.25%	56.25%	37.50%	中	中	中
重　庆	43.75%	43.75%	25.00%	差	差	差
四　川	68.75%	56.25%	43.75%	优	中	优
贵　州	43.75%	68.75%	43.75%	差	优	优
云　南	62.50%	56.25%	50.00%	优	中	优
西　藏	62.50%	56.25%	31.25%	优	中	中
陕　西	43.75%	56.25%	25.00%	差	中	差
甘　肃	68.75%	50.00%	37.50%	优	中	中
青　海	43.75%	56.25%	37.50%	差	中	中
宁　夏	43.75%	56.25%	25.00%	差	中	差
新　疆	62.50%	43.75%	25.00%	优	差	差

说明:各年份的"上限均值"与"下限均值"由各年份的数据序列计算得到,比如 2016—2017 年各省份医疗保障发展指标向好度的"上限均值"为 65.14%,"下限均值"为 49.51%。

表 5–44　　　　　　2015—2017 年各省份就业保障发展指标向好度评价

项目 地区	向好度值			向好度水平评价		
	2015—2016 年	2016—2017 年	2015—2017 年	2015—2016 年	2016—2017 年	2015—2017 年
北　京	50.00%	50.00%	28.57%	中	中	中
天　津	57.14%	71.43%	35.71%	中	优	中
河　北	35.71%	57.14%	7.14%	差	中	差
山　西	42.86%	78.57%	42.86%	中	优	优
内蒙古	64.29%	42.86%	14.29%	中	中	差
辽　宁	50.00%	28.57%	7.14%	中	差	差
吉　林	78.57%	71.43%	50.00%	优	优	优
黑龙江	42.86%	64.29%	35.71%	中	中	中
上　海	50.00%	21.43%	14.29%	中	差	差
江　苏	28.57%	57.14%	21.43%	差	中	中
浙　江	57.14%	42.86%	21.43%	中	中	中
安　徽	35.71%	35.71%	14.29%	差	差	差
福　建	35.71%	50.00%	28.57%	差	中	中
江　西	64.29%	64.29%	35.71%	中	中	中
山　东	64.29%	50.00%	28.57%	中	中	中
河　南	28.57%	42.86%	21.43%	差	中	中
湖　北	57.14%	71.43%	35.71%	中	优	中
湖　南	57.14%	50.00%	21.43%	中	中	中
广　东	50.00%	28.57%	7.14%	中	差	差
广　西	50.00%	50.00%	28.57%	中	中	中
海　南	57.14%	57.14%	42.86%	中	中	优
重　庆	42.86%	35.71%	14.29%	中	差	差
四　川	71.43%	57.14%	42.86%	优	中	优
贵　州	64.29%	50.00%	35.71%	中	中	中
云　南	42.86%	28.57%	28.57%	中	差	中
西　藏	35.71%	50.00%	28.57%	差	中	中
陕　西	50.00%	78.57%	50.00%	中	优	优
甘　肃	50.00%	64.29%	21.43%	中	中	中
青　海	57.14%	28.57%	28.57%	中	差	中
宁　夏	50.00%	50.00%	28.57%	中	中	中
新　疆	42.86%	50.00%	35.71%	中	中	中

　　说明：各年份的"上限均值"与"下限均值"由各年份的数据序列计算得到，比如 2016—2017 年各省份就业保障发展指标向好度的"上限均值"为 64.84%，"下限均值"为 36.27%。

表 5-45　　　　　　　　　2015—2017 年各省份贫困保障发展指标向好度评价

项目 地区	向好度值			向好度水平评价		
	2015—2016 年	2016—2017 年	2015—2017 年	2015—2016 年	2016—2017 年	2015—2017 年
北　京	91.67%	75.00%	66.67%	优	优	优
天　津	91.67%	75.00%	66.67%	优	优	优
河　北	83.33%	83.33%	75.00%	优	优	优
山　西	75.00%	75.00%	58.33%	中	优	中
内蒙古	50.00%	41.67%	16.67%	中	差	差
辽　宁	58.33%	83.33%	58.33%	中	优	中
吉　林	58.33%	75.00%	58.33%	中	优	中
黑龙江	41.67%	66.67%	41.67%	差	中	中
上　海	75.00%	66.67%	66.67%	中	中	优
江　苏	75.00%	58.33%	50.00%	中	中	中
浙　江	41.67%	66.67%	33.33%	差	中	中
安　徽	83.33%	58.33%	58.33%	优	中	中
福　建	66.67%	58.33%	50.00%	中	中	中
江　西	66.67%	75.00%	41.67%	中	优	中
山　东	58.33%	58.33%	58.33%	中	中	中
河　南	66.67%	33.33%	33.33%	中	差	中
湖　北	75.00%	58.33%	58.33%	中	中	中
湖　南	66.67%	58.33%	41.67%	中	中	中
广　东	91.67%	50.00%	50.00%	优	中	中
广　西	58.33%	66.67%	33.33%	中	中	中
海　南	41.67%	50.00%	33.33%	差	中	中
重　庆	66.67%	75.00%	58.33%	中	优	中
四　川	91.67%	50.00%	50.00%	优	中	中
贵　州	58.33%	83.33%	58.33%	中	优	中
云　南	75.00%	66.67%	58.33%	中	中	中
西　藏	75.00%	50.00%	25.00%	中	中	差
陕　西	41.67%	66.67%	41.67%	差	中	中
甘　肃	91.67%	58.33%	50.00%	优	中	中
青　海	25.00%	83.33%	16.67%	差	优	差
宁　夏	83.33%	83.33%	66.67%	优	优	优
新　疆	41.67%	41.67%	33.33%	差	差	中

　　说明:各年份的"上限均值"与"下限均值"由各年份的数据序列计算得到,比如 2016—2017 年各省份贫困保障发展指标向好度的"上限均值"为 73.96%,"下限均值"为 48.96%。

5.2.3　指标正常度评价——低位运行,总体呈上升态势

在监测的 58 个社会保障发展指标中,根据指标值的正态分布情况确定"进度正常指标"的参数值,并将指标分为"已经提前完成""能够按期完成""不能按期完成"和"无法完成"四个档次。从地区维度分析,有的省份"进度正常指标"较多,有的省份"进度正常指标"较少,各地区指标的发展进度有所不同。从时间维度分析,有的年份"进度正常指标"较多,有的年份"进度正常指标"较少,各年份的"指标正常度"有所不同。通常认为,社会保障发展指标正常度越高,社会保障进展越好。因此,根据社会保障发展指标正常度的数值,可以对全国、各省份、各年份的社会保障发展趋势进行总体判断。

各省份的社会保障发展指标正常度用各省份进度正常指标的个数占各省份样本指标的总个数的百分比表示,全国社会保障发展指标正常度用各省份指标正常度的平均值表示(称为社会保障发展指标正常度均值)。

5.2.3.1　全国指标正常度评价

根据全国社会保障发展指标正常度的正态分布情况,将指标正常度高于 60% 表述为"指标正常度在高位运行",将指标正常度在 40% 到 60% 之间表述为"指标正常度在中位运行",将指标正常度低于 40% 表述为"指标正常度在低位运行"。

(1)全国社会保障发展指标正常度均值在低位运行,呈上升态势。

表 5-46　　　　　2015—2017 年全国社会保障发展指标正常度均值

年　　度	2015—2016 年	2016—2017 年	指标趋势
正常度值	38.31%	39.39%	上升

(2)全国养老保障发展指标正常度均值在低位运行,呈上升态势。

表 5-47　　　　　2015—2017 年全国养老保障发展指标正常度均值

年　　度	2015—2016 年	2016—2017 年	指标趋势
正常度值	37.50%	39.65%	上升

(3)全国医疗保障发展指标正常度均值在中低位运行,呈上升态势。

表 5-48　　　　　2015—2017 年全国医疗保障发展指标正常度均值

年　　度	2015—2016 年	2016—2017 年	指标趋势
正常度值	36.33%	40.04%	上升

(4)全国就业保障发展指标正常度均值在低位运行,呈上升态势。

表 5-49　　　　　2015—2017 年全国就业保障发展指标正常度均值

年　　度	2015—2016 年	2016—2017 年	指标趋势
正常度值	35.94%	36.83%	上升

（5）全国贫困保障发展指标正常度均值在中位运行，呈下降态势。

表 5-50　　　　　　　2015—2017 年全国贫困保障发展指标正常度均值

年　度	2015—2016 年	2016—2017 年	指标趋势
正常度值	44.79%	41.15%	下降

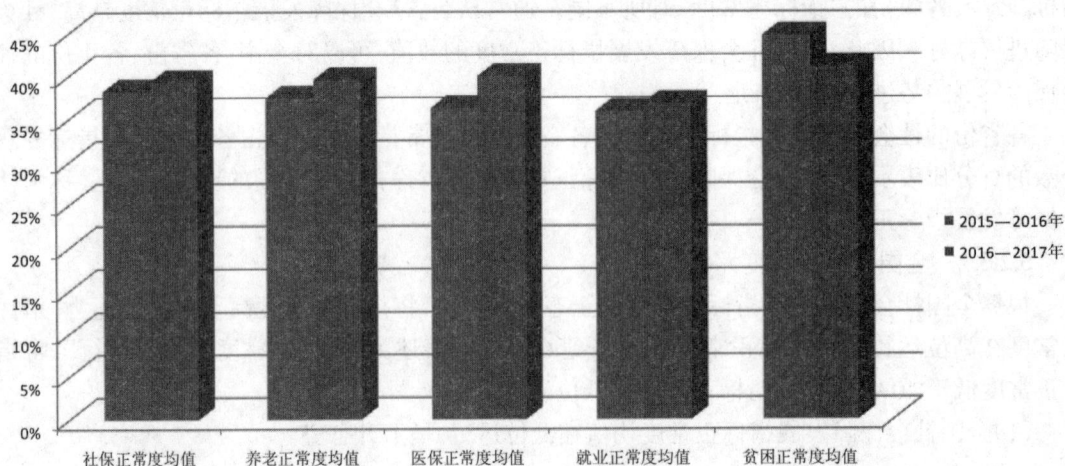

图 5-9　2015—2017 年社会保障、养老保障、医疗保障、就业保障、贫困保障指标正常度均值

5.2.3.2　各省份指标正常度评价

根据各省份社会保障发展指标正常度的正态分布情况，计算指标正常度的"上限均值"与"下限均值"。上限均值=（最大值+均值）/2，下限均值=（最小值+均值）/2。数值高于"上限均值"的指标为"优"，数值低于"下限均值"的指标为"差"，数值位于"上限均值"与"下限均值"之间的指标为"中"。

表 5-51　　　　　　　2015—2017 年各省份社会保障发展指标正常度评价

地区＼项目	正常度值			正常度水平评价		
	2015—2016 年	2016—2017 年	2015—2017 年	2015—2016 年	2016—2017 年	2015—2017 年
北　京	56.90%	48.28%	50.00%	优	中	优
天　津	39.66%	41.38%	32.76%	中	中	中
河　北	41.38%	37.93%	29.31%	中	中	差
山　西	46.55%	41.38%	37.93%	中	中	中
内蒙古	29.31%	37.93%	31.03%	差	中	中
辽　宁	27.59%	31.03%	27.59%	差	差	差

续表

项目 地区	正常度值			正常度水平评价		
	2015—2016 年	2016—2017 年	2015—2017 年	2015—2016 年	2016—2017 年	2015—2017 年
吉 林	32.76%	34.48%	37.93%	中	差	中
黑龙江	29.31%	31.03%	22.41%	差	差	差
上 海	48.28%	41.38%	44.83%	优	中	中
江 苏	34.48%	39.66%	36.21%	中	中	中
浙 江	43.10%	37.93%	39.66%	中	中	中
安 徽	29.31%	41.38%	31.03%	差	中	中
福 建	41.38%	53.45%	43.10%	中	优	中
江 西	39.66%	31.03%	36.21%	中	差	中
山 东	29.31%	36.21%	27.59%	差	中	差
河 南	37.93%	31.03%	32.76%	中	差	中
湖 北	31.03%	37.93%	32.76%	中	中	中
湖 南	37.93%	32.76%	32.76%	中	差	中
广 东	53.45%	53.45%	50.00%	优	优	优
广 西	32.76%	37.93%	39.66%	中	中	中
海 南	32.76%	34.48%	34.48%	中	差	中
重 庆	27.59%	31.03%	29.31%	差	差	差
四 川	43.10%	41.38%	43.10%	中	中	中
贵 州	51.72%	50.00%	51.72%	优	优	优
云 南	46.55%	37.93%	41.38%	中	中	中
西 藏	55.17%	60.34%	60.34%	优	优	优
陕 西	34.48%	43.10%	34.48%	中	中	中
甘 肃	32.76%	44.83%	39.66%	中	中	中
青 海	36.21%	37.93%	37.93%	中	中	中
宁 夏	44.83%	32.76%	43.10%	中	差	中
新 疆	37.93%	34.48%	34.48%	中	差	中

说明:各年份的"上限均值"与"下限均值"由各年份的数据序列计算得到,比如 2016—2017 年各省份社会保障发展指标正常度的"上限均值"为 60.45%,"下限均值"为 26.07%。

表 5-52 　　　　　2015—2017 年各省份养老保障发展指标正常度评价

项目 地区	正常度值			正常度水平评价		
	2015—2016 年	2016—2017 年	2015—2017 年	2015—2016 年	2016—2017 年	2015—2017 年
北　京	68.75%	56.25%	62.50%	优	中	优
天　津	37.50%	37.50%	31.25%	中	中	中
河　北	18.75%	37.50%	25.00%	差	中	差
山　西	50.00%	50.00%	50.00%	中	中	中
内蒙古	31.25%	43.75%	37.50%	中	中	中
辽　宁	18.75%	31.25%	25.00%	差	中	差
吉　林	12.50%	31.25%	37.50%	差	中	中
黑龙江	12.50%	25.00%	18.75%	差	差	差
上　海	37.50%	12.50%	18.75%	中	差	差
江　苏	25.00%	31.25%	31.25%	中	中	中
浙　江	31.25%	31.25%	31.25%	中	中	中
安　徽	31.25%	37.50%	31.25%	中	中	中
福　建	37.50%	43.75%	37.50%	中	中	中
江　西	43.75%	43.75%	37.50%	中	中	中
山　东	31.25%	37.50%	31.25%	中	中	中
河　南	31.25%	25.00%	25.00%	中	差	差
湖　北	25.00%	31.25%	31.25%	中	中	中
湖　南	37.50%	37.50%	43.75%	中	中	中
广　东	62.50%	50.00%	56.25%	优	中	优
广　西	31.25%	25.00%	31.25%	中	差	中
海　南	25.00%	43.75%	37.50%	中	中	中
重　庆	37.50%	37.50%	37.50%	中	中	中
四　川	37.50%	37.50%	37.50%	中	中	中
贵　州	56.25%	62.50%	62.50%	优	优	优
云　南	50.00%	37.50%	37.50%	中	中	中
西　藏	43.75%	81.25%	68.75%	中	优	优
陕　西	43.75%	50.00%	50.00%	中	中	中
甘　肃	25.00%	50.00%	50.00%	中	中	中
青　海	62.50%	43.75%	56.25%	优	中	优
宁　夏	62.50%	37.50%	50.00%	优	中	中
新　疆	56.25%	37.50%	43.75%	优	中	中

说明:各年份的"上限均值"与"下限均值"由各年份的数据序列计算得到,比如 2016—2017 年各省份养老保障发展指标正常度的"上限均值"为 60.45%,"下限均值"为 26.07%。

表 5-53 　　　　　　2015—2017 年各省份医疗保障发展指标正常度评价

地区 \ 项目	正常度值			正常度水平评价		
	2015—2016 年	2016—2017 年	2015—2017 年	2015—2016 年	2016—2017 年	2015—2017 年
北　京	56.25%	31.25%	37.50%	优	差	中
天　津	25.00%	37.50%	31.25%	中	中	中
河　北	50.00%	37.50%	18.75%	优	中	差
山　西	31.25%	25.00%	6.25%	中	差	差
内蒙古	31.25%	37.50%	25.00%	中	中	中
辽　宁	31.25%	25.00%	25.00%	中	差	中
吉　林	37.50%	31.25%	25.00%	中	差	中
黑龙江	25.00%	25.00%	12.50%	中	差	差
上　海	50.00%	68.75%	62.50%	优	优	优
江　苏	50.00%	62.50%	50.00%	优	优	优
浙　江	62.50%	43.75%	50.00%	优	中	优
安　徽	31.25%	56.25%	43.75%	中	优	中
福　建	50.00%	62.50%	50.00%	优	优	优
江　西	37.50%	43.75%	43.75%	中	中	中
山　东	25.00%	37.50%	25.00%	中	中	中
河　南	43.75%	31.25%	31.25%	中	差	中
湖　北	31.25%	37.50%	25.00%	中	中	中
湖　南	18.75%	31.25%	25.00%	差	差	中
广　东	43.75%	43.75%	43.75%	中	中	中
广　西	25.00%	43.75%	37.50%	中	中	中
海　南	37.50%	37.50%	37.50%	中	中	中
重　庆	18.75%	25.00%	18.75%	差	差	差
四　川	50.00%	43.75%	43.75%	优	中	中
贵　州	56.25%	56.25%	50.00%	优	优	优
云　南	31.25%	31.25%	31.25%	中	差	中
西　藏	56.25%	62.50%	62.50%	优	优	优
陕　西	37.50%	43.75%	25.00%	中	中	中
甘　肃	31.25%	25.00%	18.75%	中	差	差
青　海	6.25%	43.75%	37.50%	差	中	中
宁　夏	31.25%	31.25%	37.50%	中	差	中
新　疆	31.25%	31.25%	31.25%	中	差	中

说明:各年份的"上限均值"与"下限均值"由各年份的数据序列计算得到,比如 2016—2017 年各省份医疗保障发展指标正常度的"上限均值"为 54.39%,"下限均值"为 32.52%。

表 5-54   2015—2017 年各省份就业保障发展指标正常度评价

项目 地区	正常度值			正常度水平评价		
	2015—2016 年	2016—2017 年	2015—2017 年	2015—2016 年	2016—2017 年	2015—2017 年
北　京	50.00%	57.14%	50.00%	中	优	优
天　津	42.86%	35.71%	21.43%	中	中	差
河　北	35.71%	50.00%	28.57%	中	优	中
山　西	50.00%	57.14%	57.14%	中	优	优
内蒙古	21.43%	28.57%	21.43%	差	差	差
辽　宁	28.57%	42.86%	35.71%	中	中	中
吉　林	35.71%	35.71%	35.71%	中	中	中
黑龙江	35.71%	28.57%	28.57%	中	差	中
上　海	64.29%	35.71%	50.00%	优	中	优
江　苏	21.43%	21.43%	21.43%	差	差	差
浙　江	35.71%	35.71%	35.71%	中	中	中
安　徽	14.29%	35.71%	14.29%	差	中	差
福　建	42.86%	50.00%	50.00%	中	优	优
江　西	35.71%	21.43%	28.57%	中	差	中
山　东	35.71%	35.71%	21.43%	中	中	差
河　南	21.43%	28.57%	35.71%	差	差	中
湖　北	14.29%	28.57%	14.29%	差	差	差
湖　南	35.71%	35.71%	35.71%	中	中	中
广　东	64.29%	57.14%	50.00%	优	优	优
广　西	35.71%	28.57%	28.57%	中	差	中
海　南	35.71%	21.43%	28.57%	中	差	中
重　庆	28.57%	35.71%	28.57%	中	中	中
四　川	28.57%	42.86%	50.00%	中	中	优
贵　州	28.57%	21.43%	28.57%	中	差	中
云　南	50.00%	28.57%	28.57%	中	差	中
西　藏	57.14%	50.00%	57.14%	优	优	优
陕　西	28.57%	50.00%	35.71%	中	优	中
甘　肃	35.71%	50.00%	35.71%	中	优	中
青　海	50.00%	21.43%	28.57%	中	差	中
宁　夏	42.86%	21.43%	35.71%	中	差	中
新　疆	35.71%	50.00%	42.86%	中	优	中

说明：各年份的"上限均值"与"下限均值"由各年份的数据序列计算得到，比如 2016—2017 年各省份就业保障发展指标正常度的"上限均值"为 46.99%，"下限均值"为 29.13%。

表 5-55　　　　　2015—2017 年各省份贫困保障发展指标正常度评价

项目 地区	正常度值			正常度水平评价		
	2015—2016 年	2016—2017 年	2015—2017 年	2015—2016 年	2016—2017 年	2015—2017 年
北 京	50.00%	50.00%	50.00%	中	中	中
天 津	58.33%	58.33%	50.00%	优	优	中
河 北	66.67%	25.00%	50.00%	优	中	中
山 西	58.33%	33.33%	41.67%	优	中	中
内蒙古	33.33%	41.67%	41.67%	差	中	中
辽 宁	33.33%	25.00%	25.00%	差	中	差
吉 林	50.00%	41.67%	58.33%	中	中	中
黑龙江	50.00%	50.00%	33.33%	中	中	中
上 海	41.67%	50.00%	50.00%	中	中	中
江 苏	41.67%	41.67%	41.67%	中	中	中
浙 江	41.67%	41.67%	41.67%	中	中	中
安 徽	41.67%	33.33%	33.33%	中	中	中
福 建	33.33%	58.33%	33.33%	差	优	中
江 西	41.67%	8.33%	33.33%	中	差	中
山 东	25.00%	33.33%	33.33%	差	中	中
河 南	58.33%	41.67%	41.67%	优	中	中
湖 北	58.33%	58.33%	66.67%	优	优	优
湖 南	66.67%	25.00%	25.00%	优	中	差
广 东	41.67%	66.67%	50.00%	中	优	中
广 西	41.67%	58.33%	66.67%	中	优	优
海 南	33.33%	33.33%	33.33%	差	中	中
重 庆	25.00%	25.00%	33.33%	差	中	中
四 川	58.33%	41.67%	41.67%	优	中	中
贵 州	66.67%	58.33%	66.67%	优	优	优
云 南	58.33%	58.33%	75.00%	优	优	优
西 藏	66.67%	41.67%	50.00%	优	中	中
陕 西	25.00%	25.00%	25.00%	差	中	差
甘 肃	41.67%	58.33%	58.33%	中	优	中
青 海	25.00%	41.67%	25.00%	差	中	差
宁 夏	41.67%	41.67%	50.00%	中	中	中
新 疆	25.00%	16.67%	16.67%	差	差	差

说明：各年份的"上限均值"与"下限均值"由各年份的数据序列计算得到，比如 2016—2017 各省份贫困保障发展指标正常度的"上限均值"为 53.91%，"下限均值"为 24.74%。

5.3 2015—2017 年中国社会保障发展的主要结论

研究认为：2015—2017 年,中国社会保障总体上在中位运行,全国社会保障发展势头总体向好;社会保障覆盖面在高位运行,保障水平有所提升;社会保障可持续性在中低位运行,发展面临严峻挑战;高效性在低位运行,发展不平衡问题依然突出。

5.3.1 2015—2017 年养老保障发展的主要结论

全国城乡基本养老保险参保率明显提高。全国城乡基本养老保险参保率不断扩大,由2015 年的 74.73%,上升到 2017 年的 77.97%。各地城乡基本养老保险参保率差距明显,有些省份的城乡基本养老保险参保率为 90% 以上,有些省份的城乡基本养老保险参保率在 50% 以下。

全国城乡养老保障覆盖率水平不断提高。全国城乡养老保险覆盖率由 2015 年的 77.59%,扩大到 2017 年的 82.02%。各地城乡养老保障覆盖率有一定差距,有些省份的城乡养老保障覆盖率为 95% 以上,有些省份的城乡养老保障覆盖率为 65% 以下。

全国职工基本养老保险待遇有所提高,替代率略有提高。全国城镇职工月人均养老金支出由 2015 年的 2354.09 元,提高到 2017 年的 2873.98 元,待遇水平有一定提高。同职工平均工资对比,基本养老金替代率[①]略有提升,由 2015 年的 45.54%,下降到 2017 年的 46.41%。基本养老金替代率有一定差距, 有些省份的养老金替代率为 60% 以上, 有些省份的养老金替代率为40% 以下。

全国职工基本养老保险负担系数[②]有所提高,制度内老龄化加重。职工基本养老保险负担系数由 2015 年的 0.3486,上升到 2017 年的 0.3767。各地区职工基本养老保险负担系数差距明显,有的省份的养老保险负担系数高于 0.70,有的省份的养老保险负担系数低于 0.20,表明在养老负担方面存在明显不均衡。

全国职工基本养老保险基金累计结余系数下降,各地基金结存不平衡问题极其严峻。全国职工基本养老保险基金结余系数由 2015 年的 1.3691,下降到 2017 年的 1.1540,基本处于合理区间。各地区职工养老保险基金累计结余系数差距十分明显,有些省份职工养老保险基金累计结余系数高于 4.0,个别省份职工养老保险基金累计结余系数低于 0,表明个别省份的职工基本养老保险基金累计结存已经用尽,并呈赤字状态。

全国职工基本养老保险基金当期收入大于支出, 但部分地区出现当期收不抵支。2015 年全国职工基本养老保险基金当期收支率[③]为 113.67%,2016 年全国职工基本养老保险基金当期收支率为 110.05%,2017 年全国职工基本养老保险基金当期收支率为 113.79%,基金收入总体大于支出。但各地区基金收支很不平衡,2015 年有 6 个省份职工基本养老保险基金当期收不抵支,2016 年有 7 个省份职工基本养老保险基金当期收不抵支,2017 年有 6 个省份职工基本养老保险基金当期收不抵支,基金收支形势相当严峻。

---

① 养老金替代率=平均养老金/平均工资

② 负担系数=待遇领取人数/参保缴费人数

③ 基金当期收支率=当期基金收入/当期基金支出

5.3.2　2015—2017 年医疗保障发展的主要结论

全国城乡医疗保险参保率总体上在高位运行,但呈波动上升态势。2015 年的全国城乡医疗保险参保率为 97.10%,2016 年的全国城乡医疗保险参保率为 73.53%,2017 年的全国城乡医疗保险参保率为 94.12%,呈波动上升态势。

全国职工基本医疗保险报销率[①]略有下降。2015 年全国职工基本医疗保险报销率为 64.36%,2017 年全国职工基本医疗保险报销率为 63.72%,报销率略有下降。有些省份的职工基本医疗保险报销率在 80% 以上,有些省份的职工基本医疗保险报销率在 60% 以下,各省份的职工基本医疗保险报销率存在一定差距。

全国职工基本医疗保险基金累计结余系数[②]有所提升,总体偏高。2015 年全国职工基本医疗保险基金累计结余系数为 1.4601,2017 年职工基本医疗保险基金累计结余系数为 1.6744。2017 年结余最高省份的职工基本医疗保险基金累计结余系数为 3.4472,2017 年结余最低省份的职工基本医疗保险基金累计结余系数为 0.6365,职工基本医疗保险基金总体结存偏高。

全国城乡居民基本医疗保险基金当期收入大于支出,个别地区当期收不抵支。2015 年全国城乡居民基本医疗保险基金当期收支率为 118.47%,2016 年全国城乡居民基本医疗保险基金当期收支率为 113.31%,2017 年全国城乡居民基本医疗保险基金当期收支率为 114.10%,基金总体上收大于支。但各地区的基金收支不够平衡,2015 年有 3 个省份城乡居民基本医疗保险基金收不抵支,2016 年有 3 个省份城乡居民基本医疗保险基金收不抵支,2017 年有 5 个省份城乡居民基本医疗保险基金收不抵支,基金收支形势比较严峻。

5.3.3　2015—2017 年就业保障发展的主要结论

全国失业保险参保率在中位运行,呈微弱上升态势。2015 年的全国失业保险参保率为 59.25%,2017 年的失业保险参保率为 60.65%,呈微弱上升态势。有些省份的失业保险参保率在 80% 以上,有些省份的失业保险参保率在 20% 以下,存在较大差距。

全国工伤保险参保率在中低位运行,呈下降态势。2015 年的全国工伤保险参保率为 59.08%,2017 年的工伤保险参保率为 52.02%,呈下降态势。有些省份的工伤保险参保率在 75% 以上,有些省份的工伤保险参保率在 30% 以下,存在明显不均衡。

全国生育保险参保率中位运行,呈下降态势。2015 年的全国生育保险参保率为 67.69%,2017 年的生育保险参保率为 60.56%,呈下降态势。有的省份生育保险参保率在 90% 以上,有的省份生育保险参保率在 40% 以下,存在一定差距。

全国失业保险替代率在中位运行,呈上升态势。2015 年全国失业保险替代率为 52.84%,2017 年的全国失业保险替代率为 57.62%,呈上升态势。各省份的失业保险替代率明显悬殊,有的省份的失业保险替代率达到 180% 以上,有的省份的失业保险替代率在 30% 以下。应采取相应措施,规范基金管理与使用。

全国失业保险基金累计结余系数明显偏高,各省份的基金累计结余差距悬殊。2015 年全国

[①] 报销率指医疗保险基金支出占实际医疗费用的比率,根据统计数据推算。

[②] 基金结余系数=基金累计结余金额/当年基金支出,表示现存基金够多少年之用。

失业保险基金累计结余系数为 6.5002,2017 年全国失业保险基金结余系数为 7.2417,意味着结存的基金量够未来 6—7 年之用，明显偏高。有些省份的失业保险基金累计结余系数在 30 以上,有些省份的失业保险基金累计结余系数在 2 以下,存在明显的基金累计结余悬殊。

5.3.4　2015—2017 年贫困保障发展的主要结论

全国城乡贫困保障率在高位运行。2015 年全国城乡贫困保障率为 93.39%,2017 年全国城乡贫困保障率为 93.80%,表明全国城乡贫困保障率略有提高。

全国城乡最低生活保障标准替代率在低位运行。2015 年全国城乡最低生活保障标准替代率为 18.56%,2017 年全国城乡最低生活保障标准替代率 19.60%,表明全国城乡贫困保障标准替代率略有提升。

全国城乡贫困保障财政投入率略有下降,各省份存在明显差距。2015 年全国城乡贫困保障财政投入率为 1.20%,2017 年全国城乡贫困保障财政投入率为 1.15%,表明全国城乡贫困保障财政投入率略有下降。有些省份的城乡贫困保障财政投入率在 2.5%,有些省份的城乡贫困保障财政投入率在 0.3%以下,存在明显悬殊。

指标解释

一、养老保障指标

覆盖面指标	1.城乡基本养老保险参保率	(职工基本养老保险参保缴费人数+城乡居民基本养老保险参保缴费人数)÷城乡就业人数
	2.城乡基本养老保险待遇享有率	城乡基本养老保险待遇领取人数÷城乡基本养老保险待遇领取年龄人数
	3.城乡基本养老保险覆盖率	(城乡基本养老保险参保缴费人数+城乡基本养老保险待遇领取人数)÷(城乡就业人数+城乡基本养老保险待遇领取年龄人数)
	4.城乡养老保障覆盖率	(城乡基本养老保险参保缴费人数+城乡基本养老保险待遇领取人数+城乡生活救助与优抚补贴老年人数)÷(城乡就业人数+城乡基本养老保险待遇领取年龄人数)
保障度指标	5.职工基本养老保险替代率	职工基本养老保险基金年人均支出/上年城镇单位就业人员平均工资
	6.城乡居民基本养老保险替代率	城乡居民基本养老保险基金年人均支出÷上年城镇单位就业人员平均工资
	7.城乡千人老年人养老床位数	城乡养老服务机构床位数量÷城乡老年人口数量(以千人为单位)
持续性指标	8.职工基本养老保险负担系数	职工基本养老保险待遇领取人数÷职工基本养老保险参保缴费人数
	9.职工基本养老保险基金累计结余系数	职工基本养老保险基金累计结余金额÷上年职工基本养老保险基金支出金额
	10.职工基本养老保险基金当期收支率	当年职工基本养老保险基金收入/当年职工基本养老保险基金支出
	11.城乡居民基本养老保险负担系数	城乡居民基本养老保险待遇领取人数÷城乡居民基本养老保险参保缴费人数
	12.城乡居民基本养老保险基金累计结余系数	城乡居民基本养老保险基金累计结余金额÷上年城乡居民基本养老保险基金支出金额
	13.城乡居民基本养老保险基金当期收支率	当年城乡居民基本养老保险基金收入/当年城乡居民基本养老保险基金支出
高效性指标	14.职工基本养老保险缴费率对替代率的弹性	职工基本养老保险替代率÷职工基本养老保险缴费率
	15.城乡居民基本养老保险缴费率对替代率的弹性	城乡居民基本养老保险替代率÷城乡居民基本养老保险缴费率
	16.城乡养老服务机构床位利用率	城乡养老服务机构入住的老年人口数量÷城乡养老服务机构床位数量

二、医疗保障指标

覆盖面指标	1.城乡基本医疗保险参保率	[参加城镇基本医疗保险人数(含在岗职工、退休职工和城镇居民)+参加新型农村合作医疗人数]÷常住人口与户籍人口的均值
保障度指标	2.职工基本医疗保险报销率	人均职工基本医疗保险基金支出÷(人均职工基本医疗保险基金支出+城镇居民人均医疗保健支出)
	3.城乡居民基本医疗保险报销率	人均城乡居民基本医疗保险基金支出÷(人均城乡居民基本医疗保险基金支出+农村居民人均医疗保健支出)
	4.城镇居民家庭灾难性医疗支出风险度	城镇居民人均医疗保健支出÷(城镇居民人均消费支出−城镇居民人均食品消费支出)
	5.农村居民家庭灾难性医疗支出风险度	农村居民人均医疗保健支出÷(农村居民人均消费支出−农村居民人均食品消费支出)
	6.城乡每万人卫生技术人员数	卫生技术人员数/城乡常住人数(以万人为单位)
	7.城乡每万人医疗卫生机构病床数	医疗卫生机构病床数量÷城乡常住人数(以万人为单位)
持续性指标	8.职工基本医疗保险基金累计结余系数	职工基本医疗保险基金累计结余÷上年职工基本医疗保险基金支出
	9.职工基本医疗保险基金当期收支率	职工基本医疗保险基金收入÷职工基本医疗保险基金支出
	10.职工基本医疗保险负担系数	参加职工基本医疗保险退休职工人数÷参加职工基本医疗保险在职职工人数
	11.城乡居民基本医疗保险基金累计结余系数	城乡居民基本医疗保险基金累计结余÷城乡居民基本医疗保险基金支出 (由于新农合未有公开支出数据,不包括新农合数据)
	12.城乡居民基本医疗保险基金当期收支率	城乡居民基本医疗保险基金收入÷城乡居民基本医疗保险基金支出
高效性指标	13.职工基本医疗保险报销率对缴费率的弹性	职工基本医疗保险报销率÷职工基本医疗保险缴费率
	14.城乡居民基本医疗保险报销率对缴费率的弹性	居民基本医疗保险报销率÷居民基本医疗保险缴费率
	15.医院病床使用率	年病床工作日数÷365(统计指标数据引用)
	16.卫生技术人员每日人均承接诊疗人次	诊疗人次÷卫生技术人数÷365

三、就业保障指标

覆盖面 指标	1.失业保险参保率	参加失业保险人数÷单位就业人数
	2.工伤保险参保率	参加工伤保险人数÷(单位就业人数+个体雇工人数)
	3.生育保险参保率	参加生育保险人数÷单位就业人数
保障度 指标	4.城乡非农业就业率	城乡非农业就业人数÷劳动年龄人数
	5.城镇登记失业率	城镇登记失业人数÷(城镇单位就业人数+城镇私营企业就业人数)
	6.失业保险待遇替代率	人均年失业保险基金支出÷上年城镇单位就业人员平均工资
	7.工伤保险待遇替代率	人均年工伤保险基金支出÷上年城镇单位就业人员平均工资
	8.生育保险待遇替代率	人均月生育保险基金支出÷上年城镇单位就业人员月平均工资
持续性 指标	9.地区人均生产总值增长率	(本年地区人均生产总值–上年地区人均生产总值)÷上年地区人均生产总值
	10.失业保险基金累计结余系数	失业保险基金累计结余÷上年失业保险基金支出
	11.失业保险负担系数	享受失业保险待遇人数÷参加失业保险人数
高效性 指标	12.失业保险待遇替代率对缴费率的弹性	失业保险待遇替代率÷失业保险缴费率
	13.工伤保险待遇替代率对缴费率的弹性	工伤保险待遇替代率÷工伤保险缴费率
	14.生育保险待遇替代率对缴费率的弹性	生育保险待遇替代率÷生育保险缴费率

四、贫困保障指标

覆盖面 指标	1.城市贫困保障率	1–城市贫困发生率=1–(城市贫困人数÷城镇户籍人数)
	2.农村贫困保障率	1–农村贫困发生率=1–(农村贫困人数÷农村户籍人数)
	3.城乡贫困保障率	1–城乡贫困发生率=1–(城乡贫困人数÷城乡户籍人数)
保障度 指标	4.城市最低生活保障平均标准替代率	城市最低生活保障平均标准÷城镇居民家庭人均可支配收入
	5.农村最低生活保障标准平均替代率	农村最低生活保障平均标准÷农村居民家庭人均纯收入
	6.城乡最低生活保障平均标准替代率	(城市最低生活保障平均标准+农村最低生活保障平均标准)÷(城镇居民家庭人均可支配收入+农村居民家庭人均纯收入)
持续性 指标	7.城市贫困人口收入缺口率	城市最低生活保障平均补助水平÷城市最低生活保障平均标准
	8.农村贫困人口收入缺口率	农村最低生活保障平均补助水平÷农村最低生活保障平均标准
	9.城市贫困保障财政投入率	(城市最低生活保障支出+城市特困救助供养支出)÷地方财政一般预算支出
	10.农村贫困保障财政投入率	(农村最低生活保障支出+农村特困救助供养支出)÷地方财政一般预算支出
	11.城乡贫困保障财政投入率	(城市最低生活保障支出+城市特困救助供养支出+农村最低生活保障支出+农村特困救助供养支出)÷地方财政一般预算支出
高效性 指标	12.城乡最低生活保障标准替代率对财政投入率的弹性	城乡平均最低生活保障标准替代率÷城乡贫困保障财政投入率

参考文献

1. 历年《中国统计年鉴》,中国统计出版社。

2. 历年《中国劳动统计年鉴》,中国统计出版社。

3. 历年《中国人口和就业统计年鉴》,中国统计出版社。

4. 历年《中国卫生健康统计年鉴》,中国协和医科大学出版社。

5. 历年《中国民政统计年鉴》,中国统计出版社。

6. 历年《中国财政年鉴》,中国财政杂志社出版。

7. 历年《中国社会统计年鉴》,中国统计出版社。

8. 历年《中国农村统计年鉴》,中国统计出版社。

9. 历年《中国人力资源和社会保障年鉴》,中国劳动社会保障出版社,中国人事出版社。

10. 历年《人力资源和社会保障事业发展统计公报》

11. 历年《社会服务发展统计公报》。

12. 各省份的历年统计年鉴。

13. 第六次全国人口普查数据。

14. 国家数据库[DB/OL]. http://data.stats.gov.cn.

15. ILO (2017), *World Social Protection Report 2017/19: Universal social protection to achieve the Sustainable Development Goals*. International Labour Office-Geneva.

16. ILO (2017), *World Employment and Social Outlook: Trends 2018*. International Labour Office-Geneva.

17. ILO (2018), *Global Wage Report 2018/19: What lies behind gender pay gaps*. International Labour Office-Geneva.

18. ILO(2016), *Global Wage Report 2016/17: Wage inequality in the workplace*. International Labour Office-Geneva.

19. SSA & ISSA (2018), *Social Security Programs Throughout the World: Europe*, *2018*. Social Security Administration : Washington.

20. SSA & ISSA (2018), *Social Security Programs Throughout the World: Asia*, *2018*. Social Security Administration : Washington

21. SSA & ISSA(2017), *Social Security Programs Throughout the World: America*, *2017*. Social Security Administration : Washington.

22. SSA & ISSA(2017), *Social Security Programs Throughout the World: Africa*, *2017*. Social Security Administration : Washington.

23. WHO (2018), *World health statistics 2018: monitoring health for the SDGs*, *sustainable*

development goals. World Health Organization.

24. OECD(2017),*Pensions at a Glance 2017: OECD and G20 indicators*, OECD Publishing, Paris.

25. OECD(2017),*Health at a Glance 2017: OECD Indicators*, OECD Publishing, Paris.